大門正克　大槻奈巳　岡田知弘　佐藤隆　進藤兵　高岡裕之　柳沢遊　編

高度成長の時代1

復興と離陸

大月書店

シリーズ「高度成長の時代」刊行にあたって

一九五〇年代半ばから七〇年代初頭までの二〇年近くにわたり、年平均一〇%の経済成長率が続く高度成長の時代を経過した。経済と政治、社会、国際関係の特有な結びつきのなかで進行した高度成長の時代は、日本社会に巨大な変化をもたらした。この時代はまた東アジアにおける冷戦とアメリカ支配のなかにあり、その影響はとくに沖縄や在日朝鮮人、基地周辺に厳しく現れた。

高度成長の時代については、同時代の文学や文化、運動をめぐって関心が高まっている。歴史学研究においても、占領期や一九五〇年代に続き、高度成長の時代を直接対象にする研究が登場するようになってきた。高度成長の時代からすでに三、四〇年経過するなかで、巨大な変化に対する問いが各方面から現れてきたといっていいだろう。

この問いはまた、二一世紀初頭の現在とも関係している。一九九〇年代に入り、冷戦構造の崩壊によるグローバリゼーションと新自由主義が続くなかで、あらためて高度成長の時代における経済成長のあり方や冷戦構造の影響、その時代の社会の仕組みや政治、文化、運動などについて振り返る機運が高まっている。高度成長の時代を通じた巨大な変化を歴史的に考察して戦後日本社会の特質を明らかにし、そのことを通じて「いま」という時代がいったいどのような歴史的現在なのかを展望することが求められている。

全三冊からなるシリーズ「高度成長の時代」は、このような課題に応えるために企画された。多様な側面をもつ高度成長の時代を検証するために、本シリーズには次の三つの含意をこめている。

一つは、高度成長の時代の歴史的特質を段階的に把握することであり、第1巻「復興と離陸」・第2巻「過熱と揺らぎ」がそれに相当する。高度成長をはさむ一九五〇年代から七〇年代を対象にした二つの巻は、おおよそ六〇年代半ばで分けられ、五〇年代から七〇年代にかけて、あるいは高度成長の前半期から後半期にかけて、高度成長の時代がどのように形成されて変容したのかが考察される。経済構造や首都圏の特徴、国家の特質、開発やニュータウン、革新自治体からみた都市のあり方、労働と社会保障の特徴、家族のかたち、学校教育の社会的影響、社会領域全般におよぶジェンダー秩序といったテーマがとりあげられ、それらの関連を追究し、高度成長の時代の歴史的特質を解明することがめざされる。高度成長の時代を東アジアの冷戦とのかかわりで理解することも大事な課題であり、経済成長と冷戦のかかわり、東南アジアにおける冷戦と熱戦（ベトナム戦争）の関連、国際関係を含めた国家の構造の比較史、冷戦が社会や暮らしに及ぼした影響などが考察される。

第1巻・第2巻について二つ留意点を述べておきたい。一つは、二つの巻ともに、テーマによっては一九六〇年代半ばで議論を閉じずに、高度成長の時代を通して議論したほうが問題の所在が明瞭になるものがあり、その場合には高度成長の時代全体をとりあげるようにした。二つの巻ともに、六〇年代半ばで区切った論文と高度成長の時代全体を議論した論文が掲載されているのはそのためである。

もう一つに、二つの巻では、とくに教育、家族、社会保障の分野がとりあげられており、またジェンダーの視点からアプローチした論文が多い。それは、これらの分野と視点が高度成長の時代を明らかにするうえで重要であり、研究史上も焦点になっていると判断したからである。

本シリーズの特徴の二つ目は、成長と冷戦を「地域」の側から問い直すことであり、第3巻「成長と冷戦への問い」の第Ⅰ部「変貌する地域」がそれにあたる。ここでは、高度成長による変化を体現した地域として二つの農村と大都市部の中学校をとりあげる。また成長と冷戦の影響を強く受けた地域として川崎市と沖縄を対象に据え、沖縄や朝鮮半島から来住した人々を含めて形成された川崎市のスラム街のありよう、沖縄における復帰運動と高度成長のかかわりを追究する。以上を通じて、地域の側から成長と冷戦の影響を測定し、成長と冷戦を捉え直す多様な視点を探る。

三つ目は、成長と冷戦を「暮らしと思想」の側から問い直すことであり、第3巻の第Ⅱ部「多様化する暮らしと思想」がそれに相当する。労働者家族にみられるジェンダー構築過程、松田道雄にみる育児・保育思想、女性正規労働者の軌跡、ウーマンリブ、戦後の大衆文化といった多様なテーマがとりあげられ、高度成長の時代における暮らしと思想に何が刻印されたのかが追究される。第3巻の第Ⅰ部が地域的空間のなかに成長と冷戦を問うのだとすれば、第Ⅱ部では人々の経験のなかに成長と冷戦を問うことになる。地域と経験のミクロの視点にこだわり、高度成長の時代の歴史的特質を解き明かすのが第3巻である。

巨大な変貌を遂げた高度成長の時代を解明するためには、平板な理解ではなく、複数の視点や動態的な変化を把握する視点が不可欠である。時間軸をふまえた第1巻・第2巻と空間・経験の視点を据えた第3

巻は相互に連関し、三つの巻の接点のなかに高度成長の時代が浮かび上がればと思っている。

以上のような特徴をそなえたシリーズを構成するためには、歴史学、社会学、教育学、政治学、経済学などの相互協力が必要である。多様な方法とテーマによって高度成長の時代を総合的に考察し、巨大な変化をともなった高度成長の時代の歴史的意味を明らかにすること、歴史的経験としての高度成長の時代の特質を浮き彫りにすることが本シリーズの課題である。

研究者や大学院生だけでなく、学生や広く一般の方々にも読んでいただくために、できるだけ平易な叙述と明快な課題設定を心がけたつもりである。多くの読者を含めて高度成長の時代をめぐる議論が巻き起こることを念願している。

二〇一〇年盛夏

編集委員
大門正克　大槻奈巳　岡田知弘　佐藤　隆
進藤　兵　高岡裕之　柳沢　遊

◇目　次◇

はしがき

シリーズ「高度成長の時代　第1巻　復興と離陸」には、序章を含め、八本の論文が収録されている。第1巻は、おおよそ一九五〇年代から六〇年代半ばを対象にし、戦後の日本が復興から経済成長へと離陸する時期を対象にする。独立から東アジアの冷戦とアメリカ支配に組み込まれる時期でもあり、この時代の歴史的特質について、地域開発、首都圏経済、学校教育、女性労働者、社会保障、国家の構造の各テーマからアプローチする。本巻の冒頭には、シリーズ全体の序論となる序章がおかれており、論点を鮮明にするために、射程を高度成長の時代の後半にまで延ばしている論文もある。

序章「高度成長の時代」（大門正克）は、本シリーズの序論としての位置づけをもち、いま、高度成長の時代を研究する意義について、いくつかの角度から検討している。具体的には、研究史と一九九〇年代以降の時代状況に留意し、高度成長の時代に関する認識枠組みの検証を通じて、市場と競争、生活保障、企業社会と主婦の誕生、平等化と競争、運動といった、この時代を理解するうえで重要な五つの論点を考察する。「極端な時代」（ホブズボーム）を解明するには、複数の視点や動態的把握、時間の重層的認識が不可欠であり、いままでの研究に対して、冷戦や地域社会を正当に位置づける必要があると指摘する。

第1章「地域からみた開発の論理と実態」（沼尻晃伸）は、生活保障、工場立地、地域経済、地域の社会関係に視点を定め、静岡県三島市を例に地域での開発の受けとめ方をていねいに検証している。工業開発を就業機会と捉えた一九五〇年代前半に対して、六〇年代半ばになると水と空気の生活環境に関心が集まり、地域経済や社会関係の変化のなかで、農民や商工業者、女性がコンビナート誘致反対の輪にくわわるようになった。この動きのなかに著者は、「自らの生活にそくして考える」意識の形成を読み取っており、「戦後における地域的な公共関係の変遷」の問題として理解することを提起している。

第2章「首都圏の経済変貌――商工業の発展と中枢管理機能集積地の出現」（柳沢遊）は、高度成長の前半期を中心にして、首都東京の変貌過程を、重化学工業化、商業機能の拡充、管理中枢機能集積の三つの局面から解明する。研究蓄積のきわめて乏しい都市産業史の東京研究に鍬を入れた貴重な研究である。東京および首都圏の激しい経済変貌を解明するために、本章では諸産業の展開する都内の地域的区分と社会的分業関係に留意し、さらに経済発展と矛盾の動態的な変化に着目した。産業史的接近により大都市東京の都市問題の背景がダイナミックに解き明かされている。

第3章「〈平和と民主主義のシンボル〉から〈学歴正統化装置〉としての学校へ」（佐藤隆）の含意は、タイトルによく示されており、前者の学校から後者の学校への転換のなかに、戦後の学校のあり方の重要な変化を読み解いている。一九五〇年代半ばに起きた旭丘中学校事件をとりあげ、平和と民主主義のシンボルとしての学校の役割が形骸化し、学歴正統化装置としての学校が次第に受容されていく過程が、文部省の政策や勤評闘争などをまじえて注意深く分析されていく。そのうえで競争の教育が形成される時代として一九六〇年代を位置づけている。

第4章「高度成長期における国民教育運動と恵那の教育」（佐藤隆）は、国民教育運動にそくして高度成長後半期の教育問題を考察したものであり、同じ佐藤隆の第3章と密接に関連する。二つの章の通読により、高度成長の時代の教育問題の底流を理解することができる。本章では、国民教育運動の研究史の問題点が的確に指摘され、学力保障論に傾斜し、結果として固定的な知識を押しつけることになった日教組の国民教育運動に対して、少なくとも一九七〇年代後半まで教育の共同主体として父母（PTA）や住民を視野に入れ続けた恵那の教育の可能性と「弱さ」の双方が追究されている。

第5章「女性労働者の一九六〇年代――『働き続ける』ことと『家庭』とのせめぎあい」（宮下さおり・木本喜美子）は、いままで高度成長期を主婦化の時代としてきた理解に対して根本的な疑義を提起し、データと政府の政策の検証および階層差への注目を通じて、高度成長の時代を、女性にとって「働き続ける」ことと「家庭」とがせめぎあった時代として捉え直すことを提案する。そこには、六〇年代は「きわめて変化の大きな時代」なので「多面的」なアプローチが必要との認識があり、教育界の主張と政府の政策の間のズレや職場の階層差に注目するなかで、さきの提案が導かれている。

第6章「高度成長期の社会保障――制度の体系化と労働市場への誘導性」（大竹晴佳）は、労働市場への誘引が非常に強い高度成長の時代の社会保障体系に対して、朝日訴訟などの歴史的な検証をくわえ、問題の所在を明らかにする。朝日訴訟は、生存権を具体化する社会保障の追求であり、「人間に値する生存」が求められたが、高度成長の時代の日本では、労働市場に社会保障の代替を求める発想が継続した。しかし、この発想では、稼働能力をもつ人々は救済の対象にならず、それゆえつねに社会的排除の契機をともなう。ここに高度成長の時代の社会保障のもつ根本的問題点があると指摘されている。

第7章「高度成長期の国家の構造」（進藤兵）は、二〇世紀の長い射程のなかに高度成長の時代を位置づけ、国家構造論の視角から、資本主義国家としての戦後型開発主義国民国家の形成・確立・限界について論じた骨太な論文である。一九四五年から七〇年代末まで「ケインズ主義的福祉国民国家」が続いた北米西欧に対して、日本では、六〇年安保の対抗へゲモニーとしての意義を重視し、六〇年安保後から九六年まで「戦後型開発主義国民国家」の時代だったと論じる。九六年以後は、「グローバル化しつつある新自由主義的脱国民的脱国家的政治体制」への移行過程との展望が示されている。

以上八本の論文に含まれる特徴をまとめてみれば、変化の激しい高度成長の時代を考察するために、関係や事柄の両義性（3・4章）、多様性（5章）、動態的変化（2章）を読み込むなど、平板な理解を乗り越える視点が共有されている。そこでは、水や空気を含めて生活を考える意識への着目や（1章）、女性が働き続けることと家庭とのせめぎあい過程の解明など（5章）、新しい高度成長の時代像が提起されている。他方で、経済成長主導でつくられた制度（社会保障）のもつ根本的な問題点の指摘や（6章）、長期的・比較史的な視点による国家の特質把握（7章）、冷戦とのかかわりで高度成長の時代を理解する必要性の強調（序章）などが行われている。いずれも高度成長の時代の歴史的特質を究明する重要な指摘であり、今後、収録された論文をめぐって議論が巻き起こることが期待される。

（大門正克）

序章

高度成長の時代

大門正克

二一世紀に入り、「高度成長の時代」を検証する条件が二つの方面から整ってきた。

一つは、高度成長の時代がようやく歴史研究の対象になってきたことである。占領期、一九五〇年代に続き、現在の日本現代史研究は高度成長の時代を対象に含めるようになっている。

もう一つは、一九九〇年代以降の冷戦崩壊とグローバリゼーション・新自由主義の席巻が、九〇年代以降とそれ以前の相違を際立たせ、高度成長の時代を含む八〇年代までを歴史的に捉える視点を多角的に与えてくれていることである。

本章では、①高度成長の時代に関する研究史と一九九〇年代以降の時代状況に留意し、②高度成長の時代を理解する三つの視点の提唱と、③高度成長の時代における認識枠組みの整理を通じて、④高度成長の時代を理解するために重要な論点を五つ提示して検討する。以上を通じて、高度成長の時代の問い方を探求して明示することが序章の課題である。

1　高度成長の時代に関する研究史Ⅰ――一九六〇〜八〇年代

一九六〇・七〇年代

高度成長の時代の問い方は、時代とともに変化してきた。画期は三つある。一九六〇・七〇年代、八〇年代、九〇年代以降である。

一九六〇・七〇年代は、アメリカ帝国主義とのかかわりで日本資本主義の性格を評価する自立・従属論争が盛んだった。そのもとで、宮崎義一［一九六六］の企業集団論と宮本憲一［一九七三］の地域開発論は特筆すべき成果だった。両者ともに、データや地域実態の詳細な調査研究に基づいて、高度成長による構造的変化と戦後日本資本主義の特質を具体的に把握しようとする点で共通していた。公害についての庄司光・宮本憲一［一九六四］、水俣病に関する石牟礼道子［一九六九］、原田正純［一九七二］も、高度成長の時代について考えるうえで欠かせない同時代の著作である。

一九八〇年代

高度成長の時代の本格的な研究は一九八〇年代半ばに始まる。背景に八〇年代の経済大国化があった。

内外から日本経済・日本企業の良好なパフォーマンスを評価する見解が現れ、それに対して高度成長の構造や労使関係、主婦役割などをテーマにした本格的研究が現れた。日本経済・日本企業を賛美する見解と批判的に検証する研究、高度成長の本格的研究のいずれにも共通していたことは、日本資本主義の強さを前提にしていたことである。高度成長から経済大国にいたる四半世紀の間、日本経済は相対的に高い経済成長率を維持した。そのことを前提にした評価が行われたのである。ここでは、高度成長の特質を把握した八〇年代半ばから九〇年代前半の代表的研究として、渡辺治、伊藤正直、金子勝の仕事と、落合恵美子、上野千鶴子、木本喜美子、大沢真理の近代家族・ジェンダー研究を紹介する。

　一九八〇年代半ばに高度成長の時代を起点にした企業支配の研究を精力的に始めたのは渡辺治だった。八三年頃まで、戦後の「帝国主義的社会構造」はオイルショック後に形成されたと考えていた渡辺は、一九八四・八五年頃から、高度成長を起点に企業支配が形成されたことに注目するようになる。高度成長の時代の画期性にはじめて注目した渡辺［一九八五ａ］での報告、および高度成長の時代の保守政治に焦点をあわせた渡辺［一九八五ｂ］を書くなかで、渡辺はこの点を考えたと述べている［渡辺　一九八八：一七］[1]。渡辺［一九八五ａ］において、六〇年代における企業中心の「戦後型支配構造」の成立を主張した渡辺は、企業支配における「権威的秩序」の問題を渡辺［一九八七］で本格的に論じた。

　これに対して、伊藤［一九八五］は、高度経済成長の「強蓄積」の「構造」と「条件」を整理し、金子［一九八五］は、「競争メカニズムの一元化」という視点から、大企業の労使関係－家族－教育－消費をつらぬく平等化と競争のメカニズムを把握する視点を提示し、高度成長の動態的把握をめざした。

渡辺、伊藤、金子の論文を含む『講座日本歴史』の「現代1」と「現代2」は、高度成長の時代の認識・研究を進める重要な論文を含む出版物であり、その点からすれば、高度成長の時代の研究において一九八〇年代半ばが重要な画期だったといっていいだろう。

日本において近代家族やジェンダーの視角が導入・紹介されたのは一九八〇年代半ばのことであり、これらの視角をいかした高度成長の時代の研究が八〇年代後半に始まり、九〇年代初頭から前半にかけてその研究成果が発表された。落合［一九八五］は近代家族論の嚆矢であり、落合［一九八九］をへて、高度成長の時代に、女性の主婦化、再生産平等主義、人口学的移行期の三つの指標から「家族の戦後体制」が成立したとする落合［一九九四］を刊行した。これに対して上野は、家父長制と資本制の関係を問う視角から、高度成長の時代の家族についても言及した上野［一九九〇］をまとめ、大沢は、戦後の労働・社会保障をジェンダーの視角から考察した大沢［一九九三］を出版する。八〇年代前半には、労働と家族をめぐる「有効な方法論をみつけ出せない」でいた木本は、八〇年代後半からジェンダー・アプローチに可能性を見出し、その観点から研究をまとめた［木本　一九九五：二］。

以上の研究の特徴は、「秩序」「構造」「体制」の側面から高度成長の特質把握がめざされたことである。経済大国化のもとで日本資本主義の強さと高度成長の時代の画期性を認識するにいたり、近代家族やジェンダーの視角が導入されるなかで、日本資本主義の強さ（強蓄積、権威的秩序）の構造的特質に焦点を合わせた、高度成長の時代の企業社会と近代家族・ジェンダーに関する本格的な研究が出現した。一九八〇年代半ばから九〇年代前半のことである。

2 高度成長の時代に関する研究史Ⅱ――一九九〇年代〜現在

研究動向

一九九〇年代に入ると、高度成長の時代がようやく歴史研究の対象になってきた[2]。歴史研究の分野では現代史研究の進展があり、占領期に続いて五〇年代を考察してきた現代史研究は、六〇年代を対象に据えるようになってきた。その先駆けをなしたのが、歴史学研究会編［一九九〇］であり、その後、九五年の『年報・日本現代史』創刊、二〇〇二年の同時代史学会創立が続き、現代史研究の機運を高めた。近年では、玉井金五・久本憲夫編［二〇〇四］や武田晴人［二〇〇八］、吉見俊哉［二〇〇九］など、高度成長を直接対象にした出版も続いており、通史や講座の一冊として、渡辺治編［二〇〇四］、歴史学研究会・日本史研究会編［二〇〇五］、荒川章二［二〇〇九］、岩崎稔ほか編［二〇〇九］などが刊行されている。

これらに最近の歴史学研究会大会における現代史部会のテーマをくわえてみれば、高度成長の時代が歴史研究の対象になってきていることをあらためて確認することができる。現代史部会の大会テーマは、二〇〇一年から〇五年にかけて、「共同化・社会化への模索」、「『一九六八年』と現代社会」、「ヴェトナム戦争と東アジアの社会変容」、「ジェンダーの視点から見た一九六〇年代社会」、「複合的視角から見た戦後日本社会――高度経済成長の外縁」であり、二〇〇七年「『戦後』形成期における社会的結合――一九五〇年代社会論の再開」、二〇〇九年「『豊かな社会』の都市政治にみる参加と対抗」と続く。一九五〇年代との対比を含みながら、歴史研究の射程は明らかに高度成長の時代におよんでいる。

戦後日本、高度成長への関心は海外からもよせられた。この点でアメリカからの発信は大いに参考になる。ここでは、ゴードン編［二〇〇二］やゴードン［二〇〇六b］など、アンドルー・ゴードンらの研究のなかから、ゴードン編［二〇〇二］の「序論」に注目しておきたい。

「序論」においてゴードンは、高度成長の時代における日本社会の「同質性」の強さを指摘しつつ、その「同質性」は新たな「差異」をつくりだすとして、「差異」の「転記」という視点を提示している。ゴードンは、こうした議論を「弁証法」と「ヘゲモニー」の二つの概念で説明する。ゴードンをはじめゴードン編［二〇〇二］の著者たちの多くは、高度成長の構造的把握よりも動態的把握に関心をもち、経済成長が引き起こした「再交渉」「再構築」「転換・書き換え」の過程や「不確定性」をともなう「選択」に注目する。そのなかでは二〇世紀の観点と比較の視点も出されている。ゴードンたちの仕事は、高度成長の時代を高い経済成長率の続いた時代として平板に描くのではなく、再交渉や書き換え、選択を含む多様性に富んだ時代として把握する必要があることを教えている。

冷戦崩壊とグローバリゼーション・新自由主義I——時間認識

一九九〇年代以降の高度成長の時代研究は、時代の変化をふまえて書かれたものが少なくない。九〇年代以降の時代が高度成長の時代の研究に与えた影響を整理すれば、次の四つの契機にまとめることができるように思われる。①冷戦崩壊とグローバリゼーション・新自由主義の進展が人々の時間認識に影響を与えたことであり、同じく、②冷戦崩壊とグローバリゼーション・新自由主義の進展が貧困・格差の発見を促したことであり、③冷戦崩壊が東アジアの歴史認識とジェンダー認識に影響を与えたことであり、④冷戦崩壊とグローバリゼーションの深まりに対して、冷戦構造とグローバリゼーションを問い直す声や運動が世界各地で現れていることである。

第一の契機として、一九九〇年代以降の冷戦構造の崩壊とグローバリゼーションの進展は、人々の時間認識に大きな影響を与えたことをとりあげる。(3) 一方では、「大きな物語」への関心が乏しくなり、情報革命によって人々の日常的な時間感覚が大きく変化した。強烈な現在志向によって、次々と生起する重要な出来事が忘却の彼方においやられ、「いま」と「過去」を二分する発想や、さまざまな過去の史実から懐古的で快適なものだけをとりだす歴史感覚が現れている。この間、昭和三〇年代が郷愁をもって振り返られている背景には、グローバル化と新自由主義のもとでの人間関係の希薄化や自己責任の強調があり、その対極に、夢や希望のあった明るい経済成長の時代、人々のつながりが濃密でゆとりのあった時代として昭和三〇年代が描かれたのである。

他方で、冷戦崩壊とグローバリゼーションの進展は、それまでの時代と一九九〇年代以降の時代の相違を実感させ、時間（時代）の区分についてのアイデアや大きな見通しがいくつも出されることになった。吉見［二〇〇九］は、戦後社会の分割線をグローバリゼーションに求め、グローバリゼーションの起源は一九七〇年代にあるとして、七〇年代初頭までを戦後社会、七〇年代初頭以降をポスト戦後社会とし、戦後日本を大きく二分する。武田は、グローバリゼーションのとのかかわりには直接触れていないものの、

「高成長経済という観念が時代の産物にすぎないとの主張が本書の底流にある」［二〇〇八：二四一］と述べ、高度成長の時代が歴史的産物だったことに注意を促す。両者がともに高度成長の時代を一つの重要な画期とみなすように、独特な経済成長が続いた時代の歴史的解明が求められているのである。

冷戦崩壊とグローバリゼーションの進展は、「二〇世紀」への問題関心を浮上させた。「過去の破壊、というか個々人の現在の体験を何世代か前の人々の体験と結びつけていく社会的な仕組みの破壊は、二〇世紀のもっとも象徴的でかつ不気味な現象の一つである」［ホブズボーム　一九九六：上・五―六］。これは、イギリスの歴史家、エリック・ホブズボームの『二〇世紀の歴史』の一節である。冷戦崩壊後、ホブズボームは、同書で「長い一九世紀」に対して二〇世紀を「短い二〇世紀」と指摘した。一九一四年のロシア革命に始まり、九一年のソ連崩壊にいたる「短い二〇世紀」を特徴づけるのは、人々の生活様式の転換をともなう二〇世紀後半の巨大な変化だった。

『二〇世紀の歴史』の原著における主タイトルは「極端な時代」である。人々の生活様式の転換をともなう「極端な時代」は、日本でいえば一九六〇年代を中心にした高度成長の時代にあたる。高度成長の時代には、社会のすみずみにいたるまでどのような極端な変化が現れたのか。「極端な時代」の全貌についてはなお解明すべき点が少なくない。

「二〇世紀」への関心を「二〇世紀システム」として提示した議論も出されている。東京大学社会科学研究所編［一九九八］は、「経済成長」が「二〇世紀システム」の基軸だとする。

冷戦崩壊とグローバリゼーションの進展は、「二〇世紀」とともに「資本主義世界システム」「現代資本主義システム」への関心を呼び起こした。二〇〇〇年のシンポジウムで「二〇世紀——日本の経験」という報告を求められた安丸良夫は、ホブズボームの『二〇世紀の歴史』を参照しつつ、あらためて一九世紀半ば以降の近現代世界史の枠組みを整理した。安丸によれば、近現代世界史は、⑴資本主義世界システム、⑵民衆の生活世界、⑶国民国家の三つの焦点的分析次元に集約できるものであり、二〇世紀は一九世紀半ば以降の長期的視点のなかに位置づける必要があるとともに、そのもとで民衆の生活世界の歴史研究を行う固有の意義を強調した［安丸 二〇〇二］。

安丸と同じ頃に、「現代資本主義システム」と「現代国家」に関心をもった二人の研究を紹介しよう。浅井良夫は「現代資本主義システム」のなかに高度成長を位置づける議論を提示した［浅井 二〇〇五］。浅井は、第一次世界大戦から一九八〇年代までを現代資本主義システムと位置づける。ホブズボームの二〇世紀とちょうど同じ時期である。大衆民主主義段階における国民国家を前提にしたのが現代資本主義システムであり、フォーディズムとケインズ主義的福祉国家の二つの柱で成り立つものであり、このシステムのなかに高度成長を位置づける試みがなされた。

もう一人は後藤道夫である。後藤は、欧米の新自由主義改革が破壊の対象にするものは福祉国家の諸制度だったのに対して、日本の新自由主義改革の破壊対象物は欧米と相違が際立つ点に注目し、そこから欧米の現代国家＝福祉国家と区別して、日本の現代国家を開発主義国家と規定した［後藤 二〇〇二］。

浅井と後藤では、現代資本主義や現代国家の理解に相違があるが、ここではその点に立ち入るよりも、グローバリゼーションと新自由主義に遭遇した際の発想方法の相違について言及しておきたい。つまり、浅井は、一九九〇年代前後の相違が際立っていると捉え、そこから第一次世界大戦から八〇年代までを現代資本主義として総括し、現代資本主義の共通性のなかに日本の高度成長の時代を位置づけようとしたのに対して、後藤は、新自由主義改革の攻撃対象が欧米と日本で異なると捉え、そこから欧米と日本の相違を強調する方向へ向かったのである。

二人の議論についてはまたのちにとりあげることにして、ここでは、一九九〇年代以降における冷戦崩壊とグローバリゼーションをどのように捉えるかが現代の理解にとって枢要点になっていること、そのなかであらためて時間のつながりと区分に多くの関心が集まっていることに注意を払っておきたい。二〇世紀、資本主義世界システム、現代資本主義システムといった長期的視点に接してみると、巨大な変化をともなう近現代の歴史的意味を探るためには、カメラのフォーカスを一つに合わせるのではなく、複数の時間の視点を組み合わせて検証する必要性を感じる。この点は高度成長の時代でも同様であり、激変の時代を理解するためには、複合的な視点、時間の重層的把握が必要だと思われる。

なお、以上のように時間の区分を振り返ってみると、一九九〇年前後に行われた「一九四〇年体制論」［野口　一九九五］や「戦時動員体制論」［奥野・岡崎編　一九九三］をめぐる論争も、冷戦崩壊とグローバリゼーションの進展のもとでの時間（時代）区分の再考の一環だったことがよくわかる。一九四〇年体制論などについては、すでに原朗による周到で明快な批判がある［原　一九九五］。ここでは、高度成長の時代を時間（時代）のなかに位置づけるためには、複合的な視点や時間の重層的認識が必要なことを確認しておきたい。

冷戦崩壊とグローバリゼーション・新自由主義Ⅱ——貧困・格差の発見

貧困・格差の発見が高度成長の時代の特徴を照らし出したこと、これが一九九〇年代以降の時代が高度成長の時代の研究に与えた第二の契機である。

一九九〇年代以降のグローバリゼーションと新自由主義のもとで進行したのは、構造改革による雇用、社会保障、公的教育、公共事業の後退であり、企業の生活保障機能の縮小であり、家族の生活保障機能の後退だった。八〇年代までとは明らかに異なるアンダークラス［齋藤 二〇〇一］や「新しい階級社会」［橋本 二〇〇九］といわれる状態が出現したのである。構造改革では、八六年の労働者派遣法施行に始まり、九九年の派遣範囲原則自由化、二〇〇四年の製造業への派遣解禁とそれによる非正規労働拡大にともなう雇用の崩壊過程、生活保護の抑制や国保・国民年金の未納者増加、社会保障の再分配効果の弱さ、公的教育の後退による機会の平等の崩壊、公共事業の縮小が現れた。それにくわえて、企業では正社員の削減と非正規雇用の拡大、成果主義賃金の導入と福利厚生の縮小が行われ、以上の政策と企業の対応による矛盾が家族に蓄積されて家族の生活保障機能自体が後退した。

二〇〇〇年代に入ると、このような構造的変化を貧困や格差の観点から捉える議論が現れ、自己責任を厳しく問うていた新自由主義の風潮に変化が生じてきた。一九九〇年代後半における構造改革が労働や社会保障を大きく変容させていることにいち早く気づき、論陣を張ったのは雑誌『ポリティーク』の編者たちだった。最も早くは、二〇〇二年の座談会で議論されており、九〇年代後半における若者と女性の雇用変化に注意が促されている［『ポリティーク』二〇〇二］。この議論は、特集「現代日本のワーキング・プア」［『ポリティーク』二〇〇五］や同号の後藤［二〇〇五］に結びつき、「ワーキング・プア」という言葉を世に出すきっかけになった。ワーキング・プアという言葉は、その後、NHKが同名の番組を二〇〇六年九月に放映して大きな注目を集め、広く知られるようになる。九〇年代後半からの変化を「格差」と捉える議論も登場し、橘木［二〇〇六］などが刊行された。

他方で、湯浅［二〇〇七］は、「日本には〈貧困〉がある、なぜ今〈貧困〉なのか」という問題提起を通じて貧困についての新しい視点を提示した。「五重の排除」と「溜め」がその提起である。湯浅は、経済的な困窮だけでなく、教育課程や企業福祉、家庭福祉、公的福祉、自分自身から排除され、経済的社会的な余裕や関係〈溜め〉も失った状態を貧困と呼ぶ。湯浅の貧困論は、生活保障と社会関係（つながり）の視点に立つものであり、グローバル化の時代の人々に突きつけられた自己責任の視線を反転させ、自己責任論を克服する道筋を示したものでもあった。

一九九〇年代以降に出現した貧困と格差と、それらを解き明かすワーキング・プア論、格差論、貧困論は、八〇年代までの日本における生活保障のあり方を照らし出し、高度成長の時代の生活保障における企業の役割や、政府の生活保障政策、家族の機能などをあらためて論点として浮かび上がらせているといえよう。

冷戦崩壊、グローバリゼーションとちょうど重なるように、韓国で金学順《キムハクスン》が自分は元「慰安婦」だったことを告白する。一九九一年のことである。金学順の告白は東アジアの歴史認識とジェンダー視点の二つの方面で視野を開き、その後の歴史研究に重大な影響をおよぼした。これが九〇年代以降の時代が高度成長の時代の研究に与えた影響の第三の契機である。

金学順の告白から開けた一つ目の視野は、東アジアの冷戦と歴史（歴史学）のかかわりである。「慰安婦」問題はいままで誰も気づいていなかったわけではない。だが、それまで「慰安婦」問題の重要性が喚起されなかったのは、日本の戦後史の国際関係理解が日米関係に集約されすぎており、東アジアにおける日本の戦争と戦後処理の問題が十分に位置づけられてこなかったからであった。冷戦が終結して金学順が告白してみると、東アジアの冷戦と歴史という大きなテーマが未検討のまま残されていることがわかってきた。その後、沖縄や在日朝鮮人、基地などをめぐり、冷戦と戦後史のかかわりを視野におさめた研究が現れることになる（[中野ほか　二〇〇六、宋　二〇〇九]など）。そのなかには、沖縄の高度成長の時代を論じた屋嘉比［二〇〇九］や、高度成長の時代を視野に含めながら、一九七〇年代の在日朝鮮人について検討した加藤［二〇〇八］など、高度成長と冷戦のかかわりを論じる研究が出されている。

東アジアの歴史認識は修正される必要がある。その修正は、日本戦後史にとどまらず、戦前・戦時から戦後にいたる歴史過程におよばなければならない。すなわち、戦前・戦時・戦後の日本の歴史は、総力戦からアメリカを中心にした占領への転換と、大日本帝国の膨張・崩壊から東アジアの冷戦とアメリカ支配への転換の二重の転換過程として理解しなくてはならない［大門　二〇〇九］。

日本本土の占領は、朝鮮・台湾・沖縄へのアメリカの影響と連動し、東西冷戦が顕在化したのちの占領政策の転換後には、日本本土が経済復興を担当し、韓国・沖縄・台湾が軍事を分担する体制に移行した[李　一九九六]。こうした過程で、一九四七年の台湾二・二八事件、翌年の韓国済州島四・三事件が起き、五〇年の朝鮮戦争で朝鮮の国家の分断が決定的になる。台湾と韓国では、その後、八〇年代まで軍事政権が長く続く。六〇年代のベトナム戦争には、日本・沖縄・韓国が深くかかわり、沖縄のアメリカ軍基地は、ベトナムへの出撃や補給、訓練などの支援機能を果たし、韓国軍がベトナム戦争に参戦した（東アジアの冷戦とベトナム戦争について、第2巻の河村論文参照）。他方で、中国では社会主義革命が進行し、日本の敗戦直前に参戦したソ連は、北東アジアでの影響力を強めた。

日本の戦後の二重の転換過程が明らかになるうえで、金学順の告白や東アジアの歴史認識の変化が大きな契機になった。高度成長の時代の理解も二重の転換過程とのかかわりが考慮されなくてはならない。

金学順の告白が開いた二つ目の視野は、フェミニズム・ジェンダーと歴史（歴史学）のかかわりである。近代家族を中心にして考察されていたフェミニズム・ジェンダーは、これ以降、戦場や暴力とのかかわりを視野におさめるようになる。ジェンダー視点の拡張であり、歴史研究でも基地と家族とジェンダーのかかわりなどがテーマとしてとりあげられるようになった[平井　二〇〇一、小野沢　二〇〇六]。

ジェンダー視点の拡張は、歴史研究におけるジェンダー視点の重要性を再確認する契機になった。文字どおり、高度成長の時代には歴史的文化的にどのようなジェンダーがつくりだされ、それは日々の暮らしや社会関係、運動をどのように規定したのか、これらの解明が求められるようになったのである。

冷戦構造とグローバリゼーションに対する世界からの問い

冷戦崩壊にともなうグローバリゼーションは、一時、世界各地域に格差と貧困をつくりだし、人と人の社会関係や運動をなぎ倒す勢いで席巻したが、そこからは冷戦構造とグローバリゼーションを問い直す動きも世界各地で現れ、グローバルな新しいつながりがつくりだされている。冷戦構造とグローバリゼーションを動態的な変化のうちに把握する視点が要請されているのであり、これが一九九〇年代以降の時代が高度成長の時代の研究に与えている影響の第四の契機である。

世界経済フォーラムに対抗して、民衆の立場から、グローバリゼーション下の国際投機や福祉、環境、反戦、差別など、さまざまな問題について政策提言を行う世界社会フォーラムをはじめ、グローバル化は一方で民衆レベルの国際連携を進めている［フィッシャー／ポニア編 二〇〇三］。二〇〇三年のイラク戦争に際して、世界の市民が同時に立ち上がり、反戦と非戦の意を唱えたのは、グローバル化のもとでの世界の人々の新たな結びつきの可能性を示しているといえよう［『世界』二〇〇三］。

冷戦構造の崩壊により、奴隷貿易や奴隷制、植民地主義の過去に対する責任を問い、謝罪や償いを求める声や動きが世界各地から澎湃として沸き起こってきた。二〇〇一年夏に南アフリカのダーバンで開かれた国連主催の「人種主義、人種差別、排外主義、および関連する不寛容に反対する世界会議」（通称「ダーバン会議」）は、その象徴であり、ダーバン会議は、奴隷制と奴隷貿易、植民地主義について歴史的評価を下し、「人道に対する罪」にも言及する画期的な会議になった。世界各地で起きている問い直しを受けとめ、永原陽子らは、それまでの「戦争責任」をさらに広げ、植民地主義および奴隷貿易・奴隷制の「罪」と「責任」を問う動きとそれをめぐる議論を「植民地責任」と名づけ、議論を喚起している〔永原編 二〇〇九〕。「『慰安婦』問題と一九九〇年代」のサブタイトルをもつ金・中野編〔二〇〇八〕も、永原らの本と共通の問題関心に基づく。金らの本では、冷戦後の一九九〇年代を全世界的に迫害と暴力の歴史が見直され、その責任が問われた時代と位置づけ、「歴史と責任をめぐる」「もう一つのグローバル化」が進んだ時代、「グローバルな国際連携」の時代としている。

貧困と格差が進行するなかで、二〇〇〇年には、パート・アルバイトなど不安定雇用の青年たちが中心となる労働組合首都圏青年ユニオンが結成され、翌〇一年には、アパートで新生活を始める人々の暮らしの基盤づくりをサポートする自立生活サポートセンター・もやいがつくられた。もやいは人間関係の貧困を解消するための組織である。〇八年一二月三一日から翌年一月五日にかけての年越し派遣村は、反貧困運動を進める重要な機会となり、あらためて政府と社会が生活保障のためにすべきことを広く問いかけたのである〔宇都宮・湯浅編 二〇〇九〕。二〇〇〇年代につくられた二つの組織は、人と人のつながりをつくり直す大事な場になり、運動や組織の果たす役割を振り返るきっかけをつくった。二つのローカルな組織は、グローバル化と新自由主義を正面から問い直す場になっている。

石田雄は反貧困運動にみられた相談活動を「もやい直し」と表現し、運動と組織のあり方を歴史的に振り返るなかで、「経済至上主義」への批判と社会運動の問い直しに向かっている〔石田 二〇〇九、二〇一〇〕。反貧困運動は、高度成長の時代の経済成長と運動のあり方に問いを投げかけているのである。

近年、ベトナム反戦運動や一九六八年に関心が集まっているのは、グローバル化の時代と無関係でない［鶴見　二〇〇二、岩間　二〇〇八、小熊　二〇〇九、バディウほか　二〇〇九］。反貧困運動が過去における社会運動の見直しを提起したように、グローバル化のもとでの人々の新しい結びつきや運動、国際連携は、ひるがえって六〇年代における運動の再検討へと人々の関心を導いているのである。

三つの視点――複合的な視点、動態的な把握、時間の重層的認識

時間認識、貧困、歴史認識、ジェンダー、世界からの問いなどのテーマから、一九九〇年代以降における時代の変化と高度成長の時代の問い方を探ってきた。そこからみえてきたことは、「極端な時代」の歴史的特質を解き明かすためには、事柄を単純化せずに、複合的な視点や動態的な把握、時間の重層的な認識といった三つの視点を欠かさないことである。高度成長の時代の「構造」「秩序」「体制」を明らかにした八〇年代の研究成果をふまえ、さらにアメリカからの発信も受けとめて、高度成長が引き起こした「再交渉」「再構築」「転換・書き換え」の過程を解明すると言い換えてもいいだろう。

高度成長の時代に含まれる矛盾やしがらみの歴史的意味を解明し、さらにその矛盾を乗り越えようとする動きにも目をこらし、その動きがまた新たな矛盾をともなうことに留意するといったように、複合的な視点を堅持して矛盾の動態的変化を解き明かす粘り強い思考が必要であろう。

3　高度成長の時代の認識枠組み

近代社会と現代社会

一九九〇年代以降の時代状況の変化が高度成長の時代の研究に投げかける論点を受けとめるためには、高度成長の時代の認識枠組みをあらためて検討する必要がある。ここでは、二つの方面から高度成長の時代を問う認識枠組みを検討する。一つは、近代社会・現代社会の枠組みとの関連であり、もう一つは生活保障の仕組みとの関連である。一つ目の近代社会・現代社会の枠組みとの関連については、先述の安丸［二〇〇二］、浅井［二〇〇五］、後藤［二〇〇二］を参照して表1を作成した。

安丸良夫は、近現代世界史を、(1)資本主義世界システム、(2)民衆の生活世界、(3)国民国家の三つの次元に整理し、三つの次元のなかで資本主義システムこそが、社会主義国家・民族国家などを含めた国民国家諸類型の「基本軸」であり、「駆動力」だとする。そのことを認めたうえで、安丸は三つの留保をくわえる。一つは歴史家の「責任」である。歴史とは、「大文字の歴史に還元することのできない広範な人々の体験の集積だとも言える」のであり、ロシア革命や中国革命での人々の高揚と活動力、天皇制国家での自己実現や抑圧と順応、アウシュヴィッツ、南京事件、ヒロシマ・ナガサキなどの固有の体験など、現代日本のような社会ではリアリティが見失われやすい事実についての「証人」になることが歴史家の「責任」だとする［安丸　二〇〇二：二〇］。この留保は、同時に、(2)の生活世界の固有性への着目につながる。こ

表1　高度成長の時代についての認識枠組み(1)——近代社会と現代社会

Ⅰ　近代社会	Ⅱ　現代社会	Ⅲ　高度成長の時代	Ⅳ　原理
資本主義システム	現代資本主義システム フォーディズム ケインズ主義的福祉国家	経済成長と企業社会	市場と競争
社会／生活世界／家族と地域	社会／生活世界／家族と地域	社会／生活世界／家族と地域	生存
国民国家	大衆民主主義段階の国民国家 生活保障のための国家	東アジアの冷戦と国民国家	政府

れが二つ目の留保である。生活世界には固有の役割があり、市場原理はただちに生活世界に貫徹しないこと、とくに生活世界の役割は家族に収斂するのだとする。三つ目は、一九九〇年代以降の新自由主義のもとで声高に叫ばれる「強い個人」を批判することである[4]。

安丸の議論は明快である。近代社会とは資本主義システムを基本軸とした社会であること、しかしそのもとで民衆の生活世界には固有の役割があり、歴史家の仕事は、民衆の生活世界や体験の固有の歴史的意味を説き明かすところにこそある、というわけである。安丸の議論は、(1)(2)(3)の相互関連を動態的に解明するところに課題を設定していると言い換えてもいいだろう[5]。

これに対して現代社会については、浅井［二〇〇五］と後藤［二〇〇二］で議論の方向が異なるが、ここでは安丸にならい、現代社会の基本的な枠組みを定めるところから議論を整理することが有効だと思われる。現代社会は、(1)現代資本主義システム、(2)民衆の生活世界、(3)大衆民主主義段階の国民国家の三つの構成要素で成り立つものである。この要素は現代社会の共通項である。三つの要素のなかで現代資本主義システムが基本軸であり、現代資本主義システムは、大量生産＝大量消費のフォーディズムによって成り立ち、戦後になると経済成長の理念がくわわる。現代社会についても⑵の民衆の生活世界には固有の役割があることに留意すべきであろう。この点に関して浅井［二〇〇五］は、「経済史においては、あまり論じられることはないが」と断ったうえで、「大衆運動」「市民運動」「世論」は、重要な局面で「経済を方向づけたと考えられる」という注目すべき指摘をしている。浅井は、具体的に軍需産業の復活を阻止した平和運動と、環境問題や社会福祉で大きな役割を果たした市民運動を例示する。この指摘からすれば、浅井は現代社会を現代資本主義システム、国民国家、市民の三つの次元で考えており、現代資本主義システムが三者の基本軸であったとしても、このシステムが一方的に市民を規定するのではなく、逆の規定関係もあることに留意していること、その点で安丸と問題関心を共有しているといっていいだろう。

現代国家は大衆民主主義段階における国民国家であり、それは生活保障のための国家、生活保障国家と換言できる[6]（表1参照）。第一次世界大戦以後の普通選挙と社会権の成立による大衆民主主義状況、および一九三〇年代における管理通貨制への移行と二つの大戦＝総力戦をへた現代社会では、民衆の生活維持（生活保障）が政治的課題として浮上し、国家は何らかのかたちで生活保障にとりくむ必要が出てくる。この点はヨーロッパでも日本でも同様であり、現代国家による生活保障の趨勢になったのは、ケインズ主義による社会保障だった。ただし、社会保障の実際の展開は、国家によって相違があり、それに応じて生活保障のあり方も国家によって相違があった。社会保障を基軸にした生活保障国家の代表例はヨーロッパの福祉国家であり、企業社会と政府の生活保障を軸にした日本も生活保障国家の一例である。現代社会を論じるためには、以上のように三つの構成要素の共通項を確定し、そのうえで各国の特質を位置づける必要がある(7)。

近代社会・現代社会に関する議論をふまえて、高度成長の時代の主要な構成要素を整理した(表1参照)。高度成長の時代の現代資本主義システムは、何よりも企業社会を特徴とする。大企業を中心とした企業社会は、雇用、賃金、福利厚生で労働者の生活を保障する。この生活保障を軸にして、企業内の昇進競争、学校と結びついた就職競争をつくりだし、優れた労働者を確保・陶冶することで企業間競争を勝ち抜こうとした。この競争が経済成長を実現する基礎的条件だった。

高度成長の時代の国家は、東アジアの冷戦と生活保障政策を特徴とする。沖縄、韓国への軍事負担と日本本土での経済成長、ベトナム戦争特需など、東アジアの冷戦とアメリカ支配が高度成長を大きく支えた。そのもとで、日本の政府の生活保障政策は、一定程度の社会保障、完全雇用政策、公共事業を柱とした。国民皆医療保険、国民皆年金、生活保護を柱とした社会保障は、規模は小さかったものの、企業社会に包摂されていない人々の生活を一定程度保障するものだったこと、社会保障の給付チャンネルは男性稼ぎ主を軸にした世帯が想定されていたことを特徴とする(社会保障については、本巻の大竹論文、第2巻の北論文参照)。完全雇用政策は、あくまでも経済成長によって実現されるものであり、雇用の確保に政策が十分な効果を発揮したわけではないが、経済成長による完全雇用を政策目標に掲げ、重化学工業を軸にした雇用を推進した。これらに公共事業をくわえた政府の生活保障は、企業社会の成立を外延的に支えるものでもあった。高度成長の時代については、以上のような現代経済システムと国民国家のもとにおかれた生活世界の考察が求められる。以上にくわえて、近代社会・現代社会・高度成長の時代の三つの構成要素をつらぬく認識の原理を示せば、「市場と競争」「生存」「政府」になる。

生活保障は国家のみが担うのではない。「現代日本の生活保障システム」を論じた大沢［二〇〇七］や「日本型生活保障」を整理した宮本太郎［二〇〇九］、あるいは歴史研究における「福祉の複合体史」研究［高田　二〇〇一］や、「福祉社会」研究［佐口・中川編　二〇〇五］、「生存」の提唱［大門　二〇〇八b、二〇〇九］などをふまえれば、生活保障の仕組みは、雇用や家族、学校、教会、地域、政府など、多様な担い手の組み合わせのなかでつくられるものだといっていいだろう。

生活保障の仕組み

生活保障の仕組みとの関連で高度成長の時代についての認識枠組みを整理するために表2を作成した。ここでは、高度成長の時代における生活保障の主要な担い手として、雇用（企業）、家族、学校、地域、政府をあげた。このなかで最も重要な役割を果したのは雇用（企業）と家族であり、男性稼ぎ主を中心にした性別職務分離、性別役割分担がつくりだされた。学校は、平等化（機会均等）と競争の面から、地域は地方自治体において、それぞれ生活保障の役割を担った。政府については前述のとおりである。これらの組み合せのなかで、高度成長の時代には実際にどのような生活保障のパターンが形成されたのかが検討されなくてはならない。(8) 高度成長の時代の生活保障については、のちにまたとりあげることにしたい。

表２　高度成長の時代についての認識枠組み(2)――生活保障の仕組み

要　素	役割	特　徴
雇用（企業）	◎	企業社会、男性稼ぎ主モデル，性別賃金格差（正規雇用とパート）
家族	◎	性別役割分担，主婦，少子化，核家族，消費主体
学校	○	平等化（機会均等）と受験競争
地域	△	従来の地域役割減退，地方自治体の役割増加
政府（社会保障）	△	国保・国民年金・生活保護，配偶者控除，パート労働税制
政府（社会保障以外の生活保障）	○	完全雇用目標，公共事業

4　高度成長の時代の論点

これから、表１・表２での認識枠組みを用いて、高度成長の時代を問うために必要な論点を五つ提示する。(a)市場と競争――冷戦とのかかわりで、(b)生活保障のあり方、(c)企業社会と「主婦」の誕生、(d)平等化と競争、(e)運動の五つである。五つの論点は、表１の「企業社会」(a)、(b)、(c)、「生活世界」(b)、(c)、(d)、(e)、「東アジアの冷戦と国家」(a)、(b)や、表２の諸要素ともかかわるものである。

五つの論点を問うために必要なことは、先述の、複合的な視点、動態的な把握、時間の重層的認識を心がけ、激変の時代、「極端な時代」の歴史的特質を粘り強く解き明かすことである。五つの論点は、複合的視点(a)、(c)、(e)、動態的把握(d)、(e)、時間の重層的認識(b)にかかわるものである。さらに、安丸や浅井の議論をふまえるならば、生活世界や市民の視点から他の構成要素を捉え返す視点を堅持し、資本主義システムや国民国家の一方向からの分析に終始しないことが大事である。(b)、(c)、(d)、(e)には、生活世界から三つの構成要素を捉え返す、言い換えれば生活世界から高度成長を捉え返す視点が含まれている。

市場と競争――冷戦とのかかわりで

戦前の日本資本主義は、国内市場の狭さに制約されていたので、たえず国外市場の拡大を求める衝動をもち、それが海外への軍事的侵略と一体になって大東亜共栄圏の形成欲求に結びついた。これに対して、高度成長の時代、とくに前半期は国内市場を中心にした経済成長の時代であり、それを可能にした要因としては、前提としての戦後改革や間接金融、豊富な労働力などが指摘されてきた。これらの要因はそのとおりだが、国内市場が中心であったことについては、東アジアの冷戦とアメリカ支配とのかかわりや、日米安全保障条約との関連について再検討する必要がある。再検討を通じて、競争の歴史的意味が再考できるからである。

一九四七年以降、冷戦への動きが本格化するなかで占領政策が転換し、アメリカは経済復興と反共を日本に求めるようになった。この動きは東アジアにおける冷戦の進行とアメリカ支配に連動していた。アイゼンハワー政権期における韓米日の関係を詳細に考察した李鍾元の研究によれば、アイゼンハワーはアジアにおける経済重視と軍事優先の二つの課題を国家・地域で分担させる方針を立てた［李　一九九六］。すなわち、韓国・沖縄に軍事を負担させ、日本本土は軽軍備による経済復興に専心させる政策である。

東アジアにおける冷戦とアメリカ支配にかかわって成立したサンフランシスコ講和条約と日米安全保障条約は、二つの面で日本経済に大きな影響を与えた。一つは、従来から指摘されているように、戦後処理の棚上げ・延期と賠償の負担軽減が日本政府に対して経済復興に専念することを可能にさせたことである。

もう一つは、一九五一年に成立した日米安全保障条約が日本の国内市場の形成に与えた影響についてである。かつて宮崎義一は、国内市場の形成と日米安全保障条約の関連を重視し、五一年の安保成立から六〇年の安保改定・資本自由化までに形成された「閉鎖的」＝保護的な国内市場によって高度成長は可能になったと述べた〔宮崎　一九八五〕。五一年の日本興業銀行再発足や日本開発銀行新設などに続き、翌年にはＩＭＦに加盟して一四条国になったことで、為替制限だけでなく、保護関税、外資制限が可能になった。このもとで貿易・資本の自由化は先送りされ、五〇年代後半の高度成長の軌道が設定された。すなわち、当時の日本経済にとって必要な技術は輸入して技術革新に結びつけ、関税障壁によって輸入品の進出を阻止し、資本輸入を防ぐという「閉鎖的」で保護的な国内市場が形成されたのである。

一九六〇年における日米安保条約改定は、日本経済を開放体制に導く契機になった。新安保条約第二条には日米経済協力がうたわれ、これ以降、貿易・資本の自由化の時代へと移る。六〇年六月、政府は貿易為替自由化大綱を制定し、六四年にはＩＭＦ八条国へ移行するとともにＯＥＣＤに正式加盟した。日本の国内市場は、高度成長の前半期から後半期にかけて、「閉鎖的」な状況から開放的な状況に変化した（第3巻の鳥山論文参照。五九年の日本政府の甘味資源自給強化策から六三年の粗糖輸入自由化への転換は、沖縄に本土資本と提携したサトウキビ・ブームの盛衰をつくりだす。鳥山論文では、高度成長の時代の国内市場の状況変化が沖縄とも結びついていたことを示す重要な提起がされている）。

冷戦と安保とのかかわりで市場と競争を位置づけ直してみると、いままでの高度成長についての説明には次のようなアクセントをくわえる必要が出てくるように思われる。たとえば、旺盛な設備投資と企業間競争という周知の事実には、海外資本の遮断という状況をくわえる必要があり、そこからは日本企業間の競争のいっそうの激しさが想定されよう。

国内の保護的市場という特徴は、政府の産業政策や地域開発政策の理解にもアクセントをくわえるように思われる。政府の産業政策は産業分野によって異なり、一定の補助金によるスポットライト効果で部品の品質向上・規格化をはかった自動車部品工業政策や［楊　二〇〇四］、衰退する石炭・紡績産業への構造調整政策に対して、産業がほとんど育っていなかった石油化学工業では、政府・通商産業省（通産省）が介入を強めて育成を主導した。一九五五年に通産省が立てた石油化学工業育成政策では、旧財閥系と旧新興財閥系の企業の配置や工程の分担などが強力に行政指導される。五九年一一月、池田勇人通産相は、閣議にかけられた水俣病対策の答申を留保させ、その後、水俣病に対する政府見解は六八年まで遅れることになる。この間、石油化学工業は、農業（農業基本法一九六一年――化学肥料）と地域開発（全国総合開発計画一九六二年――石油化学コンビナート）と連動して高度成長を大きく進める。見田宗介は、大量生産－大量消費のシステムは、大量採取－大量生産－大量消費－大量廃棄の関連をつくりだし、自然と環境を限界点にまで導くと指摘する［見田　一九九六］。高度成長の時代で、この限界点をつくりだす中軸に据えられたものこそ、政府によって強力に推進された石油化学工業にほかならなかった。「閉鎖的」な国内市場のもとで、石油化学工業を軸にしながら強力に進められた重化学工業化の先には、大量採取や大量廃棄、公害が待ち受けていたのである。

重化学工業化と地域開発政策は、農村から都市への人口移動と農村の解体現象を急速に進めた。経済成長の段階で農村から都市への人口移動が起きることや、高度成長の時代に都市の過密と農村の過疎がつくられたことは、常識的な事柄のようにみえるが、しかし、高度成長の時代には高齢化がはっきり現れるような過疎化が引き起こされたのであり、そこに日本の高度成長の大きな特徴がある［大門 二〇〇六］。若年人口が急激に都市に吸引される徹底した国内市場の開発が過疎化をつくりだしたのである。

生活保障のあり方

高度成長の時代における生活保障の特徴を、表1の企業社会、政府、生活世界の三者の相互関連、あるいは表2の諸要素の関連のうちに把握し、さらに時間の重層的認識のなかで整理してみたい。

第一次世界大戦後の大衆民主主義状況、および二つの総力戦の遂行は、生活保障を政治的課題として浮上させる。この点で福祉国家に向かったヨーロッパ各国に対して、日本では生活保障としての完全雇用がめざされ、そのもとで企業社会が形成された。一九五四～五六年の鳩山一郎内閣、および五六～五七年の石橋湛山内閣が完全雇用の実現をうたうにいたるプロセスを素描してみたい。

サンフランシスコ講和会議に出発する吉田茂首相は、演説のなかで輸出振興、移民推進、産児制限普及の三つが日本の急務だと述べた。この三つは、経済復興・国際収支改善と過剰人口問題対策に換言できる。講和条約と日米安保で日本を軽軍備にし、経済復興を重視して朝鮮特需から脱却し、あわせて過剰人口問題を解決する、これが吉田の戦後構想だった。経済復興・国際収支改善の政策は、①重点産業の重化学工業化・合理化を進める産業政策、②特定地域の国土開発、③貯蓄運動、④日米安保による国内市場保護である。植民地喪失のもとで国内産業の復興を重視した政策だった。

一九五四年に組閣した鳩山一郎は、憲法改正と再軍備を掲げ、経済自立五カ年計画によって完全雇用の実現を唱えた。憲法改正による再軍備によって自主外交路線を確保し、経済計画を通じて完全雇用による生活保障を実現して過剰人口問題を解決する見通しである。憲法改正・再軍備は、六〇年の日米安保改定まで大きな政治的争点になった。

以上の政策には、生活保障のための論理が二つ含まれていたことに注意したい。一つは、重化学工業化による戦後復興という論理であり、植民地喪失、「国土狭隘」、過剰人口圧力のもとで、重化学工業化による完全雇用の実現がめざされた。もう一つは、家族と主婦を育成して生活を担当させる論理であり、貯蓄や家族計画を通じて家庭を管理する主婦の育成がめざされた。

主婦の育成は貯蓄や家族計画の領域だけでめざされたのではない。表3に政府・行政による家族・主婦役割の啓蒙と組織化の一欄を掲げた。保健・衛生、家族計画、生活改良、社会教育、貯蓄といった広範な領域で、政府と行政は家族・主婦役割の重要性を啓蒙したこと、そのために保健所・農業改良普及所・公民館を地域に設置し、保健婦、受胎調節実施指導員、生活改良普及員、社会教育主事を配置して各課題を推進させた。これらの政策が実施されたのは主として地域と大企業だった。

表3からすれば、政府や行政は、産業政策や地域開発政策だけでなく、社会に介入する政策を諸領域で展開したのであり、高度成長の時代の政府の政策は社会介入政策を含めて検証する必要がある。社会介入

表3　政府・行政による家族・主婦役割の啓蒙と組織化（1940年代後半〜60年代）

テーマ		保健・衛生	家族計画	生活改良	婦人学級・青年学級	貯　蓄
目　的		乳幼児死亡率低下，母体の健康	受胎調節	生活・家族関係の近代化	家庭と教育の連携	貯蓄の普及と動員
推進システム	省庁など	厚生省	厚生省，人口問題研究会	農林省，農協，新生活運動協会など	文部省	大蔵省
	場　所	保健所		農業改良普及所，農協	公民館	
	推進役	保健婦	受胎調節実地指導員	生活改良普及員	社会教育主事	
実施領域		地　域	大企業，地域	地域，大企業	学校と連携した地域	地域（婦人会など），企業

政策の周辺には学校教育があり、生活－家族－教育が相互に関連しつつ「主婦」の誕生が導かれたこと、農林省の生活改良普及事業にはアメリカ占領軍の影響が大きく、アメリカナイゼーションが進んだことにも留意しておきたい。

この間の研究では、厚生省の人口問題研究会と大企業が連携した一九五〇年代の家族計画に注目が集まっており［田間　二〇〇六、ゴードン　二〇〇六a、荻野　二〇〇八］、戦後の「主婦」の誕生における企業と厚生省・人口問題研究会のイニシアティヴが強調されている。ただし、労働運動が主婦形成に与えた影響を考察した本シリーズ第3巻中村論文と政府の社会介入政策をあわせてみれば、高度成長の時代に「主婦」が誕生する契機には、政府や大企業、労働運動があり、それらの相互関連や相克のなかで「主婦」が誕生したことが想定される。今後はこの点の検証が必要だろう。

高度成長の時代における生活保障を多角的に検討するために、今度は第一次世界大戦後から一九八〇年代までの二〇世紀の歴史のなかに高度成長の時代の生活保障を位置づけてみたい。時間の長期的視点・重層的認識をふまえてみると、高度成長の時代からは三つの特徴的な生活保障のパターンが浮かんでくる。

第一は、政府の完全雇用政策を前提にした大企業の日本的労使関係である。このパターンの前史には、第一次世界大戦後の労働運動における人格承認要求と戦時中の産業報国運動があり、これらを通じて工員・職員の身分差縮小が追求されたこと、戦前・戦時をふまえた戦後になると工員・職員一体の労働組合（従業員組合）が多数つくられ、労使間の対抗・協調のなかで電産型賃金体系が普及した。以上の経緯のなかで、雇用と賃金、福利厚生を通じて生活保障をはかる大企業中心の企業社会が形成される。長期雇用、生活給賃金、企業別組合によって成り立つ日本的労使関係は、性別職務分離、隔絶した男女別賃金格差、結婚退職慣行によるジェンダー編成とセットであり、大企業では、このパターンを通じて企業に依存した生活保障と、企業での仕事と家庭での家事を男女で分担する性別役割分担がつくりだされた。

大企業における生活保障はこの時代の生活目標となり、いい学校を卒業していい企業に就職することがめざされたが、実際の雇用関係のなかで第一のパターンを享受できた人は限られており、その周辺のとくに地域には、中小企業の雇用者や商業・農業の自営業者などが膨大に存在した。地域には企業社会と異なるかたちで生活保障のパターンがつくられた。ここでは国民健康保険を核にして農村地域でつくられた生活保障と、都市における革新自治体を第二のパターンとして紹介する。

国民健康保険法が制定されたのは一九三八年。戦時期には、国保の普及と二〇年代以来の医療社会化の動き、昭和恐慌期以来の医療利用組合運動、戦時体力増強の課題が結びつき、農村部を中心にして国保を使った医療衛生事業がとりくまれた。この動きは、戦後の五〇年代から六〇年代前半になると、国保や医療、保健、生活改良、家族計画などを組み合わせて、乳幼児死亡率低減と農村女性の健康保護の課題にとりくむ地域の動きにつながった。この背後には、戦前来の家族農業経営における女性の厳しい過重労働と高い乳幼児死亡率があった。市町村の自治体や婦人会、生活改良グループがとりくみの担い手になり、医師、看護婦、保健婦、生活改良普及員、受胎調節実地指導員、社会教育主事らがサポートした。岩手県は、右のとりくみが戦時期から戦後にかけて現れた地域であり、乳幼児死亡率の低下と女性の健康保護が進んだ〔大門 二〇〇九〕。

農村部と比べ、都市部では国保の普及が遅れ、そこに過密や住宅、上下水道、交通などの都市問題が集積した（本巻の柳沢論文参照）。一九六〇年代末から七〇年代にかけてつくられた革新自治体は、とくに都市部において生活保障から取り残されていた人々に新たな生活保障の仕組みを提供するものだった。そこでは、地域開発優先政策から福祉優先政策に政策の重心を転換することにより、社会保障の拡充、公害規制、教育条件の整備などで注目すべき成果が現れ、政府の政策にも影響をもたらした〔進藤 二〇〇四〕。くわえて、六七年に当選した美濃部亮吉東京都知事は、六八年に朝鮮大学校を各種学校に認め、二三区の在日朝鮮人に国民健康保険への加入の道を開くなど、地方自治体に認められている権限をいかし、閉鎖的な政府の政策に風穴をあける役割を果たした（第2巻の進藤論文参照）。

第一のパターンと比べた場合、第二のパターンの農村部では、医療や保健、生活改良などに限定されており、生活保障の役割が小さいようにみえるかもしれない。だが、高い乳幼児死亡率、女性の過重労働、医療施設の不足などが深刻だった農村の場合、この時期のとりくみは生活保障として重要な意味をもっていた。また革新自治体が都市部の生活保障を充実させたことは、日本国籍以外の人にも生活保障の道を開く点で大きな役割を果たした。高度成長の時代の生活保障には、労使関係を軸にした第一のパターンと並び、地域を軸にした第二のパターンがあったことを明記しておきたい。

第一・第二の二つのパターンをふまえてみると、両者ともに長い時間をかけ、紆余曲折のなかでとりくまれたことがわかる。生活保障の考察には長い時間軸を設定する必要があるだろう。第二のパターンの農村部はまた、さきに表3で示した「政府・行政による家族・主婦役割の啓蒙と組織化」と重なるところがある。それは、政府・行政が進めた社会介入政策を活用して、農村地域に医療・保健中心の生活保障の仕組みをつくったものであり、そのことを通じて社会介入政策が浸透することにもなった。第二のパターンには、家父長的な農民家族やしがらみの強い農村のなかにあって、女性たちが権威や強いふるまいに同調せず、自発性を身につける面があった。とはいえ、その過程はまた、農村の女性たちが主婦役割を強く意識することにもつながった。すなわち、高度成長の時代における生活保障の仕組みや主婦の登場には、支配と自発性の複雑な関連や矛盾・軋轢がからまっていたのであり、これらの歴史的意味を考察するためには、複合的な視点や動態的な把握、時間の重層的な認識が欠かせないのである。

第三のパターンは在日朝鮮人の人々である。在日朝鮮人の人々は、第一のパターンだけでなく、第二のパターンからも基本的に除外された。国民健康保険と在日朝鮮人のかかわりについて素描してみよう［大門 二〇〇九］。

国民健康保険法は一九三八年の制定後（旧法）、五八年に新法が公布される。戦前の在日朝鮮人は参政権を与えられた帝国臣民であり、加入者はきわめて少なかったはずだが、旧法の適用を当然受けることができた。戦後、在日朝鮮人は日本国籍を喪失させられるものの、旧法には国籍条項がなかったので、在日朝鮮人は国保（旧法）に入り続けることができた。この状態は新法制定まで続く。

新法は国保と在日朝鮮人のかかわりを大きく変えた。新法は外国人に適用する場合には条例を定める方式に変更したので、原則上、日本国民に適用を限定した。一九五九年公布の国民年金法でも、加入資格の要件に日本国籍が含まれている。高度成長の時代に国民皆保険・皆年金をめざして制定された国保新法と国民年金法は、いずれも日本国民に加入を限定し、在日朝鮮人を除外したのである。

生活保護法にも国籍条項があったが、在日朝鮮人には「当分の間」、恩恵的に適用が認められた。社会保障の最後のセーフティネットである生活保護から、生活水準の低い在日朝鮮人を追い出すことまではできなかったのである。前述のように、一九七〇年代には東京都二三区にくわえて大阪市など一部の地域で在日朝鮮人に国保加入の道が開かれたが、国保・国民年金に在日朝鮮人の本格的な加入が認められたのは、八二年発効の難民条約加入後のことである。高度成長の時代には、在日朝鮮人が日本の社会保障から最も厳しく排除されていたのである。国保や国民年金から除外される点では、高度成長の時代の沖縄の人々も同様だった。七二年の沖縄施政権返還まで、沖縄には日本国憲法も国保・国民年金の法律もなかったからである［小川　一九六四］。

高度成長の時代には、第一・第二のパターンと異なり、国保や年金から除外され、わずかに生活保護のみの適用を受けて、ほとんど独力で生活を維持していかなくてはならない人々がいた。第三のパターンは、戦時から戦後の二重の転換過程にかかわることであり、東アジアの冷戦とアメリカ支配の影響下におかれた在日朝鮮人や沖縄の人々は、政府の社会保障の仕組みから最も遠いところにおかれていたのである（在日朝鮮人と沖縄については、第3巻の加藤論文・鳥山論文参照）。

もし生活保障の歴史が、人間が生きるための条件を歴史的に考えることだとしたら、国民国家や帝国の枠組みから排除されている人たちを議論の外におくことはあってはならないだろう。あるいはまた、高度成長の時代の研究に際して、一九九〇年代以降に見出された貧困・格差や東アジアの歴史認識をふまえるのならば、生活保障の議論のなかに在日朝鮮人や沖縄の歴史を含める必要がある。在日朝鮮人や沖縄の歴史を視野におさめるのか否かは、生活保障という視点の存在意義にかかわることだといっていいだろう。

企業社会と「主婦」の誕生

日本の高度成長の時代を特徴づけて支えたのは、企業社会と主婦であった。企業社会については、一九八〇年代における渡辺治の研究成果をふまえ、さらに大企業の労使関係と教育・消費・家族の連鎖の競争メカニズムに注目した金子勝の視角をいかす必要があるだろう［渡辺 一九八八、金子 一九八五］。ここでは、本章でコメントしてきた「主婦」の誕生についてさらに付言しておきたい（主婦については、第2巻の岩上論文を、「主婦化」と女性が働き続けることをめぐっては、本巻の宮下・木本論文を参照）。

戦後の主婦については、さきに紹介した落合恵美子の「家族の戦後体制」にくわえて、家族形態［上野一九九〇］や社会保障［大沢　一九九三］とのかかわりについて研究されてきた。近年では、大企業における家族計画に注目が集まっている。本章では、これらの視点にくわえて、政府・行政による家族・主婦への社会介入政策に注目する視点を提示した。社会介入政策とのかかわりでいえば、戦後復興から経済成長において、主婦は次のような役割を担わされたといっていいだろう。すなわち、敗戦－戦後復興に対しては貯蓄を、過剰人口問題に対しては家族計画を、社会・家族の封建性を近代化する課題に対しては生活改善を、経済成長－所得向上に対しては家庭の管理（貯蓄、消費、育児）をそれぞれ担うことである。

高度成長の時代を理解するうえで、主婦は確かに枢要点なのだが、主婦化の規範がたんに強まったことだけを強調すると、議論は平板になってしまう。主婦化規範が強まるもとで、「ふつう」の主婦になることと自体、さまざまなしんどさや圧力があった。そのことは早くも一九六七年に「母親に暴力をふるう子供が急増」［家庭総合研究会編　一九九〇：三六四］といった事態が現れたことと無関係ではない。七〇年代に入ってからのウーマンリブやフェミニズム運動は、こうした主婦化規範への構造的な批判という側面をもっていたはずである。高度成長の時代における主婦やジェンダー秩序の歴史的性格を考えるためには、主婦化規範の問題群とフェミニズム運動を切り離さずに複合的な視点をもち続け、両者の関係（距離）を問うことが必要なように思われる。

専業主婦以外の女性たちが主婦化規範を受容する過程の分析は慎重を要する。この点で、倉敷［二〇〇七］は重要な論点を提示している。専業農家経営解体期における女性就業と主婦・母親役割の受容過程を検討した倉敷は、専業農家経営の解体と近代家族規範の受容を単純に接合することはできず、農家の女性たちは、主婦役割には距離をおき、母親役割には納得のいかない現状への批判をこめたと指摘する。規範は、受け手の側で読み替えられたり、解釈し直されたりもしたのであり、倉敷は規範の受容過程の重層性に注意すべきことを強調する。規範研究、ジェンダー研究において留意すべき点である。

あるいはまた、社会のなかでの主婦化規範が強くなった際に、それだけで評価せず、それを運動や政策と関連づけて理解することが必要である。主婦化が運動や政策に反映すると、絶えず新しい局面がつくりだされて、規範と差異の相互作用を続けながら運動の創造と解体が導かれる。複合的な視点を堅持することは、運動のダイナミズムの理解や動態的な把握を可能にする道である。

平等化と競争

さきの表1で近代社会から現代社会をつらぬく原理として、市場と競争、生存、政府の三つを提示した。高度成長の時代には、競争（社会的上昇）のメカニズムが作用するうえで平等化が重要な役割を担った。平等化と競争は相互に規定しあい、高度成長期の社会の特質をかたちづくったのである。平等化と競争については、金子［一九八五］などで検討されてきたが、高度成長の時代を理解する大事な論点なので、ここでは教育と消費の二つの局面について論点をまとめておく。

前提として高度成長の時代に進んだ平等化を所得格差と企業内の身分秩序の二つの面から確認する。高度成長の時代には所得格差が縮小し、平等化の前提条件をつくった。この点は戦前・戦後のジニ係数に基づく研究から確認できる［南　一九九六］。戦前の一九二〇年代から三〇年代は所得分布が不平等であり、その傾向は時間とともに拡大した。それに対して戦後の六〇年代から七〇年代の所得分布は明らかに平等度が増しており、しかもその傾向は時間とともに強まった。この背景には、総力戦と戦後改革、および高度成長期の所得上昇があり、それらを通じて階層間の所得格差は平等化の方向をたどった。もう一つは、企業内の身分秩序であり、戦後の労働運動などを通じて、企業における工員・職員の区別が撤廃されて社員に統一されたことが処遇の平等観を促すことになった。

以上のことを前提にして、義務教育年限の延長や高等教育機会の拡大を通じた教育機会の平等意識について確認する。親の階層と進学の関係については二つのデータがある。一つは、一九五五年以来、一〇年に一回行われている「SSM調査」である。「SSM調査」に基づく研究によれば、六〇〜七〇年代には男女ともに高等教育（大学・短大）への進学が増大したが、出身階層（親の職業）による高等教育の進学率格差は残ったままであり、とくに女子ではその格差が開く傾向にあった［荒牧 二〇〇〇］。ここでは高校増設や大学の定員増加など、高等教育機会の拡大が進学率上昇を促し、教育機会の平等観を支えていたと指摘されている。

もう一つは、文部省が行った「学生生活調査」である。図1に国立大学入学生の出身家庭を所得階層別比率で示した。文部省によるサンプル調査を総理府の「家計調査」による全国全世帯の年間収入五分位階級区分にあてはめたデータによれば、一九六一年から六五年まで、階層間の学生数比率は一五％から二五％までのわずかの差のなかにおさまっている。とくに六五年の比率は、驚くべきことにほぼ同じである。その後、七〇年にかけて階層間の格差は若干広がるが、階層間格差が明瞭になるのは高度成長の時代が終焉する七二年以降のことであった。高度成長の時代の国立大学は、六五年をピークにして、出身階層ごとにほぼ同じ人数の学生が集まっていたのであり、階層間の平等度がきわめて高かったのである(9)。

「SSM調査」と図1の結果を合わせれば、高度成長の時代には、高等教育への出身階層間格差は残ったまま、高等教育機会の拡大が進学率上昇を促したこと、高等教育のなかで授業料の安い国立大学では出身階層間格差がほとんどなく、階層間で平等な進学が実現されていたといっていいだろう。

以上のような平等観を基礎にして企業の内と外で競争（社会的上昇）のメカニズムがつくられた。企業では、採用後の研修やOJTによって企業内のさまざまな仕事を習得し、企業内を昇進する方式が定着した。こうした方式のもとでは、新規採用にあたって特定の能力ではなく、全般的な能力を求めることになり、学歴＝学校歴が採用の要件になった。

高等教育への進学率は高度成長期に大きく進展したが、子どもの進路は大まかにいって高度成長期の前半と後半で異なっていた。高度成長が始まった一九五五年の高校新学率は五二％であり、大学・短大進学者は一〇％であった。つまり当時の生徒の約半数は中学卒、四割が高校卒、一割が大学・短大卒であり、三つの経路から社会に出て働いていたのである。その前提として、親の間ではすでに五〇年代から子どもの学力に関心があったことにも留意すべきである（本巻の佐藤論文参照）。

その後、高校進学率はめざましく上昇し、一九七〇年には八二％に、七六年には九三％に達した。同じ時期の大学・短大への進学率は二四％、三九％であった。高等教育への進学率が六〇・七〇年代にめざましく上昇し、高度成長が終わる頃には一割の生徒が中学卒、六割の生徒が高校卒、三割の生徒が大学・短

図1　出身家庭の階層別学生数比率（国立大学・昼間部）

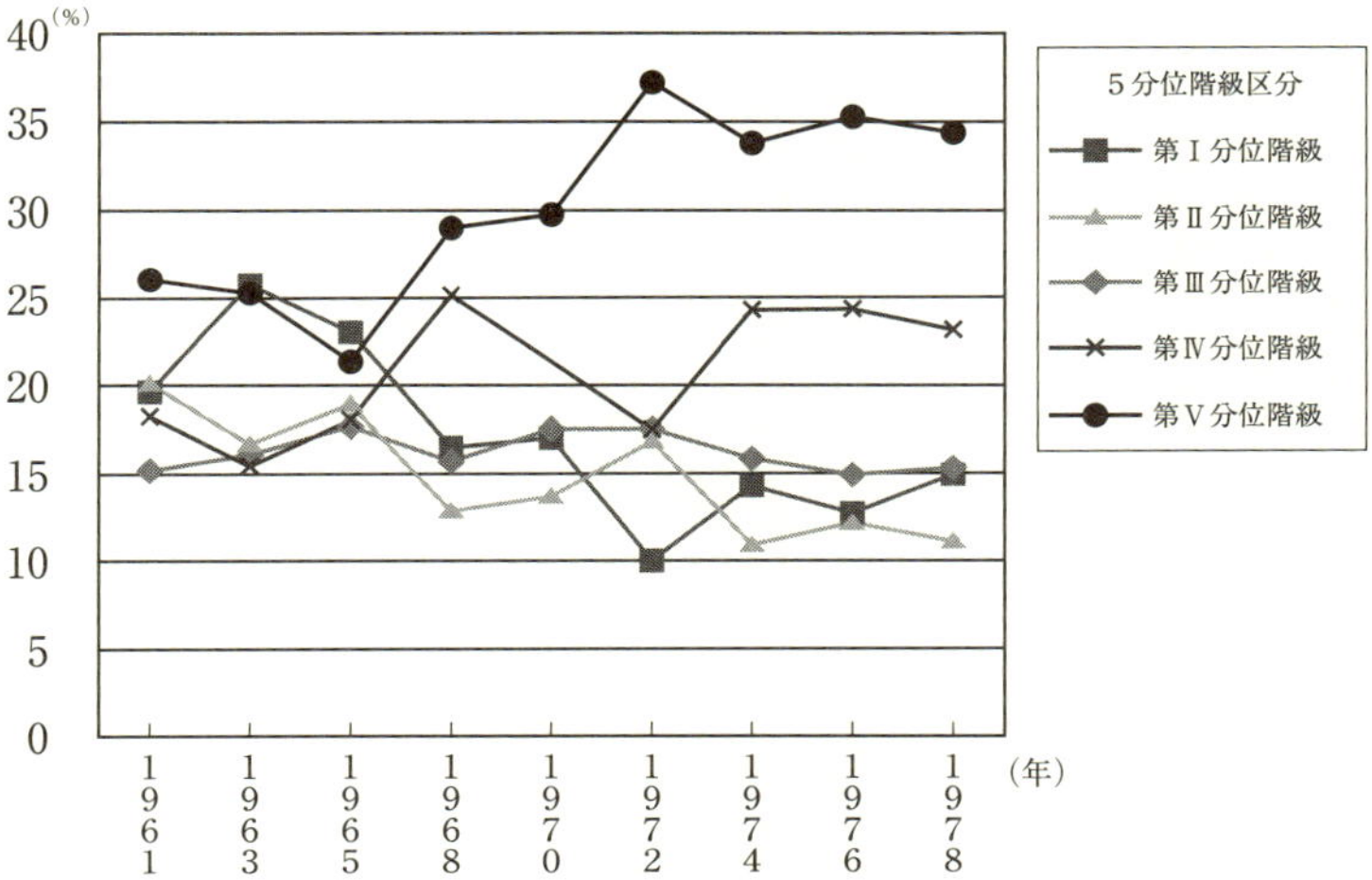

出所）文部省大学学術局学生課『厚生補導』10号（1968年），42号（1969年），68号（1972年），92号（1974年），109号（1975年），134・135号（1977年），162号（1979年）。

注）1. 全国の国立大学昼間部におけるサンプル調査。たとえば，1974年では，抽出率を男子100分の1，女子30分の1とし，その抽出率によって各国立大学の在籍学生数に比例する調査数を各国立大学に割り当てた。各国立大学では，無作為抽出方法によって調査人数分の調査をした。調査にあたっては「学生生活調査票」が用意されており，調査票と面接などを活用した。1974年の調査数は，全国国立大学昼間部の学生数296,428人のうち4,329人（1.5%）である。

2.「出身家庭」の年間収入額別学生数を，総理府の「家計調査」による全国全世帯の年間収入5分位階級区分にあてはめている。5分位階級区分とは，集計世帯数を年間収入額の高低で5等分したもので，収入額の低いグループから高いグループへ第Ⅰ，第Ⅱ，第Ⅲ，第Ⅳ，第Ⅴ分位とした。

3.「5分位階級区分」は、総理府（現内閣府）の「家計調査」による方法と名称である。「階級」には固有の意味があるので、ここでは「階級」を「5分位階級区分」の表現のみに用い、「5分位階級区分」に基づく所得層を表現する場合には「階層」とした。

大卒になった。この間、男女の進学率の格差も縮小し、高度成長の出発点の頃の高校進学率には男女で七、八％程度の差があったが、六〇年代末にはこの差がほとんどなくなり、六九年以降は女子の進学率のほうが男子よりも高くなった。同様に、高度成長開始当初の大学・短大進学率では男女で三対一の差があったが、高度成長が終わる頃にはその差が四対三まで縮小した。

教育機会の拡大に支えられた高等教育の進学は、次第に一流高校や一流大学への進学を選別する役割を果たし、高度成長の後半期になると受験競争が厳しくなった。受験競争と就職の要件が学校歴になったことが結びつき、一九七〇年前後には、競争が受験競争（学校）から就職（企業）まで続いて、いっそう激しくなった。所得間の格差が縮小したこと、高等教育機会の拡大と国立大学での階層間平等度がきわめて高かったことが、競争と平等化のスパイラルを強める要因になった（教育について、本巻佐藤論文、第2巻木戸口論文、第3巻平塚論文参照）。

高度成長の時代の消費については、耐久消費財の普及を確認するだけでは十分でない。金子勝が指摘したように、この普及が所得の高い階層から低い階層に向かって繰り返されたことを認識する必要がある［金子　一九八五］。高所得階層で購入された耐久消費財が低所得階層への刺激を通して全所得階層にほぼ普及すると、次の耐久消費財で同様の過程が出現する。高度成長の時代における消費は階層の均質化と差異化のスパイラルを繰り返したこと、大量生産－大量消費の循環はこのようなスパイラルによって支えられていたといっていいだろう。

消費のスパイラルについては、さらに二つつけくわえておく。一つは、都市部での耐久消費財の普及率は団地でとくに高かったことである。一九六〇年における東京都と公団住宅のテレビ普及率はそれぞれ六一%と八二%、電気洗濯機は四九%と八四%であり、団地での普及が著しかった［日本住宅公団　一九六五］。もう一つ、図2に示したように、農村におけるテレビ・電気洗濯機・電気釜といった耐久消費財の普及は第二種兼業農家が最も高く、それに専業農家・第一種兼業農家が続いた［綿谷　一九七九］（ニュータウンと農村について、第2巻金子論文と第3巻永江論文参照）。

右のデータからすれば、耐久消費財の普及には所得階層以外の核家族化と労働市場の要因があり、都市では核家族を代表した団地居住者が、農村では労働市場との接触が最も多かった第二種兼業農家がそれぞれ先導役になって耐久消費財を普及させた。耐久消費財の普及を通じた均質化と差異化のスパイラルは、所得と核家族と労働市場の三つの水路を通じて出現したといっていいだろう。

平等化と競争のスパイラルは、生活世界に軋轢をつくり、労働者や家族、子ども、女性に矛盾を蓄積していった。

運　動

高度成長の時代の社会運動については、いままで、労働運動から市民運動へ、母親運動からウーマンリブへといった流れや、戦後革新運動における平和運動の大きな役割が指摘されており、その点にそくした検討課題がある（ウーマンリブについて、第3巻千田論文参照）。そのことを認めたうえで、高度成長の時代には、社会運動という言葉におさまりきらないレベルの運動が広範に展開していたことに着目し、それら

図２　農村における主要耐久消費財の普及（1961年）

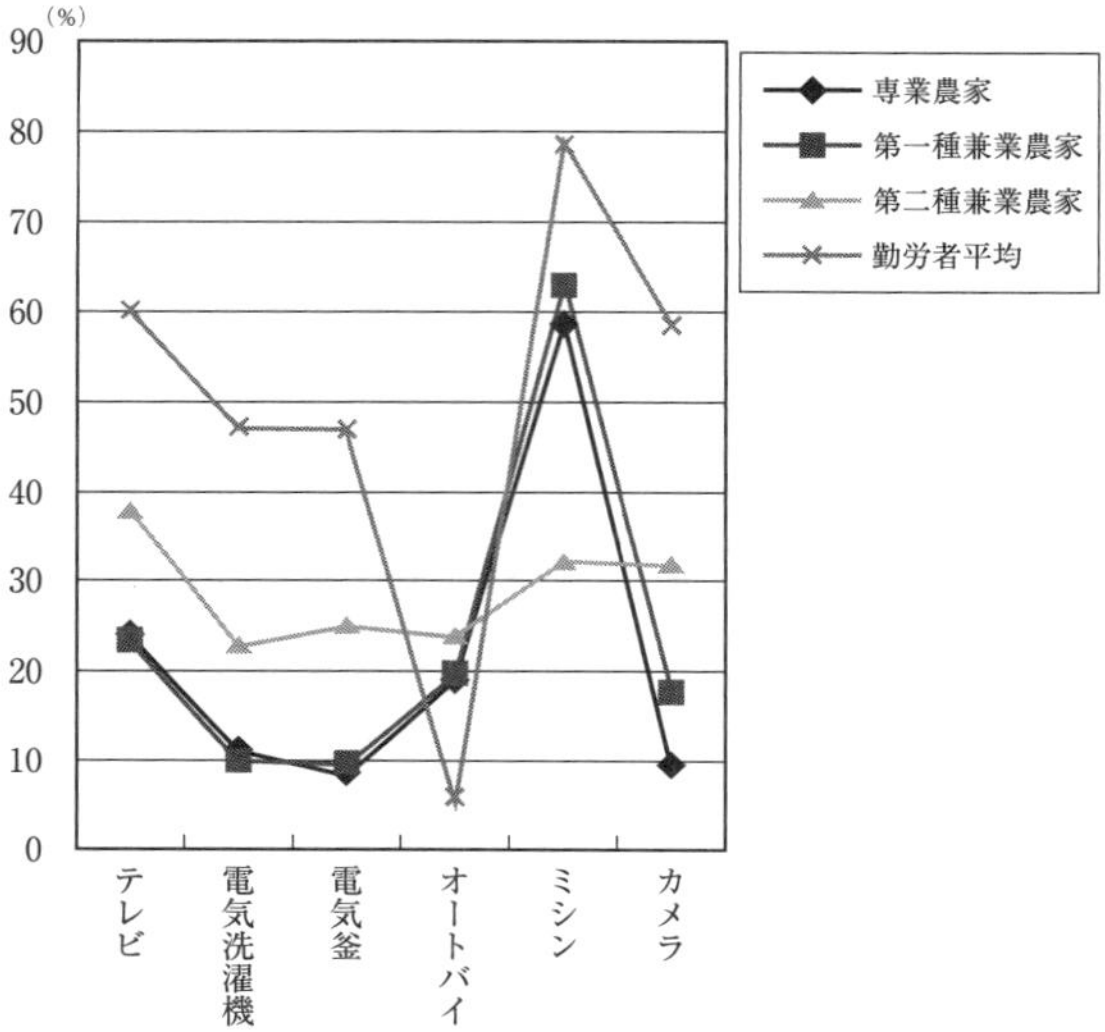

出所）綿谷赳夫『綿谷赳夫著作集第１巻　農民層の分解』農林統計協会，1979年。原資料は，経済企画庁調査局『昭和36年２月消費者動向予測調査』。

注）1. 100世帯あたり台数。
2. オートバイにはスクーターを含む。

を射程に含めるべきだとの意図から、本項のタイトルを社会運動ではなく運動とした。

実際に運動と名のつく戦後の動きをいくつか列挙してみると、労働運動や農民運動、市民運動、住民運動、うたごえ運動など、なじみのあるものだけでなく、合唱運動や生活記録運動、前衛短歌運動、夜間中学校設置運動、清流を守る運動など、さまざまな領域で運動という言葉が使われていたことがわかる。従来の運動史研究をもとにして対象を選ぶだけでなく、方法としての運動を再考し、運動を捉える射程を広げる必要があるように思う。

野田公夫は、小学館「日本の歴史」の大門［二〇〇九］と荒川［二〇〇九］を比較した書評のなかで、高度成長の時代から現在までを対象にした荒川の本の最大の特徴は、「社会運動への眼差し」にあると指摘する［野田　二〇一〇］。「『運動（家）』と『人びと』の距離は一気に埋まり」、「運動は小さく個別具体的なものになり」、「生活に近いものになった」。野田はここに荒川の本の特徴と高度成長の時代の特徴の両方をみてとっている。野田の指摘するとおり、人々と運動の距離の近さこそ、高度成長の時代にさまざまな領域で運動が展開した理由にほかならなかった。

人々と運動の距離が近く、広範に展開した運動からは、運動と参加者の関係、言い換えれば運動を通じて人々の暮らしのありようを検討する課題が浮上する。この点で、地域開発などに反対した住民運動から学ぶ優れた研究が蓄積されている（[宮本憲一　一九八三、荒川　二〇〇九、沼尻　二〇〇九]など）。ここでは、松下竜一の作品から、住民運動の論理を探っておきたい[松下　一九七二]。

高度成長の最中の一九六九年、大分にある富士製鉄では生石灰の需要が増大し、臼杵湾の日比海岸にセメント工場が建設されようとした。これに対し、対岸の小さな漁村風成《かざなし》から工場進出反対の運動が起きた。男たちが漁で八か月不在になる風成では女性たち（おなごしたち）の役割が大きく、きずなが強かったこと、風成には教師などの「インテリ」の女性がいて、集まりのもち方や市議会の傍聴など、旧来の婦人会とは異なる運動スタイルが試みられたこと、熱心な弁護士と市民たちの運動もあったこと、臼杵市の隣の津久見市ではすでにセメント工場による公害が深刻になっていたこと、これらの要因が重なりあうなかで風成の運動は広がった。従来からの強い結びつきはしがらみでもあり、事実、風成以外の漁村では、しがらみゆえにセメント工場の進出が認められている。風成で運動が広がったのは、おなごしたちの結びつきの強さと新しいスタイルなどが複合的な力になり、そこから生活に密着した「海を守る」という発想と行動が生まれたからだった。

松下の作品から二つのことを指摘できる。一つに、松下が人々の結び目をていねいに解きほどいたように、激変の高度成長の時代の運動史研究は、新しい契機や戦前来のつながり、きずなとしがらみなど、運動に登場した人々のつながりの歴史的意味を暮らしとかかわらせて粘り強く読み解く必要がある。そのなかで風成では、資本の論理や官僚的統治、従来のしがらみを脱して物事を決める新しい方法が獲得されている。

二つ目は「海を守る」という発想についてである。これは風成の人々が紆余曲折の末にたどりついた、まだ素朴だが大事な共通の論理だった。運動には対抗的側面があり、風成でいえば、地域の人々は資本の論理に対抗して運動を展開した。その過程で、地域にかかわるさまざまな人々が共有すべき論理が発見される。その論理とは「海を守る」であり、それは公共性の試みといっていいだろう。運動については、対抗の面と同時に新しい公共性を獲得して育てる側面をみる必要がある（地域開発について、本巻沼尻論文参照）。

高度成長の時代の運動は、戦前から戦後への二重の転換過程にもかかわっていたことに留意する必要がある。一九七〇年代の夜間中学校設置運動を紹介してみたい。

戦後の夜間中学は三つの時期に区分できる。一九五〇年代半ばまでの発展期、五〇年代半ばから六〇年代までの後退期、七〇年代以降の再生期である。七〇年代は各地で夜間中学校設置運動が盛んになった［岩井　一九七七］。この背景には、被差別部落で六八年から識字教育が始まり、日韓基本条約と日中国交回復ののち、韓国と中国から日本に帰国する人々が増えたことなどがあった。当時の夜間中学については、岩井［一九八九］がよく雰囲気を伝えてくれる。岩井の教えた夜間中学には、在日朝鮮人の女性や、日韓基本条約後に日本に帰国した女性、沖縄出身の人など、日本語の読み書きを習う機会を逸した人々が集まった。それらの人の多くは、二重の転換過程のなかで戦後に学ぶ機会を逸した人たちだった。

夜間中学校に通う在日朝鮮人の女性にとって、日本語は植民地支配の残滓でもあった。だが、日本語の読み書きができなかったために、日本で身を縮めて生きなければならなかったのであり、その状態の克服がどうしても必要だった。岩井［一九八九］における夜間中学校の生徒たちは、自分の人生を振り返るなかで日本語を学ぶ。夜間中学校は、植民地支配や二重の転換過程のもとで放置されていた自分の暮らしと歴史を取り戻す時間にほかならなかった。運動は暮らしや生活、生存と大きくかかわっていたはずであり、そのかかわりの歴史的意味を解き明かす必要がある。

暮らしや生活それ自体が運動の対象になったことにも留意する必要があるだろう。先の表3と関連し、一九四〇年代後半から高度成長の時代にかけて、政府・行政は、生活への啓蒙と組織化を強め、民間でも生活をめぐる運動が行われた。実際、生活はこの時代のキーワードだった。農林省による生活改良普及事業、農協による生活指導、新生活運動協会および大企業による新生活運動、民間や社会教育でとりくまれた生活記録運動、それにくわえて厚生省による保健・衛生事業や文部省の婦人学級・ＰＴＡ、大蔵省の貯蓄運動のいずれもが生活を焦点にするものだった。生活の変革を対象にした運動がとりくまれ（新生活運動）、生活を記録する運動が行われたのである（生活記録運動）。

ゴードンは、この点にかかわって重要な指摘をしている。従来の「『社会運動』の叙述」では、「国家や、企業役員との協力、連携により発達した」「社会、政治活動の重要な混成タイプを説明できない」。そのうえでゴードンは、新生活運動について、「この種の『社会運動』が国家と社会を結び付けた。そしてそれは変革を管理し、抑制したい衝動と、草の根の支持者に力を与えたいという相反する衝動とを統合した」と評価している［ゴードン　二〇〇五：二五四－二五九］。新生活運動が、「変革の管理」と「力の付与」という「相反する衝動」をどの程度「統合」したのかは検討を要するが、従来の社会運動の視点では、生活の変革を対象にした新生活運動を射程におさめることができないという指摘はそのとおりだと思われる。

運動は生活や暮らしと大きくかかわっていた。その運動のあり方にもまた大きな幅があり、自主的な運動から政府や行政、企業とかかわるものまで多様に展開した。民主主義や平和は、日々の暮らしや仕事のなかで問われたのだと考えれば、暮らしと結びついた運動や生活の変革を対象にした運動の評価は、民主主義の評価の根幹にかかわるはずである。

かつて鹿野政直が「運動史研究への視野」をもつことを呼びかけてから久しい［鹿野　一九八八：二七二］。ここでは、鹿野の呼びかけを、広い意味での運動と人々のかかわりを考える課題として受けとめ直し、この視野を持ち続けたいと思う。

5　高度成長の時代の問い方——まとめにかえて

本章において私は四つの点に留意してきた。①研究史と時代状況への留意、②高度成長の時代を理解する三つの視点の提唱、③高度成長の時代の認識枠組みの整理、④高度成長の時代を理解する五つの論点の提示である。

①については、本章の第2節で述べたように、歴史研究の視点と、一九九〇年代の時代から捉え返す視点の接点を探る必要があった。二つの視点の接合の仕方が高度成長の時代像に大きくかかわるからである。具体的にいえば、九〇年代以降に見出された時間認識や貧困・格差の発見、東アジアの歴史認識、ジェンダー認識、世界からの新しい問いを、高度成長の時代の研究にどう接合するのか、ということである。

①は②ともかかわる。「秩序」「構造」「体制」を解明した一九八〇年代の高度成長研究をふまえたうえで、第2節で強調したのは、高度成長の時代をいかにして動態的に把握するのかといったことだった。第2節では「動態的把握」とともに、「時間の重層的認識」、「複合的な視点」の三つの視点の必要性を強調した（②）。「極端な時代」である高度成長の時代の歴史的意味を解き明かすためには、三つの視点が不可欠と判断したからである。

③は①とかかわる。第3節で近代社会と現代社会の理解、生活保障の仕組みの二つの側面から高度成長の時代における認識枠組みの整理を試みたのは、一九九〇年代以降の時代の変化のなかで、時間認識があらためて問われ、そのことが高度成長の時代の研究にも影響をおよぼしていたからであった。現代社会は、現代資本主義システム、生活世界、大衆民主主義段階の国民国家の三つで成り立つ。これに対応する高度成長の時代の枠組みは、経済成長と企業社会、生活世界、東アジアの冷戦と国民国家の三つであり、これらの関連を歴史的に考察する必要がある。

高度成長の時代の枠組みの関連を考えるうえで何が論点になるのか。高度成長の時代の論点は、以下の五つに限られるわけではないが、第4節では①②③をふまえ、五つの論点を提示した（④）。市場と競争――冷戦とのかかわり、生活保障のあり方、企業社会と「主婦」の誕生、平等化と競争、運動の五つである。研究史を念頭におきつつ、五つの論点の考察から得られた内容を整理すれば、以下の三点になる。

高度成長の時代に政府と企業社会が大きな役割を果たしたことは疑いを入れない。だが従来の研究では、政府と企業社会に多くの説明を任せすぎたように思われる。政府と企業社会の果たした歴史的役割を十分にふまえたうえで相対化すること、これが第一の点である。たとえば市場と競争をめぐっては、企業間競争や政府の産業政策だけでなく、東アジアの冷戦とのかかわりで理解する必要があり、生活保障については仕組みだけでなく、時間の重層的認識に基づく歴史的視点の重要性を提起した。長い歴史的視点を設定することで、生活保障のパターンには、企業社会にくわえて、地域社会と在日朝鮮人・沖縄の三つがみえてくる。

第二は、生活世界の問い方である。この点では、第3節で紹介した安丸［二〇〇二］や浅井［二〇〇五］の視点がぜひ継承されるべきであろう。高度成長の時代における社会の基本軸は資本主義システムなのだが、生活世界には固有の役割があり、歴史家の仕事はその歴史的意味を解き明かすところにあるからである。第4節では、生活世界を理解する鍵として主婦化、平等化、運動をとりあげた。これらの考察を通じて繰り返し強調したことは、複合的視点や動態的把握をもつことで事柄の単純な理解を排することである。たとえば主婦化をめぐっては、企業社会や働くこと、運動、政府の社会介入政策（家族・主婦役割の啓蒙と組織化）などの関連の検討を通じて、主婦化の受容過程に含まれる矛盾や軋轢が粘り強く考察されなくてはならない。このような視点と作業なしには、「極端な時代」を解明できないからである。

高度成長の時代は東アジアの冷戦のなかにあった。冷戦を時代のなかに位置づけること、これが第三の点である。この点で大事なことは、冷戦を外交や国際関係のなかで問うとともに、高度成長の時代の理解の根幹にかかわるような、市場と競争や日々の暮らし（生活保障）と関連づけて考えることである。そこからは、高度成長の時代の経済成長がまさに冷戦と深くかかわっていたことや、冷戦は生活保障のあり方にまでおよび、在日朝鮮人や沖縄の人々の暮らしを深く分断していた状況が浮かび上がってくる。冷戦は高度成長の時代の各所に深く影を落としている。

高度成長の時代については、政府や企業社会にくわえて冷戦や地域社会を正当に位置づけ、さらに戦後の二重の転換過程を視野におさめること、このような観点を含めて政府・企業社会・生活世界の三者の歴史的関係を検討しなくてはならない。

以上、序章で述べてきたことは、シリーズ「高度成長の時代」全三巻の各論文とも何らかのかたちでかかわっている。各論文にみられる新たな研究テーマや方法の提起、あるいは、いままでの研究史への問題提起のなかからは、高度成長の時代の研究の現在が、一九八〇年代の研究成果と九〇年代以降の時代の変化をふまえて、新たな段階に移りつつあることがうかがえる。序章が各論文と関連して読まれ、高度成長の時代の研究の現在を理解する一助となることを念願している。

〔注〕

(1)一九八四年一一月に開催されたシンポジウム「戦後日本社会の変容と変革の展望」での報告〔渡辺　一九八五a〕は、渡辺〔一九八八〕に収録されている。渡辺は、このシンポジウムについて、「四人とも〔シンポジウム参加の加藤哲郎、安田浩、高橋祐吉、渡辺の四人〕期せずして、高度成長期以降の社会変化を、現代をとらえる上で鍵をなすものとして、注目していたと思われる」〔渡辺　一九八八：一〇〇〕と指摘している。ここから八〇年代半ばに高度成長の時代が注目される画期があったことがわかる。

(2)二一世紀に入ってからの現代史研究の整理として、安田〔二〇〇八〕がある。

(3)一九九〇年代以降の研究を時間とのかかわりで整理する以下の叙述は、大門〔二〇〇二〕を継続・更新させた面がある。

(4)安丸は、「強い個人」が強調されれば、「多くの庶民は家族結合を強めることで状況に対処」せざるをえないこと、家族社会学の研究者の多くは、家族の選択主体を個人に求め、それを国家が制度的に援助する道を展望しているようだが、「それはおそらく強い個人にふさわしいイデオロギー」でもあり、事柄の一面にすぎないと批判している〔安丸　二〇〇二：二五、二八〕。

(5)民衆の生活世界は「家族と地域」に集約できるものであり、広げれば「社会」といいうる。それゆえ、表1では、生活世界を、「社会／生活世界／家族と地域」と表現した。

(6)国家そのものは究極的に生活保障のために存在するということもできるが、ここでは、生活保障が具体的な政治課題にのぼった段階（現代）に注目し、現代国家の役割として規定する。

(7)かつて「大衆社会的統合」論を展開していたときの後藤道夫は、「大衆社会的統合」としてヨーロッパと日本が共通しており、そのうえで「煮つめられた近代」としての日本の大衆社会的統合の特質を指摘していた［後藤　二〇〇一］。それに対して後藤［二〇〇二］では、現代国家の共通項を確認する前に福祉国家と日本の現代国家の相違を強調し、福祉国家と比べて日本の現代国家がいかに特殊であるのかを論じ、そこから開発主義国家という規定が導かれている。しかし、このような議論では日本の現代国家の特殊性のみが強調されることになってしまうのであり、大衆社会的統合論のような共通項の確認が不可欠だと思われる。また、公共事業による社会統合力については企業社会論ほど研究の蓄積がなく、「公共投資偏重型財政システム」の形成は第一次石油ショックが画期だったことを強調する研究があることをふまえれば［金澤　二〇〇二］、公共事業の歴史的位置づけについては今後いっそうの研究が必要だと思われる。これに対して浅井［二〇〇五］では、現代資本主義システムの共通性が指摘されているが、そのもとで日本とヨーロッパの相違がわかりにくいように思われる。

(8)大沢［二〇〇七］は、世界各国における生活保障システムを「男性稼ぎ主」型、「両立支援」型、「市場志向」型の三類型に区分し、日本は「男性稼ぎ主」型だとする。宮本太郎［二〇〇九］は、企業や業界によって「仕切られた生活保障」という面に、日本の生活保障の特質の一つを見出している。

(9)このデータに注目したのは、Thomas Rohlen, "Is Japanese Education Becoming Less Egalitarian?" (*Journal of Japanese Studies*, Winter, 1977, Vol.3, No.1,p41) であり、その後、同論文に掲載された表の一部がゴードン［二〇〇六b］に再掲された。ゴードンはローレンの議論に基づいて、高度成長期の「高等教育へのアクセス」は「非常に平等だった」と述べている。図1は、文部省のデータすべてを確認して作成したものである。

〔文献一覧〕

浅井良夫「現代資本主義と高度成長」歴史学研究会・日本史研究会編『日本史講座10　戦後日本論』東京大学出版会、二〇〇五
荒川章二『日本の歴史16　豊かさへの渇望』小学館、二〇〇九
荒牧草平「教育機会の格差は縮小したか――教育環境の変化と出身階層間格差」『日本の階層システム３　戦後日本の教育社会』東京大学出版会、二〇〇〇
石田雄「『もやい直し』で『世直し』を」宇都宮健児・湯浅誠編『派遣村　何が問われているのか』岩波書店、二〇〇九
石田雄『誰もが人間らしく生きられる世界をめざして――組織と言葉を人間の手にとりもどそう』唯学書房、二〇一〇
石牟礼道子『苦海浄土――わが水俣病』講談社、一九六九
伊藤正直「『高度成長』とその条件」歴史学研究会・日本史研究会編『講座日本歴史　現代１』東京大学出版会、一九八五
岩井好子編『うどん学校――奈良夜間中学校創設記録　金達寿の夜間小学校の回想　奈良夜間中学生紳士録』盛書房、一九七七
岩井好子『オモニの歌――四十八歳の夜間中学生』ちくま文庫、一九八九
岩崎稔ほか編『戦後日本スタディーズ　２　60・70年代』紀伊国屋書店、二〇〇九
岩間優希『文献目録　ベトナム戦争と日本――一九四八～二〇〇七』人間社、二〇〇八
上野千鶴子『家父長制と資本制――マルクス主義フェミニズムの地平』岩波書店、一九九〇

宇都宮健児・湯浅誠編『派遣村　何が問われているのか』岩波書店、二〇〇九
大門正克「時代を区分するということ――日本近現代史の場合」歴史学研究会編『現代歴史学の成果と課題Ⅰ　一九八〇－二〇〇〇年――歴史学における方法的転回』青木書店、二〇〇二（のちに、［大門二〇〇八a］に収録）
大門正克「戦後日本の農村と開発――過疎から戦後日本の農村と開発を考える」水内俊雄ほか『「開発」の変容と地域文化』青弓社、二〇〇六
大門正克『歴史への問い／現在への問い』校倉書房、二〇〇八a
大門正克「序説　『生存』の歴史学――「一九三〇～六〇年代の日本」と現在との往還を通じて」『歴史学研究』八四六号、二〇〇八b
大門正克『日本の歴史15　戦争と戦後を生きる』小学館、二〇〇九
大沢真理『企業中心社会を超えて――現代日本を〈ジェンダー〉で読む』時事通信社、一九九三
大沢真理『現代日本の生活保障システム――座標とゆくえ』岩波書店、二〇〇七
小川政亮『家族・国籍・社会保障』勁草書房、一九六四
奥野正寛・岡崎哲二編『現代日本経済システムの源流』日本経済新聞社、一九九三
小熊英二『1968』上・下、新曜社、二〇〇九
荻野美穂『「家族計画」への道――近代日本の生殖をめぐる政治』岩波書店、二〇〇八
落合恵美子「〈近代家族〉の誕生と終焉」『現代思想』一三巻六号、一九八五
落合恵美子『近代家族とフェミニズム』勁草書房、一九八九
落合恵美子『21世紀家族へ――家族の戦後体制の見かた・超えかた』有斐閣、一九九四

小野沢あかね「戦後沖縄におけるAサインバー・ホステスのライフ・ヒストリー」『琉球大学法文学部紀要　日本東洋文化論集』一二号、二〇〇六
家庭総合史研究会編『昭和家庭史年表――一九二六～一九八九』河出書房新社、一九五〇
加藤千香子「序論　『多文化共生』への道程と新自由主義の時代」朴鐘碩ほか編『日本における多文化共生とは何か――在日の経験から』新曜社、二〇〇八
金澤史男「財政危機下における公共投資偏重型財政システム」金澤史男編著『現代日本の公共事業――国際経験と日本』日本経済評論社、二〇〇二
金子勝「『高度成長』と国民生活」歴史学研究会・日本史研究会編『講座日本歴史12　現代2』東京大学出版会、一九八五
鹿野政直『「鳥島」は入っているか――歴史意識の現在と歴史学』岩波書店、一九八八
金富子・中野敏男編『歴史と責任――「慰安婦」問題と一九九〇年代』青弓社、二〇〇八
木本喜美子『家族・ジェンダー・企業社会――ジェンダー・アプローチの模索』ミネルヴァ書房、一九九五
倉敷伸子「近代家族規範受容の重層性――専業農家経営解体期の女性就業と主婦・母親役割」『年報　日本現代史』一二号、二〇〇七
後藤道夫『収縮する日本型〈大衆社会〉――経済グローバリズムと国民の分裂』旬報社、二〇〇一
後藤道夫「開発主義国家体制」『ポリティーク』五号、旬報社、二〇〇二
後藤道夫「現代のワーキング・プア――労働市場の構造転換と最低限生活保障」『ポリティーク』一〇号　旬報社、二〇〇五
ゴードン、アンドルー「五五年体制と社会運動」歴史学研究会・日本史研究会編『日本史講座10　戦後日本

論』東京大学出版会、二〇〇五
ゴードン、アンドルー「日本家庭経営法――戦後日本における『新生活運動』」三品裕子ほか訳、西川祐子編『歴史の描き方2　戦後という地政学』東京大学出版会、二〇〇六a
ゴードン、アンドルー『日本の200年――徳川時代から現代まで』上・下、森谷文昭訳、みすず書房、二〇〇六b（原著二〇〇三）
ゴードン、アンドルー編『歴史としての戦後日本』上・下、中村政則監訳、みすず書房、二〇〇一（原著一九九三）
齋藤純一「社会の分断とセキュリティの再編」『思想』九二五号、二〇〇一
『世界　緊急増刊　NO　WAR!――立ち上がった世界市民の記録』七一五号、岩波書店、二〇〇三
佐口和郎・中川清編『福祉社会の歴史』ミネルヴァ書房、二〇〇五
庄司允・宮本憲一『恐るべき公害』岩波新書、一九六四
進藤兵「革新自治体」渡辺治編『日本の時代史27　高度成長と企業社会』吉川弘文館、二〇〇四
宋連玉『脱帝国のフェミニズムを求めて――朝鮮女性と植民地主義』有志舎、二〇〇九
高田実「『福祉国家』の歴史から『福祉の複合体』史へ――個と共同体の関係史をめざして」社会政策学会『「福祉国家」の射程』ミネルヴァ書房、二〇〇一
武田晴人『シリーズ近現代史8　高度成長』岩波新書、二〇〇八
橘木俊詔『格差社会――何が問題なのか』岩波新書、二〇〇六
田間泰子『「近代家族」とボディ・ポリティクス』世界思想社、二〇〇六
玉井金五・久本憲夫編『高度成長のなかの社会政策――日本における労働家族システムの誕生』ミネルヴァ書

房、二〇〇四
鶴見良行『べ平連――鶴見良行著作集2』みすず書房、二〇〇二
東京大学社会科学研究所編『20世紀システム』全六巻、東京大学出版会、一九九八
中野敏男ほか編著『沖縄の占領と日本の復興――植民地主義はいかに継続したか』青弓社、二〇〇六
永原陽子編『「植民地責任」論――脱植民地化の比較史』青木書店、二〇〇九
日本住宅公団『日本住宅公団10年史』日本住宅公団、一九六五
野口悠紀雄『一九四〇年体制――さらば「戦時経済」』東洋経済新報社、一九九五
野田公夫「「人びとを主人公にした現代史」の試みをめぐって――大門正克著『日本の歴史　第一五巻　一九三〇年代から一九五五年　戦争と平和を生きる――敗北体験と復興へのみちのり』を中心に」『日本史研究』五七四号、二〇一〇
沼尻晃伸「高度経済成長前半期の水利用と住民・企業・自治体――静岡県三島市を事例として」『歴史学研究』八五九号、二〇〇九
橋本健二『「格差」の戦後史――階級社会　日本の履歴書』河出書房新社、二〇〇九
バディウ、Aほか『1968年の世界史』藤原書店、二〇〇九
原朗「戦後五〇年と日本経済」『年報日本現代史』創刊号、東出版、一九九五
原田正純『水俣病』岩波新書、一九七二
平井和子「米軍基地買売春と反『売春』運動――御殿場の場合」『女性史学』一一号、二〇〇一
フィッシャー、ウィリアム・F／ポニア、トーマス編『もうひとつの世界は可能だ――世界社会フォーラムとグローバル化への民衆のオルタナティヴ』大屋定晴ほか監訳、日本経済評論社、二〇〇三

ホブズボーム、エリック『二〇世紀の歴史――極端な時代』上・下、河合秀和訳、三省堂、一九九六（原著一九九四）
『ポリティーク』三号、旬報社、二〇〇二
『ポリティーク』一〇号、旬報社、二〇〇五
松下竜一『風成の女たち――ある漁村の闘い』朝日新聞社、一九七二
見田宗介『現代社会の理論――情報化・消費化社会の現在と未来』岩波新書、一九九六
南亮進『日本の経済発展と所得分布』岩波書店、一九九六
宮崎義一『戦後日本の経済機構』新評論、一九六六
宮崎義一『日本経済の構造と行動――戦後四〇年の軌跡』上、筑摩書房、一九八五
宮本憲一『地域開発はこれでよいか』岩波新書、一九七三
宮本憲一『昭和の歴史10　経済大国』小学館、一九八三
宮本太郎『生活保障――排除しない社会へ』岩波新書、二〇〇九
屋嘉比収「米軍統治下における沖縄の高度経済成長――二つの対位的物語」『沖縄戦、米軍占領史を学びなおす――記憶をいかに継承するか』世織書房、二〇〇九
安田常雄「現代史と同時代史のあいだ――方法的イメージの試み」『同時代史研究』一号、二〇〇八
安丸良夫「二〇世紀――日本の経験」加藤哲郎・渡辺雅男編『20世紀の夢と現実――戦争・文明・福祉　一橋大学国際シンポジウム』彩流社、二〇〇二
湯浅誠『貧困襲来』山吹書店、二〇〇七
楊秀平「第一次機械工業振興臨時措置法と自動車部品工業」横浜国立大学国際社会科学研究科国際経済学専攻

修士論文、二〇〇四
吉見俊哉『シリーズ近現代史9　ポスト戦後社会』岩波新書、二〇〇九
李鍾元『東アジア冷戦と韓米日関係』東京大学出版会、一九九六
歴史学研究会編『日本同時代史4　高度成長の時代』青木書店、一九九〇
歴史学研究会・日本史研究会編『日本史講座10　戦後日本論』東京大学出版会、二〇〇五
渡辺治「戦後日本国家の支配構造――その形成と特質」『労働法律旬報』一月上・下旬合併号、一九八五a
渡辺治「保守政治と革新自治体」歴史学研究会・日本史研究会編『講座日本歴史　現代2』東京大学出版会、一九八五b
渡辺治「現代日本社会の権威的構造と国家」藤田勇編『権威的秩序と国家』東京大学出版会、一九八七
渡辺治『現代日本の支配構造分析――基軸と周辺』花伝社、一九八八
渡辺治編『日本の時代史27　高度成長と企業社会』吉川弘文館、二〇〇四
綿谷赳夫『綿谷赳夫著作集1　農民層の分解』農林統計協会、一九七九

第1章

地域からみた開発の論理と実態

沼尻晃伸

1 地域から開発を考える意味

「住民」の歴史的性格とは

本稿は、一九五〇年代から六〇年代前半における工業開発をとりあげ、開発の対象となった地域における住民が開発を受容する（あるいは反対する）論理を明らかにすることを通じて、住民サイドからみた工場誘致政策や工場進出反対運動の歴史的特質を追究することを課題とする。

高度経済成長期の工業開発に関しては、同時代における政策分析や事例調査などを通じて、これまで数多くの研究が生み出されており（代表的なものとして、東京市政調査会［一九六二］、佐藤［一九六五］、福武編〔一九六五〕）、工業開発に反対する運動に関しても、同時代の段階でかなりの程度明らかにされてきた（代表的なものとして、星野・西岡・中嶋〔一九九三〕、飯島・西岡〔一九七三〕、宮本〔一九七九〕、溝田〔一九七九〕）。これらの多数の研究をふまえ、高度経済成長期の工業開発とそれにともなう公害問題の発生について、実証面・理論面双方から追究したのが宮本憲一の研究であろう。宮本は、拠点開発に関する政府側の論理が、現実の過程で破綻していった問題点を提示し、工業開発の問題が明らかになるなかで発生した三島・沼津・清水二市一町によるコンビナート反対運動を「戦後住民運動の原点」と位置づけ、「草の根民主主義」や「理性的運動」の性格をそこに見出すなど〔宮本　一九七九：二八八－二九四〕、その後の研究に大きな影響を与えた。

しかし、宮本のいう「戦後住民運動」の「住民」に関して、氏自らが敗戦後から一九六〇年代にいたる歴史具体的実態を実証的に明らかにしたわけではない。「住民運動」や「草の根民主主義」など、同時代に使われた言葉のもっている意味やそのような運動主体が生まれてくる経緯を、今日の時点から考察することは、近年、環境問題の観点から、あらためて見直されることが多くなった当該期の住民の動向に関する歴史的理解のために必要である(1)。工業開発を受け入れる側である住民――具体的には、地元農民や商工業者・女性などに筆者が注目するのは、以上の理由による。

工業開発と生活保障

その際に、事態を理解するうえでの一つの鍵となるのが、地元農民や商工業者、女性らの、生活保障に対する考え方であろう。戦後改革によって地主制が解体し、家族においても家制度が法的に廃止された戦後段階において、人々はどのようにして新たなかたちでの生活保障を考え、それを整えようとしたのか。(2)工場の建設は、一方では工場での就業が期待され、その他の産業への波及効果が期待されるものの、他方で工場用地のために土地を売り渡さざるをえず、生産と生活双方にかかわる水質汚濁や大気汚染への不安をもたらす。その意味で、工業開発は地域住民の生活保障に多面的にかかわる問題であった。戦後改革後の社会において、個人が自らの生活保障のために、家族や地域の諸団体、自治体、企業などと取り結んだ種々の関係とその変化のなかに工業開発を位置づけることができれば、工業開発と社会に視点を据えて、一九五〇年代論と六〇年代論を架橋することも可能ではないか。(3)

三つの考察点

本稿は、農民や商工業者・女性に焦点をあてて考察するため、工業開発に関する政府の政策や自治体行財政の動向は先行諸研究にゆだね最小限の説明にとどめる。そのうえで、⑴一九五〇年代前半、⑵五〇年代後半、⑶六〇年代前半の三つに時期区分し、この時期に工業開発が顕著であった関東・東海地方の諸都市を対象とし、以下の三点を中心に考察をくわえたい。第一に、工場立地と操業の開始が、地域に住む人々に与えた影響についてである。工場が建設される際の土地売渡の問題や雇用創出への期待などを検討しつつ、工場操業開始後の雇用の実態や生活環境に与えた影響について考察をくわえる。第二に、五〇年代前半から六〇年代前半にかけて大きく変化する地域経済についてである。本稿では、主に就業者の構成を検討するが、当該期の地域経済の特質と、地域の経済主体が工業開発に賛成（あるいは反対）する論理との関連を探る。第三に、工場立地と地域経済の変化のなかで進む、社会関係の変化についてである。農民や商工業者、女性の工業開発に対する動きに変化が生じたとすれば、そのような新たな動きを支えた地域末端の社会関係（およびその変化）とは何か。このような視点から、家族や部落＝大字、その他当該期に新たにつくられる組織に注目していきたい。

2　経済復興期における工場誘致の論理

戦時期の工業開発との関係

最初に、戦後復興期の工業化について概観しよう。「国勢調査」の数値を利用して、製造業の就業者数（一五歳以上）の変化を一九五〇年と五五年とで比較すると（表1）、就業者総数は五〇年代前半の五年間で約一二二万人増加した。地域別にみると、北海道と北九州を除いた地域で製造業就業者は増加した。ただし、就業者数の増加には開きがあった。最も増加の割合が高いのが南関東の約一・四倍、次いで近畿臨海、東海が約一・三倍、近畿内陸、北関東が約一・二倍と続く。工業化は、関東地方から東海、近畿地方、なかでも南関東（京浜工業地帯）において顕著であったことがわかる。

当該期の工業開発の特徴の一つは、戦前期～戦時期に建設された工場施設や産業基盤を、あらためて整備・利用している点に求められる。京浜工業地帯にそくしてみると、神奈川県が日中戦争期に開始した約五〇〇万平方メートルにわたる京浜工業地帯造成事業は、約八〇％が完成したものの、残りは未着手であった。未完成区域の埋立工事再開は、一九五三年であった。大師河原地先夜光町地区の埋立は五四年に工事が終了し、出光、日本石油化学、三井化学、東亜燃料などの企業に分譲された〔山崎　一九八三：四六一－四六六〕。

軍用地の転用によって、新たな工場立地も増加した。敗戦によって大蔵省に移管された旧軍用財産は、大蔵省による遊休財産の活用方針のもとで一九四七年から転用されはじめた。宮木貞夫の研究によれば、

表１　製造業就業者数の変化（1950〜1955年）

（単位：千人）

地域	1950	1955
全国	5, 690（100）	6, 902（121）
北海道	195（100）	191　（98）
東北	294（100）	308（105）
北関東	425（100）	507（119）
南関東	1, 031（100）	1, 458（141）
北陸	349（100）	383（110）
東山	158（100）	174（110）
東海	844（100）	1, 105（131）
近畿内陸	275（100）	336（122）
近畿臨海	910（100）	1, 191（131）
山陰	55（100）	61（111）
山陽	366（100）	393（107）
四国	230（100）	243（106）
北九州	341（100）	333　（97）
南九州	214（100）	219（103）

注）各地域に含まれる都道府県は以下のとおり。東北＝青森・岩手・宮城・秋田・山形・福島，北関東＝茨城・栃木・群馬・埼玉，南関東＝千葉・東京・神奈川，北陸＝新潟・富山・石川・福井，東山＝長野・山梨，東海＝岐阜・静岡・愛知・三重，近畿内陸＝滋賀・京都・奈良，近畿臨海＝大阪・兵庫・和歌山，山陰＝鳥取・島根，山陽＝岡山・広島・山口，四国＝香川・愛媛・徳島・高知，北九州＝福岡・佐賀・長崎，南九州＝大分・熊本・宮崎・鹿児島。

出所）各年次『国勢調査報告』。

旧軍用地面積は、関東地方だけで四二九平方キロメートルに及んだ［宮木　一九六四］。東京都においては、軍用地から工場用地への転用数は、五一年まで毎年五件以下であったのが、五二年には一七件と急増し、当該期における関東地方での工業化の進展を促す要因になっていた。愛知県は、他県に先駆けて、軍需工場跡地や旧軍用地を工場誘致政策に利用しようとした［沼尻　二〇〇二：二六七－二七二］。

中央政府の開発政策にそくしてみると、一九五〇年代前半には、国土総合開発法（一九五〇年制定）が制定された。同法の当初の機能は、主に特定地域に指定された電源開発であったが、同法に定められた都府県計画を立案し工業開発を進める事例（岡山県など）も存在した［宮崎　一九九七］。そのような岡山県の事例においても、開発の中心は戦時期から開発が進んでいた水島臨海工業地帯の造成であり、戦時期の開発が戦後の県による政策を規定していた。

農地転用をともなう工場立地

とはいえ、一九五〇年代前半において、農地買収をともなう工場建設も行われた。表2は、その主要な事例を示したものである。表2の事例に共通していえることは、会社側は、最初に地元自治体に連絡をとり、土地買収に関する打診を行っている点である。これは、会社自らが工場敷地候補地を所有する農民全員から短期間に土地を買収することが困難であったからだが、地方自治体においても、農地改革直後において農地を工場用地に転用することが「許可されるかどうか疑問視されていた」という（大日本紡績の事例）。これに対し、「県並に豊橋市の工場誘致熱は旺盛なもので我が国最初の一大試練事（農地を工場用地

表2　1950年代前半における農地買収をともなった工場誘致に関する事例

工場名	工場立地の経緯	農地売渡の方法
大日本紡績豊橋工場	1950年6月に会社側から豊橋市に工場立地の打診。愛知県および豊橋市の誘致により，旧軍用地ですでに農地として利用されていた土地を政府から払い下げを受け会社側に無償貸与。	
日清紡績島田工場	1951年4月に会社側が新設工場を島田市に建設することを市に報告。市が誘致に乗り出し，土地売渡費坪あたり550円（会社側負担坪100円）で買収。	市議会議員，各町総務委員による買収交渉。農地委員会が土地売渡者や売渡者への代替地を決定。
日本パルプ米子工場	1951年，鳥取県および関係市町村の誘致により米子市郊外の巌村，日吉津村への立地を決定。工場敷地は約55町。売渡価格は反あたり14万円。	用地売渡は部落選出委員により審議。反対もあったが，土地売渡者で代替地を要求する者に対して，村当局が村内他耕地を同価格で買い求める措置を講じることに。
大同毛織小田原工場	1951年，会社側から小田原市に工場立地に関する打診あり。市行政は用地買収を旧村にゆだね，旧村側の売渡希望金額に近いかたちで誘致決定。土地売渡費用は坪あたり850円で価格を上増しする土地あり。	各部落代表による委員会で決定。経営面積7反以上で土地売渡を余儀なくされる農民に優先的に代替地を譲渡。工場立地地点の部落への入作者耕作地を換地候補地とする。

出所）愛知県工場誘致委員会［1950：39－40］，日清紡績［1969：701－705］，『市民』36号（1951年，2－3頁），同37号（1951年，3頁），同37号（1951年7月，6頁），鳥取県農業綜合研究所［1955，15－16］，沼尻［2005：6－11］。

として転用すること）に物の見事に成功し」たというように［愛知県工場誘致委員会　一九五〇：三九］、地元関係者の同意がある場合、農地事務局は農地転用を承認した。表2の日清紡績島田工場や大同毛織小田原工場の事例においても、農地事務局の対応は同様であった。

農地買収がどのように行われ、農民の合意を得たのかについては、日清紡績島田工場、日本パルプ米子工場、大同毛織小田原工場の事例からうかがうことができる。この三事例に共通していることは、土地買収に関しては、自治体が直接農民と交渉するのではなく、部落代表の委員会が仲介する（日本パルプ、大同毛織）場合など、間接的に土地売渡農民に対する交渉が行われ、なかには土地売渡農民に対して代替地が提供されることもあったという点である。

土地買収と部落＝大字

部落代表の委員会を通じての土地買収に関して、大同毛織小田原工場の事例をみよう。小田原市は、一九五一年六月に、工場立地候補地となっていた小田原市内の旧下府中村（同村は一九四八年に小田原市に編入）の支所に対して、大同毛織工場の誘致を打診した。これに対して旧下府中村においても、部落の代表者を集めて「大同毛織工場設置委員会」を設置した。この委員会の主な任務は、工場敷地候補地を所有していた農民が土地売渡に同意するよう折衝を行うことであった。その条件として、同委員会が重視したのが、土地売渡農民に対する代替地の提供であった。代替地として想定したのが、工場立地地点である旧下府中村中里部落以外に居住する農民が中里部落に有する耕地――すなわち、入作地であった。工場への土地売渡農民に入作地を提供することで、工場予定地に耕地を有する農民のみ耕作面積が減少するという事態を避けようとしたのである。個別農民との折衝は、部落選出の委員が行った。中里部落以外の各部落委員は、中里部落に入作地をもつ農民に対し代替地の提供を迫った。入作地を提供する農民の了解を得るため、入作地提供農民に対する代替地を同じ部落のなかで募り、斡旋することも行われた。このように、旧村の委員会や部落が中心となって、特定の土地売渡農民のみ耕地が減少することのないようにする措置がとられたのである。その結果、土地売渡農民に対する代替地として、中里部落入作地（二町四反）を準備することが可能となり、大同毛織の用地買収は、土地買収の交渉を開始してから一か月たたない段階で、買収の目途がいったんはついた［沼尻　二〇〇五：六－八］[4]。

委員会は部落在住者による耕地利用優先の原則を決定したとはいえ、実際の土地移動の基準を定めていたわけではない。委員会では、農民Aが工場に土地売渡→農民Aの土地が減少するので、B（他部落農民）がAに代替地（入作地）提供→Bの耕作地が減少するのでBと同じ部落居住農民Cが部落内の土地を提供というようなかたちで、特定の農民のみ所有地が減少しないようにする方法を、代替地提供者と代替地取得者にそくして個別具体的に決定した[5]。その際、A、B、Cが誰になるかが重要な問題であった。代替地斡旋の際、「戦時中における農地改革にからむ土地問題の恨み」から、斡旋がいったんは不能となる場合も存在したからである。また、委員会や部落の代表者の役割は、会社と農民、あるいは農民同士の土地売渡の斡旋であり、強制力はもっていなかった。それゆえ、部落在住者による耕地利用優先の原則が、守られない場合も存在した［沼尻　二〇〇五：八－一一］。

旧下府中村における部落代表の委員は、全員男性であった。土地売渡や代替地提供などについて、土地売渡農家側で女性が応対する場合は、世帯主が女性の場合を除けばほとんどなく、土地売渡交渉で委員が農家を訪問した際「男不在で女の調印につき万一主人不服の場合は取り消しを承認のこと」が合意されたケースも存在した［下府中支所　一九五一］。多くの場合、男性世帯主の考えが土地売却の決定に規定的な意味をもったと考えられる。

農地委員会や農民組合を通しての交渉

日清紡績島田工場の誘致の際に、重要な役割を担ったのが、地元農地委員会や農民組合に影響力をおよぼす人物の役割であった。日清紡績は、新工場建設のため一九五〇年八月から島田市に工場建設に関する打診を行った。五一年四月四日、日清紡績は島田市への新設工場の建設を決定したことを市に報告し、同時に工場建設の条件として、用地買収を市当局で仲介することを含む一〇項目を市に提示した。市側はただちに「万難を排して誘致建設に努力すべし」との結論を出した〔「日清紡績建設経過〔第一報〕」一九五一a：二―三〕。市は、市議会議員・各町総務委員が中心となって、土地買収の申し入れを地元関係者に行った。その条件は、買収価格は坪あたり五五〇円とすること、工場敷地売渡者以外からも土地供出を募り不足分は市が供出斡旋を行うことなどであった。その結果、五月五日に地元側は土地売渡を承認した〔「日清紡績建設経過〔第二報〕」一九五一b：三〕。

土地所有者に対する買収交渉は市議会議員や各町総務委員が行ったものの、工場敷地の選定や代替地の準備、敷地代金の支払いにおいて、重要な役割を担ったのが農地委員長であり農民組合長であった五條伊太郎であった。

五條は、一九四九年八月の農地委員選挙において島田市から共産党所属で立候補して当選し〔「選挙特報」一九四九：七〕、島田市の農地委員会委員長を務めていた。農民組合長でもあった五條は、五〇年八月における国道一号線建設の際の用地買収においても農民の土地売渡価格の決定と土地売渡農民に対する代替地の斡旋の役割を担っていた。日清紡績の工場誘致においても当初の予定地が「作人が絶対反対だ」

との理由から交渉が難航していたが、「丁度五條氏が市長室にいたので頼むと云ったところ事情はよく判るので協力するが河原町は難かしい」（市助役の発言）ために別の候補地を検討することとなり［島田市議会　一九五〇］、結局会社側も別候補地（旭町）を希望するという経緯があった。代替地提供については農地委員会が斡旋し、土地売渡代金の農民への支払いに関しても、市長が「五條さんとも相談しましたが調印と同時にあげたい金がないので結局関係者と農民組合に一任することにな」ったと述べていることからわかるように、農民組合が仲介した［島田市議会　一九五一］。

以上のように、一九五〇年代前半の用地買収には市行政や市議会のみならず、部落＝大字や町、農地委員会や農民組合に影響力をおよぼす人物が、重要な役割を果たしており、土地売渡農民に対する代替地提供も部落や農地委員会を通じて行われた。土地売渡の判断は男性世帯主の意思が重要な意味をもったと想定されるものの、工場用地の買収は、地主制のもとで、地元市会議員や有力者の説得によって土地所有者からの買収を進めた戦前期や、軍部や警察の強権によって短期間での買収が行われた戦時期に比べ、変化したといえよう。(6)

土地売渡農民の工場への期待

用地売渡のための部落や農地委員会、農民組合の役割は、重要であったとはいえ、土地売渡に反対する農民も現れるなど限界面も有していた。にもかかわらず、結果として土地売渡がまとまり、工場立地が可能となった理由を考えるうえで重要なことは、農民が工場誘致を積極的に捉えていた理由である。

個別農民の利害で第一に重要なことは、土地売渡価格であった。表2に示したように、この時期の土地買収価格は坪あたり五五〇円から八五〇円であった。売渡価格決定の経緯をみると、最も安い日本パルプ米子工場の場合では、当初、鳥取県農地部が定めた買収価格は反あたり五万八〇〇〇円（離作補償料を含む）であった。しかし、実際には土地買収に対する反対が生じ、そのうえ同時期に岡山県に工場を立地した大日本紡績の土地買収価格が反あたり一五万円であったことから、日本パルプにおいても反あたり一五万円以上の価格で買収するよう農民は要求した［日本パルプ工業株式会社社史編纂委員会 一九五四：二〇－二一］。日清紡績島田工場の場合も一年前の国道一号線建設の際の土地買収価格一坪あたり二五〇円の二倍以上である、一坪あたり五五〇円で交渉成立した。大同毛織小田原工場の土地売渡価格は、この三例のなかでは最も高い坪あたり八五〇円だが、これは農民が要求した金額をほぼそのまま市側が認めたものであった。さらに大同毛織工場設置委員会は市に対し「操差金《ママ》」を要求した。これは代替地提供や道路沿いの敷地など、売渡価格に何らかの配慮が必要なものに対する資金を一括して委員会宛に市が渡すことを委員会が要求したもので、市当局もこれを認めその総額は一〇〇〇万円であった［沼尻 二〇〇五：一二一－一二三］。

以上の事例からわかることは、農地売渡価格がいずれの場合も農地としての取引価格を超えており、農民側の希望に近い（あるいは希望どおりの）水準で売渡価額が決定している点である。このことが、土地売渡に農民が応じた主要な理由の一つと考えられよう。

第二に重要なことは、農民が進出する工場に就業することへの期待である。大同毛織小田原工場のケースでは、一九五二年九月に大同毛織工場設置委員会が旧村民に「秘　採用者は主として女子で少数のようです」との注釈つきで就職希望者を募ったところ、旧村に限らず小田原市や足柄上郡、足柄下郡などから四一八名（男性三一四名、女性一〇四名）の応募があった。工場立地地点となった中里部落の農家で、就職希望者を出していることが確認できるものは二二戸・三一人だが、旧自作層は希望者が少ないのに対し（一七戸中三戸）、旧小作層は希望者が多い（二九戸中一六戸）ことが特徴である［沼尻　二〇〇五：一四－一五］。日本パルプにおいても、土地売渡者が優先的に工場に採用される話がいったんは出されていた［鳥取県農業綜合研究所　一九五五：一六］。日清紡績島田工場の事例においても市議会で土地を売り渡す農民を「工場で救済」するなり、または市が「工場付近に商売をやらせるとか職業補導をやり、尚税の上で援助する」必要が説かれた［島田市議会　一九五一］。

しかし、実際には工場で地元農民が雇用されない場合もあり、雇用されてもその人数は限られていた。日本パルプ米子工場の場合、工場敷地の一部を有した巌村では農民がまったく採用されなかったことへの農民の不満は強かった［鳥取県農業綜合研究所　一九五五：一六］。大同毛織小田原工場の場合でも、採用の基準は公平なものではなく「敷地買収の際に功労のあった役員の紹介」が意味をもったといわれており、地元農民の不満が生じていた［神奈川県農林部　一九五五：二〇－二二］。

公害に対する地元自治体の対応

工場の操業による水不足、廃水による河川汚濁も問題となっていた。大同毛織を誘致した小田原市では、大同毛織小田原工場が建設されてまもない一九五三年九月における小田原市の工場誘致委員会において、同工場建設後井戸水が枯渇する問題が報告された[7]。同年一一月に開催された工業振興懇談会（市議会議員のほか市行政からは商工観光課長が出席し、そのほか商工会議所会頭と工業部会長、企業代表者も出席）では、工場汚水の問題が議題の一つにあがった。しかし懇談会では、「工場排水路等については、向後市独自の総合案を持たれたく要望する」というように、企業側が市行政に対して汚水処理施設の設置を要求する場となっていた［沼尻　二〇〇九a］。日本パルプ米子工場の場合においても、工場からの廃液に関して問題が生じたが、廃水が漁業に対して悪影響を与えたと断定できないため、問題は先送りされた［鳥取県農業総合研究所　一九五五：一六－一七］。

この時期には、共同火力中原発電所から排出する煤煙問題を表面化させた戸畑市の中原婦人会の事例［飯島　二〇〇〇：一二一－一二四、今村　一九七〇］が存在するものの、工業開発による水質汚濁や空気の汚染を表面化させた運動の担い手は、多くの場合、主に農民や漁民などの生産者であり、世帯主であった。企業側も公害の発生を認識しつつも、逆に汚水処理施設などの対策を自治体に対して求めたのである。

3　工業開発の本格化と地域社会との矛盾

産業別人口の変化と地域的特質

表3は、一九五五年から六五年にかけての就業者数（一五歳以上）を、地域別・産業別に示したもので

表３　地域別産業別就業者（15歳以上）数の構成（1955～1965年）

（単位：千人）

	総　数		第一次産業		第二次産業		第三次産業	
	1955年	1965年	1955年	1965年	1955年	1965年	1955年	1965年
全国総数	39, 261 (100)	47, 610 (121)	16, 111 (100)	11, 731 (73)	9, 220 (100)	15, 395 (167)	13, 928 (100)	20, 465 (147)
北海道	1, 974 (100)	2, 326 (118)	848 (100)	614 (72)	414 (100)	610 (147)	712 (100)	1, 102 (155)
東　北	4, 171 (100)	4, 259 (102)	2, 469 (100)	1, 913 (77)	560 (100)	796 (142)	1, 143 (100)	1, 548 (135)
北関東	3, 407 (100)	4, 049 (119)	1, 818 (100)	1, 343 (74)	645 (100)	1, 269 (197)	944 (100)	1, 436 (152)
南関東	5, 493 (100)	8, 863 (161)	876 (100)	643 (73)	1, 752 (100)	3, 549 (203)	2, 864 (100)	4, 669 (163)
北　陸	2, 480 (100)	2, 677 (108)	1, 252 (100)	927 (74)	511 (100)	775 (151)	716 (100)	974 (136)
東　山	1, 375 (100)	1, 422 (103)	765 (100)	550 (72)	233 (100)	382 (164)	378 (100)	489 (129)
東　海	4, 328 (100)	5, 559 (128)	1, 566 (100)	1, 148 (73)	1, 330 (100)	2, 200 (165)	1, 432 (100)	2, 210 (154)
近畿内陸	1, 562 (100)	1, 876 (120)	537 (100)	384 (71)	408 (100)	658 (161)	617 (100)	833 (135)
近畿臨海	3, 860 (100)	5, 775 (150)	763 (100)	526 (69)	1, 392 (100)	2, 501 (180)	1, 704 (100)	2, 745 (161)
山　陰	739 (100)	705 (95)	433 (100)	301 (70)	99 (100)	133 (135)	207 (100)	270 (131)
山　陽	2, 468 (100)	2, 739 (111)	1, 096 (100)	773 (71)	536 (100)	841 (157)	835 (100)	1, 124 (135)
四　国	1, 914 (100)	1, 900 (99)	1, 005 (100)	700 (70)	337 (100)	453 (134)	572 (100)	745 (130)
北九州	2, 613 (100)	2, 781 (106)	945 (100)	688 (73)	655 (100)	773 (118)	1, 013 (100)	1, 320 (130)
南九州	2, 877 (100)	2, 678 (93)	1, 738 (100)	1, 221 (70)	347 (100)	454 (131)	793 (100)	1, 002 (126)

注）各地域に含まれる都道府県は表１に同じ。分類不能の産業は総数には含まれるが，第一次産業，第二次産業，第三次産業のいずれにも含まれない。

出所）各年次『国勢調査報告』。

ある。この一〇年間での全国の就業者数の増加は八〇〇万人を超えた。なかでも増加が著しかったのは第二次産業で、六五年の就業者数は一〇年前の一六七%となり、総数でも約六一七万人増加した。第三次産業に関しても、伸び率こそ第二次産業にはおよばないものの、約六五四万人増加した。第一次産業は、一〇年前の七二・八%、四三八万人減少した。

地域別にみると、第一次産業に関しては、全国一律に減少が著しい。第二次産業は、南関東、北関東、近畿臨海での就業者数の増加が著しいものの、第二次産業に関する就業者総数の増加率一六七%を超えるのは、以上の三地域のみで、北九州・南九州・四国・山陰などでの増加率は、就業者総数の増加率を大幅に下回った。第三次産業に関しても、増加率の高い地域には南関東と近畿臨海が一六〇%を超えるが、増加率の高い地域は、北海道、東海、北関東が一五〇%を超えており、第二次産業に比べると第三次産業のほうが地域的な偏りが少ないことが特徴である。

以上のように、高度成長前半期の就業人口は、農村部から大都市部への人口移動が著しく、工業化の展開が顕著ではなかった南九州、山陰、四国で就業人口総数の減少がみられた。他方で、それ以外の地域では、農業人口は減少しても地域内の就業人口は増加しており、その場合、第二次産業の増加とともに第三次産業就業者の増加が重要な意味をもっていた。

工業化の急展開と公害問題

太平洋岸における工業化は、一九五〇年代後半から本格的に開始される中央政府による産業基盤整備への財政支出に裏づけられていた。五二年に制定された企業合理化促進法によって、道路港湾への国庫負担補助が五〇年代後半に増額された。工業用水道建設に関しても、五六年度から国庫補助金を計上するとともに、長期低利資金の融資も開始した。工業開発に関係する各省の関係局長を委員として五六年に発足した工鉱業地帯整備協議会の要請によって、四大工業地帯への公共事業費の増額が盛り込まれたのは、五七年度予算からであった［通商産業省企業局工業立地指導室編　一九六二：四八－五〇］。京葉工業地帯の造成に関しては、造成地への進出企業をあらかじめ県が決定し、県はその企業から工場用地造成費用や産業基盤整備費用などを予納させる、「千葉方式」と呼ばれる民間資金の活用がはかられた［日本経営史研究所編　一九八五：一一九－一二二］。

国土総合開発法によって開始された県による総合開発計画のなかには、計画を修正し工業開発のための産業基盤の整備を計画に盛り込むケースも存在した。静岡県の場合、一九五一年に始まった静岡県総合開発計画の主要な課題は電源開発と食糧増産であったが［上原　一九七七a：一六－一七］、計画期間の前半が終わった五六年度からの第五次総合開発計画をみると、富士地区と天竜地区では開発目標のなかの主導目標の一つに、国庫補助による資金調達の道が拡充された工業立地条件の整備（具体的には道路、港湾、工業用水道、工業排水路の整備など）が盛り込まれた［静岡県　一九五七a：三］。

工業化にともなう公害が、全国各地で表面化したのもこの時期の特徴であった。水俣病患者が公式に確認されたのは、一九五六年であった。本州製紙江戸川工場の廃水によって河口の水質汚濁が進み魚介類に被害が及んだ問題は、漁業者の工場への乱入によって警官隊と漁民双方に負傷者を出す流血事件を引き起こしたが、この事件が水質二法（水質保全法と工場排水規制法）の制定を促した［飯島　二〇〇〇：一六〇］。

農地転用をともなう工場誘致の経緯

一九五〇年代後半における急速な工業化の展開は、政府の政策とあいまって、農地を転用させての大規模な工業開発を増加させた。静岡県内における農地転用をともなう工場誘致の代表例としては、工場敷地面積が一〇万坪を超えた東洋レーヨン三島工場と旭化成工業富士工場の事例をあげることができる。

東洋レーヨン三島工場の誘致では、県当局による斡旋が重要な意味をもったが、三島市議会においても、工場誘致への期待は強かった。三島市では、保守系の松田吉治市長のもとで工場誘致政策がとられた。一九五六年度の予算での工場誘致費の計上に対し、社会党所属議員から「現状の乏しい市財政の中から、こうした工場誘致に対する市の負担というものは限界があるのではないか」との意見も出された。しかし、この議員も工場誘致自体には賛成しており、工場誘致に反対する意見はこの時期の三島市議会には存在しなかった。［三島市役所　一九五六：三二－三四］。

土地買収にいたる経緯や土地を売り渡した農民の動向については、一九五九年から操業を開始した旭化成工業富士工場の事例が明らかになっている(8)。五七年、旭化成工業は静岡県に対し工場建設に関する非公式の打診を行った。これを受けて県は、富士市田子の浦地区に港を建設し、その掘土を利用して工場敷地を造成する計画を立てた。地元富士市議会においても、同年五月に満場一致で工場誘致を決定した。同年一〇月に富士市と旭化成工業は契約を交わし、富士市は静岡県の協力を得て工場用地等二二万坪について用地買収の斡旋をすること、富士市は田子の浦港の建設（第一期工事）に関し旭化成工業から受益者分担金を賦課しないことなどを取り決めた。

土地買収の経緯をみると、一九五八年一月一六日、旭化成工業は市長に、会社側は採用基準を緩和して土地所有者の子を優先的に採用すること、煙害が万一発生した場合には市当局立会いのもとで協議のうえ善処することを通知した。他方、一月の市議会では、用地買収の方針に関して、買収価格は坪あたり一五〇〇円、会社への土地提供者の子の優先的採用、煙害が出た場合工場側が善処する、代替地については専業農家で職業転換不可能な者に可能なかぎり斡旋することが確認された。こうして、二月以降地元との本格的な土地買収交渉に入った。

用地買収対象となった各地区（全六区）からは交渉委員が選任された。市当局は全地区同一歩調で交渉を進めるため連合組織をつくろうとしたが、最も買収面積の大きかった前田新田は、これにくわわらず、別個に交渉が行われた。四月一七日に五区は買収価格坪あたり二三三〇円で土地を売り渡す仮契約が結ばれ、前田新田においても四月一九日に五区と同じ内容の仮契約が結ばれた（以上、［静岡県民会館広報課編一九六一：三四－四三］）。

県・市行政の役割とその限界

以上の経緯で重要な点を、三点にまとめておく。

第一に、当初の立地地点の決定と工場誘致に関しては、県当局（とりわけ県知事）が重要な役割を担った点である。第五次県総合開発計画で目標とされた富士地区の工業開発にとって、東洋レーヨンと旭化成工業の誘致は欠かせないものだった。

第二に、土地買収の方針決定に関しては、買収規模が大きいこともあって市当局と市議会議員が会社側と連絡をとって決定したものの、農民との交渉においては市側が意図した六区による連合組織の結成はなされず、個別農家との土地買収交渉も各地区にゆだねた点である。市が農家から直接買収しないという意味では、一九五〇年代前半と同様であった。

第三に、土地売渡農家への代替地の斡旋については、大同毛織小田原工場の誘致の際とは異なり、土地売渡農家に対する各地区農民による代替地提供が土地売渡の条件になっておらず、土地売渡契約がなされたのちに市当局が代替地を準備した。農民の側でも代替地を要求した者は調査対象者となった二六一名中七八名と少なく、実際に代替地を取得したものは二八名であった。市当局が準備した代替地に対しては、「不便なところで、地味も悪く水も掛らない」「会社への売渡値段と同じ値段では、場所も遠いし、土もならさなくてはならないし、おまけに登記料もかかるのだから、やめた」などの意見が農民から出された。反対に、代替地を希望しなかった理由では、「世帯内に農業をやる人がいない」「農業の将来に見込みがない」が多かった〔静岡県民会館広報課編　一九六一：九二－九五〕。市当局による代替地は必ずしも農民が希望する土地ではなく、そもそも地域内部で農業や農地への関心が薄れていたのである。

土地売渡農家の工場での就業

他方、市が早い段階から会社側に要請していたことは、土地売渡農家の子の雇用と、煙害・廃酸への補償であった。

旭化成工業の事例の場合、地元採用者五四〇名のうち静岡県出身者が四七六名を占めた。土地売渡農家については、該当農家二四二世帯のうち一〇一名が雇用され［静岡県民会館広報課編　一九六一：五九］、土地提供者の子の優先採用という当初の約束はある程度守られていた。ただし就職した土地提供関係者が、会社内部で高待遇を得ることは少なかった。土地提供関係者を職種別にみると七割近くが工務系の現場労働者であった。賃金でみても、土地提供家庭からの雇用者は新制中学卒業以下の低学歴層が中心であるため、その九割近くが、月給一・五万円以下の低所得層であった。退職者の数も従業者総数に占める割合が、全体では七・六％であるのに対し、田子浦地区（このなかに土地提供者が含まれる）は一三・八％であった。土地売渡者からの聞き取り調査によれば、「二三才で一万三〇〇〇円位の若い人は『百姓よりよっぽどいい』と喜んでいる」という声が聞かれる一方で、「三〇～四〇才台になると余りいい仕事についていない」「給料が安いと大ていの人がいっている」など賃金の低さを指摘する声が多く聞かれた。誘致工場での就業は、農民からみて、必ずしも当初の期待に沿うものではなかった［静岡県民会館広報課編　一九六一：八五－九一］。

既存商工業の振興を求める動き

高度経済成長が始まる一九五〇年代後半においては、新たな工場誘致ばかりではなく、在来の商工業における発展やすでに誘致した工場の操業拡大に期待をよせる自治体や商工団体の動きが生じていた。ここでは、後述するコンビナート設置反対運動が生じた静岡県駿東《すんとう》郡清水村（一九六三年に町制施行）を例にとってみよう。

一九五四年二月一五日村議会では、村議会議員で清水村商工会にも属していた鈴木金吾が委員長となった「綜合発展対策研究委員会」の五四年度中の実行および実行予定事項が報告された。そのなかで、最も具体的に記されていたのが工場誘致であった。工場誘致の目的は「村財政の確立と二三男の就業を期するため有力工場を誘致する」ことであり、「候補地として柿田原並に伏見上の原耕地を目標」として「鉄工業等の重工業の有力な工場を目標とする」と記されていた［清水村役場　一九五四］。

これに対し、一九五八年三月一二日に、清水村商工会会長中野栄太郎が村議会に提出した「商工振興対策に関する陳情書」の「商工業の振興育成」の具体的内容は「イ経営指導、ロ厚生施設の普及、ハ納税貯蓄奨励、ニ青色申告の適正強化、ホ観光、ヘ金融対策、ト整備、チ工場誘致　村と協力大小の工場の誘致宣伝を図り併せて村民の就職難の解決を図る、リ巡回相談所の開設　県及中小企業相談所と協力定期的に巡回相談所を定める」であった［清水村役場　一九五八］。工場誘致に限らず、村内における既存商工業者に対する経営、福利厚生、税制などに関する政策を求めている点に特徴がある。この背景として、清水村の昭和三〇年代における商工業の発展があげられる。同村の就業人口は、五五年四二二三人から六五年六九〇六人に増加した。内訳は、製造業が五五年一七〇〇人から六五年三二五二人に増加しているのが顕著だが、建設業、卸売および小売業などでも就業人口が倍増していた［静岡県　一九五七b、静岡県企画調査

部統計課編　一九六七]。製造業の人口増加は、大東紡織三島工場など既存の工場の操業拡大によるところが大きく、これと同時に商業者数も増加した。前述の陳情書では、当時の様子を「最近隣接沼津三島市の発展と新国道開設及び村内道路の整備にともない急速に商工業発展し恰《しか》も商工業地域としての様相に変形しつつありのみならず村内業者の生産品は遠く海外はじ《ママ》京浜衛生《ママ》都市等に搬出され三島市新宿或は伏見等の如く商工業清水村の名を遺憾なく発揮しつつあり」と記している。既存商工業の成長は、工場誘致に対する期待を相対的に弱めていたと考えられよう。

　既存の商工業の発展に対する支援を市行政に求める動きは、小田原市でも生じており[沼尻　二〇〇九a：四四－四七]、戦時期や一九五〇年代半ばまでにある程度工業化が進んでいた南関東、東海地方などでみられるものと考えられる。工場誘致を求めつつも実現が困難であった東北地方においても、周辺農村の購買力の増加に支えられた商業・交通業の成長が都市経済に重要な意味をもっており、山形県鶴岡市では「農村都市」としての発展が議論されていた[沼尻　一九九六：二一六]。自治体による工場誘致が顕著な五〇年代後半は、その一方で地元商工業者（あるいはすでに誘致された進出工場）が既存商工業の振興策を地元の自治体に働きかけ、自治体も既存商工業への対応を始めていたのである。

4　一九六〇年代前半における開発反対運動の論理

急速な工業化と地方自治体の動向

一九六〇年代における急速な工業化の過程で、中央政府において構想されたのが、全国総合開発計画（全総）であった。五〇年代後半から工業開発が進行した太平洋岸地帯とそれ以外の地域との格差是正を実現するために、全国一五の新産業都市と六つの工業整備特別地域を指定した。しかし、拠点都市（地域）を定め開発を進めようとした全総は、必ずしも地域格差是正をもたらさず、工場誘致に失敗し自治体財政を悪化させる場合も多かった。ここでは、東京市政調査会による調査に基づきながら、これらの政策の枠組みのもとでの、工場誘致に対する自治体の動向を検討する。

地方自治体における工業開発への関心の高さは全国的なものであった。一九六〇年代初頭において都道府県段階で工場誘致に関する条例がない都道府県は、東京、神奈川、埼玉、愛知、京都、大阪、島根の七都府県のみであった［東京市政調査会　一九六二：五一］。工場誘致のため、自治体が公社や協会を設立するケースも増加した。全国市議会議長会が六一年四月に実施した調査によると、回答した三七七市のうち四四市に開発を目的とした公社や協会が設立され、さらに二五市でも設立を予定しており、その大部分は工場用地造成やそれに関連する業務を目的とするものであった［東京市政調査会　一九六二：四二］。首都圏整備法に基づく市街地開発区域の工業開発に関しては、従来は日本住宅公団による開発が進められてきたが、六〇年には茨城県と勝田市、群馬県と前橋市などで、工業団地造成組合を設けて工場用地を造成する方式が登場した。

工場誘致のための新たな施策が自治体でとられる一方、自治体による農民からの土地買収手法には大きな変化はみられなかった。勝田地区工業団地整備組合の場合、用地買収に関する業務は勝田市に委託しており、勝田市は助役や地主と面識のある市役所職員で買収班を設けるとともに、「土地買収に関する委員会を組織し、関係六部落ごとに、地主一〇人に一人の割合で委員を委嘱し、買収する方式をとった〔東京市政調査会　一九六二：四六―四七〕。買収地が広域化したとはいえ部落ごとに土地買収を進める方式は、旭化成工業富士工場の土地買収方式と同様である。自治体や公社が造成した工場敷地は、京葉工業地帯では企業からの予約が殺到したのに対し、佐賀県や宮崎県においては売却が進まないというように、売却は地域的な偏りをともなった。〔東京市政調査会　一九六二：六八〕。

工場誘致一辺倒の政策への見直しが進んだことも、一九六〇年代前半の特徴であった。工場立地が進まない山陰地方の場合、松江市、鳥取市などでは工場誘致の政策を捨てて、松江市は玉造温泉・出雲大社を、鳥取市は周辺部の温泉資源と砂丘を中心とした都市建設に切り替えた。山口県の場合、中小企業にも適用できるよう工場誘致の基準を二〇〇人以上より二〇人以上に引き下げた〔東京市政調査会　一九六二：六九〕。六〇年代に入って、工業化の展開が進まない地域では、工場誘致から撤退する動きが生じていた。

公害の広がり──四日市公害

一九五〇年代後半から六〇年代にかけて、熊本・新潟の水俣病、イタイイタイ病、四日市ぜんそくなど、公害に基づく疾病が各地で発生した。これらの公害問題の共通点は、その原因が工場（鉱山）からの廃水や煤煙であることが科学的に証明されるまでに長時間かかり、その間に被害が拡大したという点である。この点について、後述する石油化学コンビナート反対運動との関連において重要な四日市の事例をみよう。

四日市の石油コンビナートは、戦時期に建設された海軍燃料廠や民間の製油所の跡地が使用された［四日市市編　二〇〇一：四六－四七、二七三］。旧軍用地が戦後の工業開発に利用される、一つの典型例であった。しかしコンビナートの立地地点は、既存の住宅地区に取り囲まれている地域で、コンビナートから約二キロ以内の地域に三万人以上の人々が住んでいた［吉田　二〇〇二：四二］。

コンビナートの建設は、水と空気の汚れをもたらした。四日市でコンビナートが操業を開始して最初に発覚した問題が、伊勢湾における「異臭魚問題」であった。四日市港周辺の海域を漁場としている三重県側の漁業者における、漁獲物の異臭により魚が売れない問題が生じたことによる被害額は、一九五八年から六〇年の三か年で合計一〇〇〇万円を超えた。これに対して結成された伊勢湾汚水対策漁民同盟は、三重県や四日市、桑名、鈴鹿の各市とコンビナートの各工場に三〇億円の損害賠償を請求した。結果として六二年に一億円の補償費で妥結したが、その名目は漁業振興費であり、大半は自治体が支出し工場側の負担は三〇〇〇万円のみであった。［吉田　二〇〇二：二七］。

大気汚染の問題は、コンビナートが本格的に操業を開始する一九五九年頃から表面化した。六〇年には地元の塩浜地区連合自治会が四日市市に対して煤煙や悪臭の改善を求める陳情を行った［四日市市編 二〇〇一：七〇三］。四日市市は四日市市公害対策委員会を設立した。ぜんそく患者の増加に関する情報が市役所によせられたのもこの時期で、塩浜地区自治会連合会は六二年二月に平田市長と三重県知事に対し地域住民無料検診などに関する要望書を提出し、塩浜地区住民を対象とした無料検診が県市共同事業で実施された［四日市市編 二〇〇一：七一〇－七一二］。

一九六三年には地区労、社会党、共産党、革新議員団の四者が集まり、四日市公害対策協議会が結成され、同協議会が同年七月に開催した「公害をなくす市民大会」では、地区労による経過報告ののち、自治会代表、婦人会代表が被害の実情を訴えた［四日市市編 二〇〇一：七一八］。しかし第一コンビナートの拡充と第二コンビナートの開業にともない大気汚染は広域化し、六四年には公害による肺気腫によって命を落とす人まで現れた。その後、四日市市は公害認定制度を実施する一方で、患者側は企業の責任を問うために、六七年九月、四日市市磯津地区患者九人が関係六社を相手に損害賠償を求める訴訟（四日市公害訴訟）を起こした［四日市市編 二〇〇一：七八九－七九〇］。

以上のように、四日市の場合、公害問題が表面化した直後から漁業者団体や自治会は公害への対策を自治体に要求したが、企業の責任を問う訴訟が起こされたのは、一九六〇年代後半に入ってからであり、すでに操業を開始している工場から排出される廃水や煤煙の規制にはただちに結びつかず、被害が拡大した。しかし、四日市の公害問題は、以下にみる三島、沼津、清水、二市一町による石油化学コンビナート反対運動に影響を与えた。

石油化学コンビナート反対運動——三島市、沼津市、清水町

「戦後住民運動の原点」と呼ばれるこの運動には、多様な主体が運動に参加する。本稿では、三島市と駿東郡清水町における商工業者と農民、女性に対象を絞って検討する(9)。

静岡県東部に石油化学コンビナートの建設計画がもちあがったのは、一九六〇年のことであった。第一次計画は、いったんは立ち消えになったが、六三年一二月に静岡県は県東部における第二次石油化学コンビナート建設計画を発表した。当初の計画内容は、富士石油工場を三島市中郷地区に、住友化学工場を清水町に、東京電力火力発電所を牛臥《うしぶせ》に建設するというものであった。これに対して、コンビナート建設に対する反対運動が三島市や沼津市や駿東郡清水町で生じた。運動には婦人会、町内会連合会、農民、漁業者、教員、商工会議所、文化団体、医師会、母親の会、労働団体など、多様な主体が参加した。とりわけ富士石油の工場予定地となった三島市中郷地区の農民の反対運動は激しく、周辺地域への影響力も大きかった。このような多様な運動に促されて、六四年五月二三日に三島市長がコンビナート進出拒否宣言を行い、同年九月一八日に沼津市長も拒否宣言、一〇月二九日に清水町でも住友化学の工場誘致を断念するなど、各自治体においても工場進出を拒否し、石油化学コンビナート建設は阻止されたのである(以上の運動の経緯については、星野・西岡・中嶋[一九九三]、宮本[一九七九]を参照)。

工場誘致反対の論理

一九五〇年代においては工場誘致に積極的であった——少なくとも反対はしなかった各自治体が、六〇年代に入って石油化学コンビナート建設に反対した理由として、都市住民や農民らによる多様な反対運動の登場を指摘できる。そこでの反対の論理とは、どのような内容だったのか。

第一に、工場の操業にともなう水問題（渇水や水質汚濁）や大気汚染が、住民の生活や健康に悪影響を及ぼす側面を住民が認識するようになった点である。三島市における東レ工場誘致後の渇水問題も、その一つの契機であった。三島市では東レ誘致後の一九六一年頃から、三島駅南側にある楽寿園小浜池の水位が低下・枯渇し、六二年には水不足のため三島市中郷地区での田植えの実施が危ぶまれるまで事態は深刻化した。六三年三月の市議会では、渇水問題に関する質問が噴出した。住民から三島市議会に対し、水不足の原因究明と湧水の復元、東レに対する補償請求などを内容とする請願が複数提出され、市議会においても特別委員会を設置しての審議が始まっていた。そのさなかに、県による第二次コンビナート建設計画が発表されたのである。そのため三島市では、県による第二次コンビナート建設に関する発表の翌日に、社会党、共産党、地区労の関係者と市民団体の関係者による三島市民懇談会が開かれ、石油化学コンビナート誘致反対が合意された。その際、反対運動に水資源を守る運動を含めることが申し合わされていた。三島湧水を守る会や三島母親の会など、湧水と住民生活との結びつきを意識した新しい団体による活動が第二次コンビナート建設計画以前から存在していたことや、市議会への請願や地方新聞などによる報道を媒介として渇水問題が住民の関心事となっていたことが、三島市で県の発表直後から反対運動が始まった重要な条件となっていた（以上の三島の動向については、沼尻［二〇〇九b］）。

反対運動を広げるうえで重要な契機となったのが、二市一町住民による四日市への視察であった。視察はたびたび行われたが、比較的早い段階（一九六四年一月一七日）で四日市を視察した中郷地区の農民・溝田豊治によれば、最初は「四日市について、その工場のけた違いの大きさにおどろいた。その活動的な工場群のようすに、むしろすばらしいと思ったくらいだった」が、「街の中を歩いてみると昼ひなかに雨戸をしめてあるのでへんだなあと思った。一軒の家にはいってたずねてみるとその家にぜんそくの子どもがいた。〔中略〕四日市の保健所にいって所長さんの話をきいて実態の深刻さにおどろいた。所長さんは『私は市民の健康については責任がある』といって、SO_2濃度、ぜんそく患者の数など詳しい説明をしてくれた。その中で肺の病気にかかっている人、ぜんそく患者の予備軍ともいえる人がほかの地域の3・4倍もあるという話を聞いていよいよおどろいた」と述べている[10]。

四日市へ視察に向かう三島市民に対して、地元の四日市でこれに協力したのが、四日市市職員労働組合（市職労）であった。四日市市職労自治研事務局が作成したパンフレット『四日市を診断する』は、公害視察の事前準備に利用された〔酒井　一九八四：九二〕[11]。視察終了後、これらの実態はただちに町内の人々に報告された。こうして四日市視察によって、石油化学コンビナートが公害をもたらす問題点が認識されていった。当該期において住民に身近な水や空気を維持・管理することは、自治体の業務として必ずしも位置づけられていなかっただけに、水や空気の汚れによる公害問題への認識を住民の側が共有し自ら公害反対を主張することが、自治体としてのコンビナート建設反対の決定に、きわめて重要な意味をもつことになった。

商工業者の役割と反対の論理

第二に、商工業者にそくしてみると、それまで工場誘致を求めてきた団体が、コンビナート建設計画に対しては反対の意思表示をしたことがあげられる。清水町（一九六三年より町制施行）で早い段階からコンビナート建設に反対したのが商工会であった。前述した「綜合発展対策研究委員会」の中心人物であった鈴木金吾は、コンビナート進出に対しては反対運動の側にまわり清水町反対町民会議代表を務めた［酒井一九八四：二一〇］。一九六四年三月二一日町議会においては、コンビナート誘致反対決議が可決されたが、その際の議会外の運動団体における主力は商工会であったという。[12]三島市の商工会議所も、六四年五月一日の役員会で石油コンビナート進出反対を決議し、陳情書を静岡県知事、通商産業省、厚生省、地元国会議員に提出することを決めた。

三島市や清水町の商工業者が、コンビナート誘致に反対した理由は何か。三島商工会議所の陳情文をみると、コンビナート誘致反対の理由の第一に公害をあげ、「発生ガスによる公害は、人体農作物、既設工場等に被害を与える」点をあげるとともに、三島は観光地であり、中郷地区に美田が広がっている点、「石油コンビナートは下請工場が必要なく」「僅少な従業員」による経営のため、購買力増加による地元産業の振興が期待できない点などをあげた［酒井　一九八四：一九六―一九七］。人体や農作物だけでなく既設工場に対する被害を強調していることが特徴である。この時期、商工業の成長がみられた三島市商工業者にとっては、既設工場の維持拡大への関心が高かったといえよう。高度経済成長のもとで、新たに公害の恐れのあるコンビナートを誘致せずとも、地元商工業の発展が展望され、雇用もある程度確保されていたことが、三島市、清水町の商工業者が、公害の恐れがあるコンビナートの誘致計画に反対を表明した重要な条件となっていた(13)。

農民における反対の論理

第三に、農民に関してはどうか。富士石油の工場立地予定地であった三島市中郷地区においても、当初は土地を売却したいと考えていた農民が多かった。同地区で、反対運動の気運が醸成されていることを知った会社側が、地区有力者を訪問し、「工場ができたら社員にしてもらうなど、すでに会社側とわたりがついていた」人もいたという［酒井　一九八四：一二六］。清水町においては、町北部の商工業者や俸給生活者に反対派が多かったのに対し、町南部は土地の売却を望む地主が多く、町は「南北戦争の様相を示した」といわれている［星野・西岡・中嶋　一九九三：七〇］。

そうであるにもかかわらず、最終的に農民の多数が反対の立場をとった最大の理由は、視察に出かけた農民・住民らによって、四日市の石油化学コンビナート建設による住民生活の惨状に関する報告会や学習会が、八ミリ映写機など視覚的に訴える手段を用いて行われた結果、公害の実態が浸透し、公害が生活環境の破壊をもたらすことへの認識が深まったことが大きい。コンビナート反対運動における学習会の役割については、これまでの研究において強調されてきた点であるが（［飯島・西岡　一九七三：二四二－二四四］など）、一九五〇年代とのかかわりで重要なことは、溝田豊治が「女の人の反対運動への熱意がこの運動を強力なものにし、もり上げていった」と指摘しているように〔三島市社会科サークル：一三二〕、農家の女性が反対運動に重要な役割を担った点である。女性の活動は、反対運動全体を通じて重要な意味をもつのであとであらためて考察するが、前述した五〇年代の農村とは異なる新たな動きとして注目する必要がある。

「土地不売同盟」を結成して、会社側の土地買収交渉に応戦した農民の闘争手法にも言及しておこう。中郷地区では一九六四年三月一〇日に反対期成同盟が結成され、地区としての意思が固まったが、他方で静岡県側はコンビナート建設を推進しようと「建設同盟」をつくり、中郷地区の有力者を同意させようとした。このような建設推進派の切り崩し工作に対抗するため、「土地を持っている人が『ぜったいに工場には売らない』という署名（連判状）を集めようということになった」〔三島市社会科サークル：一四〕。その際に運動の単位となったのが部落＝区であった。中郷地区反対期成同盟の事務局長を務めた藤原喜一は「梅名地籍の中に土地を持っている人たちが土地を売らなければ勝てるのではないか――と相談した――中郷小学校の先生に署名簿を印刷してもらいました。梅名やこの近くに住んでいる地主ばかりでなく梅名区内に耕地を持っていて出作していた坂地区の地主の家にも『売らないようにしてもらいたい』と土地不売署名簿を持って回りました」と回顧している〔酒井　一九八四：一二九–一三〇〕。こうして二、三日で中郷地区内土地所有者のほとんどの人の署名が集まり、これをマスコミなどがとりあげて「土地不売同盟」と呼んだという。〔三島市社会科サークル：一四–一五〕。清水町においても、石油コンビナート進出反対町民会議が「石油コンビナートを作らせない方法」として第一にあげているのが、「土地を買わせないこと」であった[14]。ただし、前述したように、同町では会社側への土地売却が進んでいた。「土地不売同盟」によるコンビナート建設に対する反対運動は、部落の社会関係——女性の活動にみられるように部落の社会関係自体が一九五〇年代とは変化している点に留意が必要だが——を利用して土地所有者自らが土地不売署名簿を作成し、会社側への土地売却を阻止する戦術であった。工場用地買収の際に利用された部落が、六〇年代になって工場誘致反対の拠点としての性格をもつにいたったのである。この方法は、地主による会社側への土地売却を阻止する強制力をもっていなかったため、地区によっては意思統一が乱れる場合もあったが、計画が急遽表面化した当時の状況のなかでは、有効に機能したと考えられよう。

女性の役割と反対の論理

最後に、女性の役割とその論理について考察をくわえよう。この運動における女性の役割に関しては、研究史のなかでも重視されてきた［飯島・西岡　一九七三、平井　一九九九］。コンビナート反対運動にかかわった女性に関して、平井和子は三つのタイプに分類できることを指摘しているが[15]、ここでは、一九五〇年代において、工業開発に対して必ずしも主体的なかかわりをもたなかった女性が、この段階に運動に参加した契機と論理について考察する。

最初にとりあげるのは、三島市中郷地区でコンビナート反対運動に参加した赤地あさ（職業は美容師）である。赤地は、酒井喜代子（夫が社会党の県議会議員酒井郁造）に誘われて、一九六三年八月に法政大学で開催された第九回日本母親大会に出席した。赤地はそのときの様子を、以下のようにまとめている。「四日市の人達とひざを交へて懇談をし、毎日の苦しい生活ぶりを真剣にうったへられ、あなた達の地域では絶対に反対し進出を阻止しなさいと励まされました。私は深い感銘を受け、此れはまごまごしてはいられない、母親としてどんな事があっても子供達を守らなければならないと決意し、勇気が湧いて三百人位の人の前で自分達の地域の状況を話しました」。こうして赤地は、母親大会をきっかけとしてコンビナート反対運動へのかかわりを強めた。「電話がかかって着《ママ》ました。今議会は大変で市長がやられている電令が飛び、私達部落結束しています。三十名くらい二十分とかからず集り車を飛ばし議会へ傍聴」というように、赤地は部落の人々と連絡をとりあって運動を進めた。美容院に客を待たせたまま運動に出かけ、「家へ帰って見るとお客さんは大分時間がかかったので帰った」こともあったという。しかし「私はお客様に迷惑を掛けましたがコンビナートが出来たらこまる。負けてはならないと心を引きしめた。〔中略〕只只子供子孫のため三島市民のため必ず必ず頑張る。ご本尊様どんな事云われても負けない。私は元気を祈った」と赤地は回顧している[16]。

　赤地が、農村部で、部落のなかで運動に邁進したのに対し、商工業者や勤労者の多い清水町北部で女性有志による運動を進めたのが、関根壽子である（以下関根については平井〔一九九九〕を参照）。関根は一九〇七年の生まれ、奈良女子高等師範学校に進学し、化学や博物学を学ぶ。ここでの修学が、「反公害運動へ彼女を駆り立てた基」になったという。同校卒業後、関根は高等女学校の教諭となるが結婚により退職し、夫が三島高等女学校の教諭となった関係で、四四年に三島市に移住した。

関根は一九六三年の暮れにコンビナート誘致に関して清水町長が町内会まわりをした際に集会場に赴いて説明を聞いた。コンビナート建設に不安をもつが、ただちに地元の研究会や四日市への視察に参加したわけではなかった。六四年二月にコンビナートに関する学習会に参加した関根は、その後中郷地区でのデモに参加し、買収予定地区の農家にコンビナート建設反対を訴えるなど、運動へのかかわりを強めた。八月の第一〇回日本母親大会ののち、沼津・三島地区における同大会への代表者を交えて女性が中心となっての学習会を開催し、九月に伏見地区婦人石油コンビナート研究会を発足させた。関根の住む伏見地区はサラリーマン家庭や高校教員の家庭が集中して住んでおり、メンバーは二十数名にのぼった。沼津工業高校の教諭であった西岡昭夫らを招いて公害の様子を示すスライド上映会や公害に関する学習会を催し、他地区の女性に対しても参加を呼びかけるなど、自ら運動を広げていった。

以上の、二人の女性が運動に邁進していくうえでの特質について、三点にまとめておこう。第一に、二人が運動を進めるうえでの地域社会との関係である。赤地の場合が部落の社会関係のなかに自ら身をおいて運動にかかわっていったのに対し、関根の場合、町内会・婦人会などの既存の組織には距離をおき、新たに伏見地区婦人石油コンビナート研究会を結成した。この点は、二人の相違点である。ただし、赤地などの女性が部落のなかで運動に参加することによって、一九五〇年代においては世帯主が中心となって意思決定がなされていた部落の性格に変化が生じたことに注目する必要があろう。

第二に、コンビナート反対運動に参加する論理とその契機である。コンビナート反対運動に女性がかかわりをもつ場合、「主婦として、母親として」という立場からのものが多く［平井　一九九九］、これは二人に共通していた。それでは、「母親として」という論理が、この時期に、しかもコンビナート誘致計画への反対の論理に結びつく契機とは何であったか。

赤地の場合、日本母親大会での四日市の人々との交流が重要な意味をもった。関根に関しても、伏見地区婦人石油コンビナート研究会を結成する動機の一つとなったのは、日本母親大会への参加とその後の地元での学習会であった。日本母親大会への参加や母親大会後の学習会で、四日市公害の惨状を知り、コンビナート誘致に反対する運動に参加することとなった。地域のなかでの四日市公害に関する学習会活動も、女性の運動への参加に重要な役割を果たした、西岡昭夫ら沼津工業高校の教員による映写機をかついでの四日市の実情に関する学習会活動は、「家庭のほうにくいこんでいき」「ほうっておけば地主の意見に流される恐れのあるコンビナートによる公害を学ぶ機会を外部に求め、あらためて家庭に戻り家族のなかの（あれた」女性を運動にかかわらせていく契機になったという。[17] 女性が家庭から離れ、自らの生活を破壊されるいは、地域のなかの）「主婦として、母親として」行動を起こすようになった点は、注目に値しよう。一九五〇年代の工場誘致の論理——子の独立のための就業先の確保を主に男性世帯主が考え誘致に賛成したことと比較すれば、「主婦として、母親として」という論理に立脚することで、女性の主体性が高まったと考えられよう。

第三に、男性世帯主に縛られず女性が行動することを可能とした条件の一つが、女性自らが収入機会を有していたことである。赤地は美容師であった。当初美容師になることに抵抗を感じていたが、「もし将来、旦那が死ぬようなことがあったって、一人で子供を養っていけるじゃないか。男と同じ稼ぎができ

図１　三島母親の会による複製三四呂人形の製作

机上および右奥の棚に複製の三四呂人形が，手前左側に人形を入れる箱がみえる。

る」と姉に説得され、「だんだんその気にな」ったという［みしま女性史サークル・女性政策室編　二〇〇一：六］。関根の場合も、教員としての経歴を有していた。この点で注目されるのが、県の計画発表直後からコンビナート反対運動にかかわった三島母親の会（一九五五年の第一回日本母親大会に三島市から参加するために結成）の活動である。同会では、内職の機会を自らつくりだすため、伊豆の旅館で用いる丹前の仕立て直しを行ったほか、同会に参加した四條悦子らは、三島出身の人形作家野口三四郎の遺族に願い出て野口の作品である三四呂《みよろ》人形の複製を製作し、伊豆の土産品として販売した（図１参照）。この活動にたずさわった松村美與子や角田裕子によれば、「生活に困っていた人」「子どもはいるし、外にはいけない、お裁縫くらいならできるという人たち」が身近にいたので、

「みんなで内職の機会をつくろう、探すのは大変だから自分たちでつくってしまおう」という意図で、内職の機会を創出したという〔沼尻　二〇〇七：五七〕。女性の収入機会が限られていた高度成長期において、内職の機会を女性自らがつくりだすこと自体が母親の会の活動となり、その活動は、家族による扶養とは異なるかたちで、女性や生活困窮者の生活保障を支える関係を地域社会につくりだし、コンビナート誘致反対の動きにも連なっていった。

5　工場誘致からコンビナート反対へ——開発の意味の転換

一九五〇年代前半から六〇年代半ばにかけての工業開発を地域社会の側からみた場合、地域の農民や商工業者、女性にとって、開発のもつ意味は変化した。五〇年代前半においては、工業開発が就業機会を創出し、工場での就業による農家の子の世代の独立に期待する考えが広がり、戦後、まもない段階から工場誘致が各地で行われた。工場誘致に必要な土地の準備は、男性（なかでも世帯主）が中心であった部落や農民組合、地元有力者による土地売渡農民に対する代替地の斡旋を通じて、問題をはらみつつ進められた。

これに対し一九六〇年代半ばには、三島・沼津・清水二市一町において石油化学コンビナート反対運動が生じた。「緑と水の三島をばい煙から守りましょう」（三島市民懇談会）〔酒井　一九八四：七二〕、「いのちと美しい郷土をまもる」（沼津市民協）〔宮本　一九七九：一〇八〕といったスローガンに示されるように、石油化学コンビナートが水と空気を汚す存在と認識され、自らの生活を守るために商工業者や農民、女性などさまざまな主体が運動に立ち上がった。農民や商工業者、女性からみた場合、自らの生活保障と深く結びつくものとして工場を捉えていた点では一貫しているものの、その内容は雇用への関心から、水と空気に代表される生活環境の維持に広がりをもちはじめた。

意識に変化が生じた直接の理由は、四日市や三島・富士の事例にそくして述べたように、工場の操業にともなう公害問題や誘致工場での雇用の実態が、社会的に認知されていった点にあるが、本稿で強調したことは、これらの問題を自覚し自ら行動するにいたった農民や商工業者・女性をとりまく、地域の社会経済的変化であった。

地域経済においては、在来の商工業の発展や戦前期〜戦時期に誘致された工場の復興・操業の拡大によって、地域内の就業人口の増加が進んだ。本稿が対象とした、小田原市や三島市・清水町などではとりわけこの傾向が顕著であった。工場誘致という選択肢以外の既存の商工業を中心とする発展が、地元商工業者や自治体に意識された。三島市と清水町におけるコンビナート反対運動においては、このような経済的条件に支えられての商工団体の活動や、世帯主から離れた女性の活動が重要な意味をもったと考えられよう。

社会関係においては、一九五〇年代前半には、男性世帯主中心の部落ごとの協議によって工場誘致の地元での意思決定がなされたが、六〇年代に入ると、三島市中郷地区の反対運動から明らかなように、部落における女性の役割が重要な意味をもつようになり、部落を拠点とした土地不売に関する申し合わせもなされた。戦前来の組織や団体にとらわれない、女性による新たな研究会やグループが、運動の担い手になったことも一つの特徴であった。家族のなかで生活保障を享受することが多かった女性が、内職など自ら収入の機会を得ながら、家族の外に新たな社会関係を築くことで、地域開発に対する主体的な活動の担い手になっていった。

高度経済成長のさなかである一九六〇年代半ばには、自らの生活にそくして考えることで工業開発を相対化する視点をもった農民や商工業者、女性が登場し、同時に生活を支える新たな社会関係が形成され、コンビナート誘致反対の主張が自治体の政策に反映される事例がみられた。それは萌芽的ではあれ、五〇年代と比較してみれば画期的なことであった。それでは、高度成長期に生じた生活保障に関する理念を自治体の政策に反映させていく回路は、その後どのように継承されていったのか。高度成長の過程での生活自体の大きな変化は、このことにどのような意味をもたらしたのか。すでに紙幅もつき、ここでこれらの問題に答えることはできないが、戦後における地域的な公共関係の変遷を理解するために必要な今後の課題として、最後に指摘しておきたい。

〔注〕

(1)このような視点からの研究として、平野［二〇〇八］があるが、現状の環境論を高度成長期の公害予防運動に直結させて理解する問題があるように思われる（この点、詳しくは沼尻［二〇〇九b］を参照）。

(2)生活保障という用語については、有賀［一九六五］を参照。有賀は家の機能としての生活保障の側面を強調したが、家が変化する過程でどのような意味での生活保障を満たす社会関係や公共関係が地域につくられたのかという点に、私の問題関心がある。

(3)一九五〇年代の「開発」の意味を問う近年の研究として、雨宮［一九九七］や町村［二〇〇六］がある。これらの研究は五〇年代の社会との関係で「開発」に注目しているが、社会そのものの実態分析という意味では十分とはいえない。本稿は、このような研究史に対する社会経済史的アプローチからの一つの試みである。

(4)「いったんはついた」と記したのは、その後新幹線予定地の工場敷地への利用が認められないことが判明し、その分新たに用地買収をする必要が生じたからである［沼尻　二〇〇五］。

(5)このような代替地決定方式は、地元では「押し押し」と呼ばれていた。

(6)戦前期や戦時期における農民からの工場用地の買収に関しては、沼尻［二〇〇二：一二六－一二九、一六四－一六九、二〇一］。

(7)「工場誘致委員会記録」(一九五三年九月二八日)『自昭和二十八年一月　至昭和二十八年一二月　経済委員会書類　小田原市議会事務局』(小田原市役所所蔵)所収。

(8)旭化成工業富士工場の誘致については、福武編［一九六五］に詳しいが、本稿では、農民の土地売渡と、農民と旭化成工業との雇用関係に絞って考察をくわえる。

(9)紙幅の関係から、三島市と清水町をとりあげ沼津市は言及するにとどめた。沼津市の反対運動ついての最新の成果として、沼津市史編さん委員会・沼津市教育委員会編［二〇〇九］がある。

(10)『沼津・三島コンビナート計画と反対運動』三島市社会科サークル、一〇頁。同小冊子の刊行年次や、溝田豊治氏からの聞き取り年次などは不明であるが、筆者も二〇〇六年一月三〇日に溝田氏からの聞き取りを行い、同様の内容を確認している。

(11)自治体労働者と自治研の活動が、当該期の公害告発に重要な意味をもった点については、[宮本　二〇〇五：一三二－一三四]を参照。

(12)森崎廣光氏（当時清水町議会議長）の聞き取り調査（二〇〇五年一二月一六日）。

(13)森崎廣光氏聞き取り調査（二〇〇六年四月一七日）によれば、この時期地元企業よりも賃金が高い大企業を誘致すると、地元企業の労働力が吸い上げられてしまうことを危惧する意見も聞かれたという。

(14)石油コンビナート進出反対町民会議『石油コンビナート反対運動の経過と今後の課題』石油コンビナート進出反対町民会議、一九六四年（清水町史編さん室所蔵）。

(15)「一口に女性の運動といっても、婦人会や女子青年団・念仏講など地域の既成団体を通してのもの、自治会や中郷地区のように地域ぐるみ運動に男性と共に参画したもの、そして壽子らの女性有志によるものという多彩さがこの運動の特徴である」と指摘している[平井　一九九九：三八六]。

(16)赤地あさ氏ノートより。本資料は、赤地がコンビナート反対運動に関するシンポジウムで報告するにあたっての下書きと考えられる。一九九八年二月に平井和子が赤地のもとへ聞き取り調査に行った際に、資料として提供を受けたものである。

(17)高橋通方氏、高橋エツ子氏聞き取り調査（二〇〇六年四月一七日）。

〔文献一覧〕

愛知県工場誘致委員会『(続)当地方工場誘致運動の概要及其実績と関係資料（其の二）』愛知県工場誘致委員会、一九五〇

雨宮昭一『戦時戦後体制論』岩波書店、一九九七

有賀喜左衛門『日本の家族』至文堂、一九六五
飯島伸子・西岡昭夫「公害防止運動」『岩波講座現代都市政策　6』岩波書店、一九七三
飯島伸子『環境問題の社会史』有斐閣、二〇〇〇
今村千代子「青空がほしい――北九州の公害反対運動」『ジュリスト』四五八号、一九七〇
上原信博「一九六〇－一九七〇年代における地域開発の動向と産業構造」上原信博編『地域開発と産業構造』
御茶の水書房、一九七七
小田原市議会事務局『自昭和二十八年一月　至昭和二十八年一二月　経済委員会書類　小田原市議会事務局』
（小田原市役所所蔵）
神奈川県県民部県史編集室編『神奈川県史　通史編7　近代・現代4　産業・経済2』神奈川県、一九八二
神奈川県農林部『神奈川県農業の実態　第一〇輯　農村労力動態調査』神奈川県農林部、一九五五
酒井郁造『見えない公害との闘い』「見えない公害との闘い」編集委員会、一九八四
佐藤竺『日本の地域開発』未来社、一九六五
静岡県『第五次　静岡県総合開発事業計画書』静岡県、一九五七a
静岡県『静岡県統計書』一九五五年版、静岡県、一九五七b
静岡県企画調整部統計課編『静岡県統計年鑑』一九六五年版、静岡県、一九六七
静岡県民会館広報課編『工業化の影響・実態調査報告書』静岡県民会館、一九六一
島田市議会『昭和二十五年　島田市議会会議録』一九五〇
島田市議会『昭和二十六年　島田市議会会議録』一九五一
清水町史編纂委員会編『清水町史　通史編』下巻、清水町史編さん委員会、二〇〇三

清水村役場『昭和二十九年　議会々議録　清水村役場』一九五四
清水村役場『昭和三十三年　議会々議録綴　清水村』一九五八
下府中支所『昭和二十六年六月起　大同毛織工場招致に関する書類　下府中支所』（小田原市役所所蔵）、一九五一
「選挙特報」『市民』一五号、島田市年鑑編纂委員会、一九四九
通商産業省企業局工業立地指導室編『工業立地――工場建設計画工業開発計画をたてる人のために』（増補改訂版）通商産業研究社、一九六二
東京市政調査会編『地方自治体と工場誘致』東京市政調査会、一九六二
鳥取県農業綜合研究所『工場誘致の農村に及ぼす影響――日パ米子工場と地元・農村の場合』鳥取県農業綜合研究所、一九五五
日清紡績株式会社『日清紡績六十年史』日清紡績株式会社、一九六九
「日清紡績建設経過（第一報）」『市民』三六号、島田市年鑑編纂委員会、一九五一a
「日清紡績建設経過（第二報）」『市民』三七号、島田市年鑑編纂委員会、一九五一b
日本経営史研究所編『三井不動産四十年史』三井不動産株式会社、一九八五
日本パルプ工業株式会社社史編纂委員会『社史』日本パルプ工業株式会社社史編纂委員会、一九五四
沼尻晃伸「地方都市経済の再編成と都市計画」森武麿・大門正克編『地域における戦時と戦後――庄内地方の農村・都市・社会運動』日本経済評論社、一九九六
沼尻晃伸『工場立地と都市計画――日本都市形成の特質　1905〜1954』東京大学出版会、二〇〇二
沼尻晃伸「農民からみた工場誘致――戦後経済復興期の小田原市を事例として」『社会科学論集』一一六号、

二〇〇五
沼尻晃伸「松村美與子氏聞き取り調査の記録――三島母親の会・地方自治・コンビナート反対運動」『社会科学論集』一二二号、二〇〇七
沼尻晃伸「工場誘致政策と農民・商工業者」森武麿編著『一九五〇年代と地域社会』現代史料出版、二〇〇九a
沼尻晃伸「高度経済成長前半期における水利用と住民・企業・自治体」『歴史学研究』八五九号、二〇〇九b
沼津市史編さん委員会・沼津市教育委員会編『沼津市史　通史編　現代』沼津市、二〇〇九
平井和子「関根壽子」静岡県近代史研究会編『近代静岡の先駆者』静岡新聞社、一九九九
平野孝『都市の内乱』日本評論社、二〇〇八
福武直編『地域開発の構想と現実』Ⅰ、Ⅱ、Ⅲ、東京大学出版会、一九六五
星野重雄・西岡昭夫・中嶋勇『石油コンビナート阻止』技術と人間、一九九三（原版は、同前「沼津・三島・清水（二市一町）石油化学コンビナート反対運動と富士市をめぐる住民闘争」『講座　現代日本の都市問題』第八巻、汐文社、一九七一）
町村敬志『開発の時間　開発の空間――佐久間ダムと地域社会の半世紀』東京大学出版会、二〇〇六
三島市社会科サークル『沼津・三島コンビナート計画と反対運動』三島市社会科サークル、発行年不詳
三島自然を守る会編集委員会編『どこに消えたか三島の湧水』三島自然をまもる会編集委員会、二〇〇六
三島市役所『三島市議会会議録』一九五六年三月一三日
みしま女性史サークル・女性政策室編『聞き書き　みしまの女性たちの歩み――大正生まれ編』三島市総務部企画調整課女性政策室、二〇〇一

溝田昌宏「石油コンビナートの建設計画と反対運動」『経済と法』一〇号、一九七九
宮木貞夫「関東地方における旧軍用地の工場地への転用について」『地理学評論』三七巻九号、一九六四
宮崎正康「地域開発政策」中村隆英・宮崎正康編『過渡期としての1950年代』東京大学出版会、一九九七
宮本憲一『沼津住民運動の歩み』日本放送出版協会、一九七九
宮本憲一『昭和の歴史10　経済大国』小学館、一九八三
宮本憲一『日本の地方自治――その歴史と未来』自治体研究社、二〇〇五
山崎広明「川崎複合石油化学コンビナートの成立と展開」神奈川県県民部県史編纂室編『神奈川県史　各論編
2　産業・経済』神奈川県、一九八三
吉田克己『四日市公害』柏書房、二〇〇二
四日市市編『四日市市史　第一九巻　通史編現代』四日市市、二〇〇一

第2章

首都圏の経済変貌
——商工業の発展と中枢管理機能集積地の出現

柳沢　遊

1　高度成長期の東京を捉える視座

高度成長の時代の東京は、三大都市圏の発展傾向のなかで他の大都市との地位を引き離し、急激な産業発展と経済的膨張を経験した。本章は、高度成長の前半期にあたる一九五〇年代後半から六〇年代前半期を中心にして、首都東京の動態を、重化学工業化、商業機能の拡大、管理中枢機能集積の三つの局面から解明することを課題としたい。この課題の設定にあたり、以下の三点に留意している。

第一に、高度成長の時代における東京については、近年では、東京オリンピックにともなう都市再開発、団地造成、商品流通史、都市生活の変化といった、都市政策史、都市空間変遷史、流通史の立場からの研究や回顧がなされることが多くなったが、都市産業史の視点からの研究は、不十分な状態にとどまっている［老川編 二〇〇九、石井編 二〇〇五、赤澤ほか編 二〇〇九］。本章は、都市産業史の視点から首都圏の形成過程を検討するものである。とくに本章で対象とする高度成長の前半期には、首都東京が工業都市・商業都市・消費都市としての性格を急速に強め、そこからさらに大企業の本社集中により中枢管理機能の集積地に変貌していったのであり、この基礎過程をぬきにして大都市東京の評価はできないはずである。都市産業史的な観点とその成果は、すでに一九六〇年代の経済地理学者や中小企業研究者によって部分的には提示されていたが、その後、十分に継承されることがなかった(1)。そこで本章は高度成長の時代における大都市形成の歴史的特質を都市内部の諸産業発展のメカニズムに焦点をあてて明らかにしようとするものである。

第二に、経済圏としての首都圏の輪郭を明らかにするために、東京都内の地域的区分に留意したい。実際、このときの東京には地域によっていくつもの顔があった。大田・品川などの城南では、京浜工業地帯の一環としての工業化を急速に進め、墨田・荒川・江東・江戸川などの城東では、一九五〇年代に住宅や商業地と混住するかたちで、金属・機械・家具・食料品・雑貨・印刷などの諸工業の集積がみられた。また、千代田区の一部と中央区・台東区には、東京市場や関東地方に向けて出荷する卸売問屋が同時期に復活・拡大し、その周辺には、繊維製品や雑貨などの下請工場、家内工場が散在して上記諸工業や卸売商業を支えていた。「下町」といわれた東京東部、山手線の外周部には、工場と商店と住宅が密集し、そのはざまで人々は日々の暮らしを営んでいた。一方、「山の手」地域を含め、東京二三区の住宅地、工業地帯とその近隣労働者街、国鉄駅前に形成されていく各種の商店街は、大都市消費者の日常生活に不可欠な消費財、食料品を販売していた。いくつかの国鉄駅周辺には、ターミナル繁華街が発展し、百貨店・専門店とともにサービス業や食堂、映画館が集積していた。

一九六〇年代に入ると、東京への人口流入の増加による住宅問題や各種都市問題が深刻化し、五〇年代までの東京は次第にその姿を変えていった。住宅混住地に立地した工場の周辺県への移転や、商取引と物流拠点との空間的分離が進み、卸売商店も支店や配送センターを東京二三区周辺地域に新たに設置していった。また、東京区部の勤労者は、六〇年代後半になると、世帯形成や住宅取得を求めて周辺諸県へ移住し、東京都内立地の事業所との職住分離が急速に進展した。一方で、都心三区（千代田・中央区・港区）を中心に大企業本社と卸売問屋による中枢管理機能の集積が顕著となり、東京の商工業のなかには、関東・東北地方のみならず、全国市場を対象とする企業が増加した[2]。それでも、大都市東京には、多種多様な生活必需品・食料品、出版・印刷関連の産業が、生産から流通にいたる工程で根強く発展し、それらは、各産業の特性に応じて、墨田・葛飾・江戸川・足立・板橋などの外周部を包含しつつ展開していった。一方、多摩地域や東京の西部には、工場よりも、むしろ住宅地域が造成されるようになった。新宿・渋谷・池袋などの副都心の発展とあいまって、東京は、大規模な商工業都市としての性格を残しつつ、六〇年代後半には、中枢管理機能と卸売機能が高度に集積し、「商流分離」と職住分離が顕著になるなかで、周辺に衛星都市を配置した首都圏の中核的大都市へと変貌を遂げつつあったといえよう。このように東京立地の諸産業は、高度成長期に戦前期、戦時期以来の地域的特徴を部分的に残存させつつも、産業構造の高度化と萌芽的な消費社会化を主導し、空間的に拡大しつつあった「首都圏」のなかで、相互の社会的分業関係を再編成させていった。重化学工業化、商業機能の拡充と市場の深化・拡大、萌芽的な消費社会化、管理中枢機能集積が、地域的な差異と変貌をともないつつ進行したところに、経済圏としての首都圏形成の特質があったのであり、首都圏の経済変貌を解明するためには地域的差異とともに、それら相互の分業関係への留意が不可欠なのである。

第三に、首都圏の経済変貌の過程では、産業発展と生活基盤・産業基盤の整備にタイムラグが生じ、一つの産業発展がある矛盾－制約条件につきあたり、それが新たな社会問題を引き起こしたり、政策対応や業者対応を要請したりするといったように、都市型産業の発展と矛盾の動態的な変化が継起した。産業構造の高度化の先頭に立った大都市東京に起きたこの動態的な変化こそ、東京に住宅問題や交通混雑問題、水質汚濁問題、通勤ラッシュ問題、地盤沈下問題など、あらゆる都市問題を集積させた源泉であった。この点をいち早く指摘し、独自の都市経済学を発展させたのは、柴田徳衛であったが[3]、首都圏の経済変貌の過程を解明することは、同時に大都市東京の都市問題深刻化の背景を明らかにすることにほかならない。本章は、この第三の留意点をあらためて再検討するための基礎的な前提作業としての性格をもっている。

本章では、このように激しく変貌を遂げる東京とその周辺地域を、工業都市としての東京の発展、東京における市場拡大と小売商業、卸売商業と流通機構、管理中枢機能の集積、住宅の郊外化と通勤問題にそくして検討する。東京における産業構造の特質と、その変容を手がかりにして、経済圏としての首都圏の形成を検討するとともに、近年の高度経済成長史研究が等閑視してきた都市産業史的接近による歴史像の再構築の第一歩をふみだすこと、ここに本章のねらいがある。

2 工業都市としての東京の発展

工業地帯のなかの東京

一九六〇年代初頭の東京都就業人口の特質は、商工業都市・消費都市、企業本社の都心立地の実態を反映して、全体の六割強が「製造業」「卸売小売業」関連の仕事に従事していたことである。全国の産業別有業者構成で、「第一次産業」が三割を占めていたのに、東京都ではわずか二%にとどまっており、きわめて対照的な産業構成をとっていた［美濃口 一九六一：一一三、東京都労働局総務部調査課編 一九六三：三四―三五］(4)。

東京都における産業別有業者人口を、一九六二年の時点で確認してみると、最も多いのが、「製造業」有業者で、一六六万七〇〇〇人（全体の三七%）を占めていた。このなかには、工場労働者だけでなく、製造業企業東京立地本社社員も含まれている。次に「卸売小売業」が一〇四万七〇〇〇人と多く、全体の二三%を構成していた。

こうした商工業優位の就業人口構成は、一九五〇年代後半期に形成されたものであった。表1にみられるように、「従業員四人以上」工場数・従業員数は、一九五五年から六〇年にかけて、二万八三二二工場（七二万人）から、三万六七一四工場（一二二万人）に伸長した。ほぼ同期間に「従業員四人以上」工場の

表１　従業員４人以上工場数（1955〜1960年）

年	工場数	総従業員数	個人事業主家族従業者
1955	28, 322	719, 978	12, 613
1956	30, 547	829, 361	12, 635
1957	34, 121	940, 937	15, 030
1958	34, 271	990, 176	13, 574
1959	34, 813	1, 093, 886	13, 466
1960	36, 714	1, 216, 068	13, 608

出所）東京都編［1961：206－207］

表２　従業員４人以上工場の給与・出荷額・付加価値額

単位：千円

年	現金給与総額	製造品出荷額	付加価値額
1955	132, 264, 989	986, 313, 298	341, 616, 821
1956	160, 014, 689	1, 284, 651, 757	417, 238, 890
1957	195, 237, 868	1, 592, 350, 039	508, 081, 757
1958	214, 103, 500	1, 599, 279, 175	541, 923, 182
1959	252, 188, 574	1, 938, 497, 137	645, 093, 346
1960	359, 834, 745	2, 445, 856, 211	823, 047, 011

出所）東京都編［1961：206－209］。

出荷額も、九八六三億一三三〇万円（一九五五年）から、二兆四四五八億五六二一万円（六〇年）に伸長した（表2）。同期間に東京都内の商店数が、一五万六五七四店から一五万四三三〇店へと結果的にみると停滞している（ただし、月商販売額は二倍以上の増加を示す。表3）ことを考慮すると、五〇年代の東京は、「工業都市」としての躍進を示しているといえる。そこで、その内実をみてみたい。

一九五九年の東京都は、工場数五万一八七二工場（全国比二二％）、工業従業者一一三万六五九一人（全国比一五％）、出荷額一兆九二八六億七七八六万円（全国比一六％）という巨大工業都市であった。東京都の工場のうち、従業者が「三人以下」の零細工場は一万七〇五九を数え、出荷額は二四三億円と少なかったが、工場数の比率は約三割を占めていた［東京都編　一九六〇：一一二一－一一一四］。全国的にみても、六〇年の零細工場（従業員九人以下）は、四〇万三〇二四工場を数え、製造業事業所数の七三％を占めていた[5]。では、中小・

表３　商店数・従業員・月商額推移

地域	年	商店数	企業形態		従業員			月商額(千円)
			個人	法人	総数	内訳		総額
						法人	個人	
東京都（総数）	1955	156,574	105,033	51,541	645,166	417,209	227,957	238,698,949
	1960	154,330	98,905	55,425	877,619	634,921	242,698	532,494,255
区部	1955	141,322	92,774	48,548	602,648	399,875	202,773	233,424,991
	1960	136,448	85,145	51,303	817,201	604,780	212,421	520,666,002
市部	1955	8,856	6,748	2,108	26,908	12,636	14,272	3,789,363
	1960	11,502	8,380	3,122	42,735	23,843	18,892	9,439,361
郡部	1955	5,797	4,968	829	14,133	4,322	9,811	1,367,503
	1960	5,812	4,863	949	16,186	5,918	10,268	2,224,573
島嶼部	1955	599	543	56	1,477	376	1,101	117,092
	1960	568	517	51	1,497	380	1,117	164,319

出所）東京都編［1957：188－189］，東京都編［1961：280－281］。

表４　業種別工場数・従業者・出荷高（1960年）

産業別中分類	工場数		従業者数	現金給与総額（千円）	製造品出荷額（千円）
年	1955	1960	1960	1960	1960
総数	28,322	36,714	1,216,068	359,834,745	2,416,745,643
機械製造業	2,092	3,730	132,037	39,233,969	243,405,553
金属製品製造業	3,869	5,425	122,319	28,861,955	185,874,689
電気機械器具製造業	2,510	3,393	194,458	46,862,705	305,516,493
出版･印刷，同関連産業	2,457	3,063	109,596	38,671,443	205,345,179
その他の製造業	2,193	3,032	74,887	14,374,776	105,718,488
食料品製造業	2,488	2,443	70,249	14,748,618	230,595,380
繊維工業	1,956	2,178	48,060	9,033,999	73,581,989
計量器・医療機械・光学機械・時計製造等	1,222	1,675	68,858	19,042,941	91,843,515
輸送用機械器具	1,356	1,579	77,517	22,387,632	177,410,455
衣服，その他の繊維製品	1,207	1,519	25,141	3,910,268	28,297,355
家具，装備品製造業	1,136	1,493	27,065	5,817,732	4,019,103
パルプ，紙，紙加工業	1,097	1,450	40,892	10,235,374	88,387,676
化学工業	905	1,001	60,953	18,613,692	215,382,915

注）全業種21のうち，1960年時に工場数が1000以上の業種のみを抽出。
出所）東京都編［1957：130］，東京都編［1961：206－207］。

表5　主要工業区における工場数・個人従業者

	工場数		従業者数	個人事業主および家族従業者	
年	1955	1960	1960	1955	1960
墨田区	3,184	4,235	92,592	901	2,234
大田区	2,611	3,985	156,996	455	952
荒川区	2,205	2,702	54,268	670	1,489
品川区	1,812	2,577	96,765	417	926
江東区	1,695	2,201	86,530	303	624
台東区	1,912	2,106	37,120	534	996
葛飾区	1,487	1,956	54,846	447	998
足立区	1,260	1,635	55,322	350	804
目黒区	938	1,336	37,629	240	476
港区	1,075	1,294	48,329	164	298
江戸川区	774	1,285	44,186	125	417
北区	879	1,275	47,722	182	509
文京区	713	1,087	29,505	70	197
23 区計	26,143	34,033	1,094,864	5,675	12,300
市部	1,620	2,071	81,701	511	1,040
郡部	535	582	39,227	148	257
島嶼部	24	28	276	6	11

注）「従業員 4 人以上工場」の数が多い区のみ抽出。
出所）東京都編［1957：140］，東京都編［1961：198－199］。

零細工場を多く含む東京の工業のどの業種が発展したのであろうか。五五年から六〇年にかけて、工場数の伸び率が高いものは、「機械製造業」、「金属製品製造業」、「電気機械器具製造業」であり、「出版・印刷、同関連産業」、「その他の製造業」も、工場数が大きく伸張した業種であった（表4）[6]。

一方、繊維・衣服関連・食料品・家具などの日用消費財も工場数の伸びは機械・金属製造業ほどではなかったが、出荷額の伸長が著しかった。では、こうした工場が集積していたのは、どの地域であろうか。

一九六〇年の東京都三万六七一四工場（従業員四人以上）のうち、二三区が大半の三万四〇三三工場を占め、城東地区に属する墨田区（四二三五）を筆頭に、荒川区、台東区、葛飾区、足立区などと、城南地区である大田区、品川区、目黒区、港区などが、とくに工場の集積した地域であった（表5）。城南地区の工場では、他の地区に比べると従業者数が多いことも重要な特徴である。「金属製品製造業」、「機械製造業」、「輸送用機械器具」、「電気機械器具製造業」など、五〇年代後半期に工場数を伸長させた業種は、大田区・品川区をはじめとした城南工業地区で生産されており、京浜工業地帯の一翼として、この地域の発展が顕著であったことを指摘しておきたい。一方、「家具装備品」「皮革」「ゴム」「衣服・身のまわり品」などは、墨田区・荒川区・台東区など、城東工業地区の小零細工場で家族従業者とともに生産されていた。東京固有の中小工業である「出版・印刷」は、千代田区・文京区・中央区など、都心に隣接した企業立地が特徴であった。(7)

一九五九年に、工業等制限法(既成市街地における工場等の制限に関する法律)が施行され、規準面積(多くの業種で作業場床面積一六〇〇平方メートル)を超える工場の新増設が抑制されるようになると、用地の取得難とあいまって、二三区内の新設工場の増加はやや頭打ちになった。しかし、五九年から六〇年にかけて、「従業員四人以上」工場が、東京都で、一九〇〇か所も新設されているように、工場数、従業者数の増加はそのテンポをゆるめながらなお継続していた。東京都における工業の長期的傾向をみると、「従業員三〇人以上工場」は、工場数では六三年に八九二八工場がピークであった。こうした東京の製造業の位置を他の産業との比較でみると、五一年には、事業所数で「卸売・小売業」四九%に次いで、「サービス業」二三%、やや遅れて「製造業」二〇%であったが、六三年には、「卸小売業」四七%、「製造業」二〇%、「サービス業」一九%であり、のちには「不動産業」「建設業」などが台頭してくるが、六〇年代前半まで、卸小売業・サービス業とともに重要な産業であり続けた〔東京商工会議所 一九七七：一〇

―一二・図1―3―1〕。

東京都の製造工業の特色は、新鋭重化学工業の下請生産が多いことともに、消費財産業を中心として最終製品の工業が大きな位置を占めていることである。東京都工業構成における、最終消費財の重要性をみるために、東京商工会議所の調査「主要業種の生産増加率」（一九五八年を一〇〇とした、六一年の指数）をみてみよう。「電気機械」（二五一）、「鉄鋼」（二二四）、「輸送機械」（二〇三）、が二倍以上を超えているが、日用消費財関連である「家具」（一九一）、「木材木製品」（一八〇）、「衣服」（一五一）、「出版印刷」（一四四）、「食料品」（一五二）、「繊維」（一三六）なども、堅調な生産増加を示していた。同調査によれば、一九五九～六一年における中小工場の設備投資意欲が強く、「繊維、衣服、輸送機械、雑貨」などの中小工場ではとくに設備投資がみられたという〔東商調査部　一九六一ａ：一九〕。

中小工場での労働者生活と工業製品の特徴

次に、東京都内の工業地域で、一九五〇年代に発展が著しかった城東工業地区（墨田区、江東区、荒川区、台東区、葛飾区）の工場経営とその労働者生活をみてみよう。(8) だいぶあとになるが、六七年のアンケート調査によれば、城東七区の工場では、仕入れにおいても販売においても、地区内依存度が相対的に高く、規模の小さな工場ほどその傾向が強いことが判明する。台東、墨田、江東の三区では、用地・用水充足などの問題を抱えつつも、高度成長後半期の六七年にいたってもなお、「現在地の立地条件が優れている」と回答した工場経営者が半数を超えた。その理由は、「親工場・関連企業との至便〔性〕」「原材料・

資源入手面の便宜」「製品市場に至近」など、製品取引上の集積のメリットが大きいためであった［東京商工会議所　一九六八a：六－一〇］。

一九五〇年代には一九六七年時点のアンケートに示された上記の理由はいっそう集積のメリットとして機能しており、城東地区に日常消費財ならびに、重化学工業の下請関連工場があいついで集積していったことは、前掲の表5からも明らかである。ここで、五〇年代半ばの城東地区の工場労働者の生活について、簡単にみてみたい。墨田区、江東区、荒川区の工場アンケート調査（従業員三〇人以上の全工場従業員九万人のうち一万人を抽出したサンプル調査）によれば、年齢では、男子の場合三区とも約半数が三〇歳以下であり（江東区のみ四一％）、女子の場合八二～八四％が三〇歳以下であった［東京都広報渉外局首都建設部編一九五七：一－二七］。従業員の住居では、労働者の住所は、三区とも約五割近くが工場所在区に属していた。しかし、墨田区と江東区ともに、「従業員一〇〇〇人以上」の工場では八割近くが工場所在区以外に居住しており、工場規模が小さくなるにしたがって、工場の近隣に居住する傾向がみられた。次に前住地をみると、サンプル労働者の一九％に達する一九五〇年以降の二三区内転入者のうち、三八％が東京周辺諸県からの転入者であった。次いで多いのが、東北地方（二二％）と中部地方であり、三地方合わせて八割になった。城東地区の労働者の多くが、千葉・茨城・埼玉など東京の東側関東地方諸県出身者から構成されていることを示している。

次に、東京都における工場規模と業種との関連を把握するために、一九五七年の「工業統計調査」の調査票をもとに、八八〇九の標本数を対象として作成した「中小企業総合基本調査」[9]をみてみたい。従業者構成比でみて、大規模型（三〇〇人以上の工場規模が五割を超えるもの）でない業種は、衣服、身のまわり品、木製品、家具、出版・印刷、皮革、金属製品、「その他」であった（同じ小規模型でも大規模型と並存している窯業、機械、精密機械は除いた）［東京都経済局 一九六〇a：四‐六］。ちなみに、東京都経済局が調査している「中小企業業種別動向調査」の第一回（一九五八年一一月実施、四七業種六二〇か所）から第九回（六〇年六月実施、二九業種）をみてみると、調査対象業種で変わらないものは、「銑鉄鋳物」「可鍛鋳鉄」「ダイカスト」「自動車部品」「自転車」「電気計測器」「アンチモニー製品」「金属玩具」「ネクタイ」「メリヤス」「造花」「革靴」「紙製品」（六〇年には「紙器」）「ガラス食器」であり、その他の製品では調査対象業種それ自体の変化が激しかった[10]。

以上みたように、一九五〇年代から六〇年代にかけての東京都工業は、工場数、従業員、出荷額の点で、最終消費財生産を中心とした中小零細工場が、城東地区・城南地区の一部を中心に立地しており、一方では、城南地域を中心に金属・機械・運輸などの大工業の下請生産に従事していた。六一年に実施された東京都内工場の出荷先調査（一六四二工場が回答）では、従業員規模三〇～五〇人の工場では、五三％が都内卸売商店に出荷しており、全業種平均でも四四％が卸売商店に製品を出荷していた。メーカーへの出荷割合が高い業種は、ゴム、非鉄金属、輸送機械などであり、逆に、食料品、衣服、家具、皮革などの業種は、いずれも七割以上を卸売商店など一般市中販売用に出荷していた。このことは、最終消費財を生産する東京都の工場と都内卸売商業との取引面での結びつきの強さを示しているといえよう［東京商工会議所 一九六一b：四‐五］。こうした東京の工業の特徴は、一九七〇年代になってもなお維持されていた。東京立地一〇〇業種工業の業種別地域別特性を考察した中山金治は、「問屋依存型」(四九業種)と「メーカー依存型」(三六業種)をあわせて「地域集中・問屋依存型の消費財工業」という特色づけを与えている[佐藤　一九八一:二九]。

工場移転の動向

上述したような、東京区部における工業の展開は、東京二三区における人口過密問題、公害問題などの深刻化にともない、一九六〇年代に入ると、各業種の工場は工場移転を推奨されるようになる。前述した工業等制限法の施行はその象徴であった。日本工業立地センターが六三年に、区内中小工場(従業員三〇~四九九人)七二九一を母集団として行ったサンプルアンケート調査[田中　一九六四:五三－六七]から、六〇年代初頭における中小工場の二三区外移転の動向をあとづけてみたい。

工場の新設計画は、「一〇〇~二九九人」「三〇〇~四九九人」など概して中堅的規模で熱心であり、木材・木製品、家具、化学、皮革、パルプ紙加工、機械製造などの業種では、現在の工場を移転新設する傾向が強かった。このサンプル調査から「都内二三区内七二九〇工場のうち、ほぼ一一四〇工場は工場移転計画を有しており、今後の移転志向のあるもの」は約三二〇〇工場と試算されている。

次に、実際の工場移転の実績を、一九六七年時点で確認しておこう。

一九六四年度より東京都では、工場跡地買収事業を行い、六六年度より建設省でも都市開発資金制度が創設されたので、両事業を並行して実施することとした。六四~六七年度まで総額で約七七四億円にのぼる工場跡地売却申込があったが、このうち予算措置されたのは一四六億円にすぎなかった。売却申込工場の地域的分布では、城東地区が七四件と最大で、次いで城南地区五三件、城北地区四八件、都心周辺地区二五件と続いた［小室　一九六七：四六］。(11)

移転先では、神奈川（五八件）、埼玉（三九件）、千葉（四四件）が多く、北関東諸県を含めた「首都圏」諸県で一八七件を占めた。移転した工場の業種は、「機械製造業」「化学工業」「金属製品製造業」「鉄鋼業」「輸送用機械器具製造業」など重化学工業関連が多く、この五業種に次いで「食料品製造業」が移転した。「移転理由」としては、「工場等制限法の規制とその他」が四一％、「公害発生とその他」を理由とするものが約三〇％を占めていた。一九六〇年代中葉での工場移転計画について、移転事業アンケート調査をみると、回答した工場七三四工場のうち二九七工場は、「移転計画又は希望あるもの」としている。地域別にみると、移転計画をもっているものは都心周辺地区、城西地区の四七％が最高で、移転計画を有するもののうち、城北地区が七三％、城西、城南地区が六七％と、その三分の二以上が、すでに用地手当済という現状にあることが判明する［小室　一九六七：四七－四八］。

しかしながら、売却申込工場の主力は、三三〇〇～九八九九平方メートル（一〇〇〇～三〇〇〇坪）の中規模工場であり、二一四件のうち一〇七工場と半数を占めていたことに注目したい。城東地区では前述のように仕入（発注）の過半を同じ城東地区内事業所に依存しており、零細工場になるほど域内依存度が高くなった。城南地区でも、城南三区立地の仕入先企業からの仕入額が五割を超える工場が五一％を占めた［東京商工会議所　一九六八a、一九六八b］。このことは、工場用地の取得・拡大を必要とする業種の中規模工場を除いて、東京都区部の主要工業地域における中小零細工場の多くは、一九六〇年代中葉でも工場移転に消極的であったことを示唆している。前述した六三年アンケート調査でも、「繊維」「衣服」「出版」など都市型工業では、「移転計画なし」が優勢であり、資金不足のための移転できないとする回答も少くなかった［田中　一九六四：六三―六六］。また、移転した工場二九三の調査についてみても、原材料、部品の八割以上を東京の事業所に依存しており、製品納入先も東京の事業所であり続けたことが示されていた［東京商工会議所　一九七三：三三―三七］。こうして、巨大な工業都市として復活・発展した東京は、日常消費財や都市型工業の大半を城東地区、城南地区に残しつつ、主として重化学工業部門の中・大規模工場を周辺諸県各地に移転させていくのである。とくに、神奈川・埼玉・千葉は、現在の工場立地から遠くなく、親工場や取引相手との関連で選好されていたことを重視しておきたい。

3　東京における市場拡大と小売商業

一九五〇年代から六〇年代初頭の東京では、工業化が進むと同時に、所得の上昇にともなう小売商業者の販売高の増加がはっきりと現れた。それは、東京への人口集中の加速と勤労者所得の増加を背景とした東京の消費市場としての成長の速さを物語っている。

以下にとりあげる調査結果は、東京区部における消費ブームが、全国に先駆けて一九五〇年代後半期に起きていること、その内容は、家庭電器製品の普及にとどまらず、衣服・家具・新型食品・買回り商品など都市住民上層の新たなライフスタイルに密着した消費財におよぶものであり、また東京立地百貨店での購買活動も盛んになりつつあることを示唆している。同時代の『国民生活白書』の叙述にほぼ適合的な、東京における新たな購買力の伸長と商業発展がみられたのである[12]。

東京都における個人消費支出は、一九五六年の六八六五億六二〇〇万円より、六〇年には、一兆一六三七億五四〇〇万円の伸長（増加率六九・五％）を示した。この個人消費の増加に対応し、五六年から、六〇年にかけて、（飲食店を除く）小売商店は六・一％の増加、同従業者は二一％の増加、そして商店一店あたり月間販売額は、五六年比で五六％の増加を示した［東京都経済局総務部調査課編 一九六三：一－三］。では、どのような種類の商品業種で月間販売額が伸びたのであろうか。五二年の数値を一〇〇とした五八年時点での指数で伸び率をみていくと、家庭用機械器具（家電を含む。六〇二）、男子既製服（五六六）、男子注文服（五四四）、牛乳（五〇五）、楽器（三二九）、婦人子供服（三二九）、運動具（三〇八）、茶（三一三）、くつ（二九七）、時計・眼鏡・光学器械（二八〇）、花・植木（二七二）、菓子（二六八）、食肉（二六一）、飲食店（二五二）などが、二・五倍以上に伸長した業種であった［東京都経済局総務部調査課 一九六〇b：四〇－四二］。これらの製品・業種は、家電を筆頭に、朝鮮戦争期までは都市住民への普及が不十分なものを多く含んでおり、五〇年代後半の神武景気の時代にようやく東京住民の中間層以上に普及していったと考えられよう。別の調査で、五八年から六六年までの人気商品の伸長をみておこう。五八年時の年間販売高を基準として、六六年までの販売額伸長の顕著な商品は、婦人子供服（一一・七倍）、各種食料品（一〇・七倍）、楽器（六・三倍）、家庭用機械（五・三倍）、家庭用電気機械（四・三倍）などであり、このほか運動具、家具、玩具、化粧品など一一種も、販売額、従業者数、商店数が伸長した商品であった［東京商工会議所　一九六八c：二九］。六〇年代前半には、婦人子供服や新しい食料品をはじめ、家庭電器製品やレジャー関連製品も販売額を伸ばしていることがわかる。一方、小売商店数の伸びを、業種との関連でみてみると、五六年の商店数を一〇〇として、一九六〇年時点の指数が一二〇を超えるものは、寝具（一三九）、男子既製服（一五四）、婦人子供服（一二四）、卵・鶏肉（一六〇）、果物（一二一）、牛乳（一三三）、畳（一二九）、家庭用電器（一二二）、家庭用機械器具（一三三）、農機具（一四三）、石油（一三三）であり、また「百貨店」（一二五）や「飲食店」（一三〇）も一二〇を超える業態であった［東京都経済局総務部調査課編　一九六三：四］。

こうした、東京全体の小売業発展を担った小売商店は、その開業年次でみると、新規開業と廃業の双方が目立った。一九六〇年六月一日現在営業中の一五万四三三〇店（飲食店含まず、卸売商店含む）のうち、五九年一月以降に開店したものが、二万七一四一と八％にのぼった。一方、五八年七月から六〇年六月一日までの間に商店数純増分は四八一二店（うち小売店一二〇五店）にすぎず、二年たらずの間に、転業、廃業、他府県への移転が二万件程度あったことを示唆している［東京都経済局総務部調査課編　一九六三：六］。また、五九年一月以後の新規開設二万七一四一店のうち、一万六六九七店が、店員を雇わない個人商店であった。二三区のなかでも繁華街や百貨店を抱える中央区、新宿区、豊島区、台東区の四区のみで東京都小売販売額全体の三三％を占めていた。［東京商工会議所　一九六八c：一〇］。

東京における商店街の発展と担い手

一九五〇年代から六〇年代前半における小売商業発展のための組織体として、大中小の商店街が重要な機能を果たしていた点を強調しておきたい。東京商工会議所が、六一年四月に二三区内の商店街団体約一三〇〇のほぼすべてを対象に行った商店街実態調査[13]より、小売商業発展の具体的な姿をみてみよう。

まず、九二九商店街全体の業種・業態別構成をみると、「その他の小売店」(四二%)、「飲食料品店」(二二%)、「飲食店」(一三%)、「衣料品店」(九%)、「サービス業」(八%)の順であった[東京商工会議所一九六一a:一〇]。「その他の小売店」とは、書店、運動具店、家具店、レコード店、文房具店、自転車商など、衣料や食料以外の日用諸雑貨・高級品を販売する店の総称である。各種の白書が指摘するように、この「その他の小売店」の商品こそが、この時期の都市住民が求めたものであった。客層では、全商店街の七〇%近くが、「固定客」七割以上という結果を示し、とりわけ「住宅地商店街」でこの傾向が強かった。

消費ブームに直面していた商店街は、「発展」についての自己認識について、「発展しつつある」(四八%)「著しく発展しつつある」(四%)を合わせて五割を超えており、「変わらない」(三四%)と合わせると、八割強が現状維持ないし自らの商店街発展の認識を示していた。発展の理由については、「住宅、アパート、会社、工場等の新設によって顧客範囲が拡大した」(四七%)が第一位であり、東京への人口流入などを含めて消費人口の増大が、商店街の商圏を広げ、かつ「固定客」を増やしつつある現実を反映していた。ここでも、「会社、工場の新設」が商店街発展の要因にあげられている点に留意しておきたい。

第二位が、「商店街自体の発展策によって伸びてきた」(三三%)であることは、この調査の回答者が、主として商店街協同組合の役員であることを考慮に入れても、なお注目されよう。自らの属する商店街への個人商店の勧誘から始まり、街路灯の設置、街路舗装、アーチ・アーケード建設、ネオン設置、歳末大売り出し、共通商品券発行など、有力商店が役員となった商店街協同組合などの主体的努力によって、商店街が構成商店の売上げ増大に帰結しているという認識をもっていたわけである。発展理由としては、上記二つが合わせて八割を構成し、「新しい交通機関」(七%)、「都市計画の実施による立地条件の好転」(五%)などをはるかに引き離していた[東京商工会議所　一九六一a:一五][14]。一九五六年時点での都内二三主要商店街調査に比べて、五年後には、商店街の活動ははるかに活発かつ多彩になっていたことが注目される[東京商工会議所　一九五七]。

最後に、この時代にとくに発展傾向が顕著だった「住宅地」商店街(三七〇)と、「駅前」商店街(二六二)を構成する商店の主要な営業種類を確認しておこう。「住宅地」商店街では、「菓子店」「雑貨商」「八百屋」「魚屋」「肉屋」「乾物店」などで販売する飲食料商品と日用消耗品が中心的業種を占めていた[東京商工会議所　一九六一a:二四]。こうした商店街は、徒歩の場合の商圏が、「一〇分以内」(六七%)、一五分以内(八六%)であった。

大都市消費者は、盛り場、繁華街、駅前、職場近隣、住宅地と、自らの通勤と家族の生活地点の近くに、「毛細血管」のように張りめぐらされた商店街から、各種の日用消費財を購入することが可能であった。一九五〇年代後半以降の都市生活者の所得増加が、小売商店の商品購入につながった背景には、道路・交通網の整備とともに、こうした各種商店街の形成・発展が存在していたことは、強調しておきたい論点である。

以上のような、消費ブームに基礎づけられた小売業の発展は、東京都内の卸売商業および製造業の発展に比べれば、相対的に低いものであった。一九五八年から八年間に、開廃業の激しい小売商店の数は、六％の増加にとどまったが、製造業事業所数、卸売商店数は、それぞれ六二％、四二％の躍進を示した。年間販売額においても、小売業の二・六倍伸長に対し、卸売業では四・三倍、製造業（出荷額）では三倍の伸びを示した。消費ブームが生じ、萌芽的な消費社会を現出していた東京都の小売商業は、発展のテンポに関しては、卸売業、製造業の後塵を拝していたことは、注目すべきであろう。

4　東京立地卸売商の発展と流通機構の変容

一九五〇年代後半の小売業の発展は、いうまでもなく、東京への人口集中、労働者増加を背景とした購買力の増大に支えられていたが、彼らに多種多様な商品を供給していたのは、東京都心に立地する卸売商店であった。換言すれば、家電・衣料・食料品など都市住民の求める各種消費財を供給する流通機構の整備、拡充があったからこそ、小売商店開業や商店街の網の目のような展開は可能となったのである。従来の東京を対象とする高度成長史研究ではややもすれば研究者の視野から抜けがちであったが、生産体制の革新と、都市型生活様式の台頭による新規商品需要を媒介していた「影の主役」としての大都市卸売商の歴史的機能は、当該期の都市商業発展の考察のうえで欠かせない問題である。

一九五〇年代から六〇年代初頭にかけての日用消費財の流通構造をみていくうえで、①商品の生産形態の大規模化および消費財部門での多品種少量生産の新たな展開、②在庫・保管機能と通信・輸送手段の革新、③産業構造の変化（重化学工業化）に対応した卸売業の取扱い物資のウエイト変化、④都市生活者の新しい消費スタイルの台頭と初期スーパーマーケットなど新しい業態の出現などの、戦前期・戦時期にはほとんどみられなかった高度経済成長期固有の新たな経済環境に、卸売業者がそれぞれの業種と立地条件に応じた対応を迫られることになったことが重要である〔東京商工会議所　一九六四：三－五〕[15]。つまり、卸売業者は、京浜工業地帯の不可欠の一環を構成していた東京のそれぞれの地域で、商品流通の「川上」と「川下」の間で生じつつあった上記の四つの傾向に個別に直面しながら、自らの営業の近代化や生き残り策を同業者との競争関係のなかで模索していったのである。しかも、戦後復興の過程で、多くの卸売商は、戦前期に保有していた小売商への金融支配力を弱めていた。こうした新環境における卸売業者の経営努力をサポートしたのが、中小企業庁による商店診断制度であり各種問屋組合や、協同組合であった。

本節では、一九五〇年代後半に伸長した商品である、男子既製服、婦人子供服、菓子をとりあげ、その流通機構と卸売商の動向を検討してみよう。

①男子既製服製造卸

既製服業界は、繊維産業のなかでも一九五〇年代末から六〇年代前半にかけて需要が拡大し、販売額が伸長した分野であった（表6の「洋服卸売業」参照）。

表６　高度成長期東京における卸売業

	1956年		1962年	
	商店数	販売額（千円）	商店数	販売額（千円）
商店数（全体）	141,896		150,649	
日額販売額		344,748,899		794,743,620
卸売商商店数（全体）	28,817		33,389	
全国卸売商商店数（全体）		179,856		223,409
	商店数	月額販売額	商店数	月額販売額
織物卸売業	1,312	17,771,234	1,384	34,869,700
その他の衣服，身のまわり品卸売業	1,349	6,396,485	1,331	12,409,120
婦人子供服	211	125,938	307	4,433,640
洋服卸売業	293	1,990,648	347	5,078,620
下着類卸売業	229	1,767,128	401	6,820,660
靴卸売業	268	1,047,422	269	1,842,810
生鮮魚介そう卸売業	1,677	2,589,555	1,435	6,116,990
菓子パン類卸売業	759	1,956,434	960	5,785,390
果実卸売業	138	415,077	327	3,343,600
かん詰，びん詰卸売業	197	2,815,466	181	8,971,000
酒類販売業	197	5,424,526	196	13,441,490
米麦販売業	82	46,069,924	45	7,036,530

出所）通商産業大臣官房調査統計部編『商業統計表』，昭31年度，昭37年版。

業界団体の調べでは、紳士服生産額は、全国的には一九六二年に五九年時点の一・六倍にあたる一二四九億七一三三万円に達した。この水準は、五二年時の三倍以上の伸びであった。東京都内の既製服卸売業者数は、三五五店あり、千代田区（一七七店）、中央区（八三店）、台東区（四四店）の三区が、圧倒的割合を占めていた。東京での年間販売額は、四九一億円で、従業者数は七〇三九人におよんでいる。男子服既製服卸売業者は専業比率が高く、大半が製造卸の形態で、卸売業者が直営工場での製造加工と下請加工業者への製造委託を組み合わせて既製服（背広上下、礼服、オーバー、ズボンなど）を集約し、それを、一般小売店・百貨店に販売するのである。この部門でも、六〇年代前半には、下請企業の従業員確保困難から発注後の期限内納入が困難な局面が出てきたため、各卸売業者とも直営の自家工場を、首都圏内、二三区外に設置する動きが強まってきていた［東京商工会議所　一九六四：一七二ー一七四］[16]。ただし、六〇年代初頭では、まだ既製服のほか、注文服の比率が高く、オーダーメイドの紳士服が五割以上を占めていた。つまり、全日本注文服店連盟（全販連）は、二万一〇〇〇名（一九六〇年）を組織し、全日本紳士既製服製造工業組合連合の六五〇社（全国八地区）と張り合っていた。しかも、この全販連加盟業者のなかには、注文服の専門下請工場を有していたり、自らそれを経営する者も少なくなかった［中右　一九六六：四一二ー四二一］。それでも背広上下服に占める既製服の割合は、五八年以前には三八％前後であったが、六二年には四八％（日本羊毛紡績協会調べ）に上昇した［東京商工会議所　一九六四：一八一ー一八二］。

一九六〇年代初頭に既製服卸売業者が直面していた課題は二点あった。第一は、メーカー・繊維商社による既製服製造部門の系列化の圧力であり、もう一つは、製造卸売業者の小売部門への直接進出である。前者は、大東紡、東洋綿花、日商、などが特定の既製服卸売業者に働きかけを強め、自社の系列下におこうとしたことである。後者の具体例は大阪のエフワン（輸出メーカー）の東京進出や小売店の銀座設置、（株）樫山が、オンワード販売を通じて東京の郊外や近県に直営店を創設していく動きである。さらに六〇年代には、「既製服のブランド化」傾向が一部の卸売業者にみられ、各商店のブランドで、広域的に販売されるようになった。また、労働力不足と労賃上昇により、下請家内工業による労務充足が困難になったことが、東京二三区郊外での自家直営工場の建設の要請を強めた。五〇年代末までは店頭売りの盛んな神田岩本町周辺に店舗が集積しているメリットが大きかったが、セールスマンによる訪問販売活動が重要になると、拡大した在庫管理と出荷の円滑化や交通困難を避ける理由により、神田地区から、店舗を移転する卸売商店が出現した［東京商工会議所　一九六四：一八一］。このように、神田岩本町周辺に立地する既製服製造卸売業者の経営環境・取引構造が変わりつつあったのが、六〇年代前半の男子既製服業界であった。

②婦人子供既製服

婦人子供既製服業界は、男子既製服と同様に、東京の中心部に主要卸売商店が集積して、製造卸売業を経営し、全国比三〜四割という大阪をしのぐ販売比率を示すものであるが、その発展のテンポは、男子既製服業界以上に速かった。全日本既製服製造工業組合調査によれば、婦人服では、九六億円（一九五二年）から五一七億円（六二年）に伸長し、子供服では七一億円（五二年）から三五一億円（六二年）に伸長した。婦人子供服の卸売業者は、東京では三〇八店（六二年）を示し、一九六〇年の二八七店に対して増加しており、同期間に従業者数も六〇七一人（六〇年）から六九九六人（六二年）に一五％以上の伸びを示した[17]。婦人子供服の業態は、男子既製服と同様に、その縫製部門を零細な下請家内工業に依存しており、一般に製造卸の形態で、小売部門に直接販売する業者が多い。東京都内の業者分布では中央区が最も多く（一一三店）、次いで千代田区（一〇六）、台東区（四七）と続いた。

取扱い品目では、スーツ、ワンピースなどの「婦人服類」が最も多く二四％を占め、残りはオーバー類（一五％）、スカート類（一〇％）、和装コート（茶羽織を含む。八％）の順番であり、これに「男児童服」（一一％）、「女児童服」（一四％）を合わせた子供服がくわわった。

婦人子供服の製造卸売業者の販売先をみると、一般小売店が最も多く（四六％）、百貨店（三二％）、月賦販売店（一六％）、仲間卸（六％）と続いた。婦人服・子供服ともに、一九六〇年代初頭に品目が多様化傾向にあり、流行の変化の激しい季節的商品でもあったため、製造卸売業者の下請企業が独力で製品開発を行うのは困難であったことにより、東京の卸売業者の地位は、相対的に安定していた。東京都内で直営工場をもつ卸売商店は、一一四社中三八社であり、その他の卸売商店は、すべての製品を下請生産に依存していた。下請業者については、大規模卸売商店（年商五億円以上層）で六〇〜七〇社、年商一億円程度の卸売商店で、五〜六社を下請企業として擁していた。逆に下請企業の側は、親問屋（婦人服の製造卸売商店）に一社専属の場合もあるが、通常は二〜三社の親問屋（卸売業者）を相手に取引している。通例、下請企業に対しては原反を支給し、下請企業の縫製にあたっては定期的に問屋側から巡回指導員（検品係）が出向き、製品の点検や縫製上の指示を行う。さらに、ボタン付けなどの手内職に属する業務は、再下請（家庭内職）に出されるケースもあった。こうして重層的に下請企業から納入された商品は、製造卸商店自身による検品をへて小売店に販売されていくのである。

以上のように卸売業者が商品の企画・検品・販売のすべてを掌握しているため、直営自家工場の生産比率も取扱い額の一〇〜二〇％前後以内であり、その自家工場生産の意味も男子既製服卸売業者と少し異なっていた。すなわち、婦人子供既製服業界の場合、自家工場は下請企業に生産を発注する場合の製品テスト（試作品）、労賃テストという役割をもっている。婦人子供既製服は、紳士服に比べていっそう流行の変化に敏感でかつ製品の個性が強く要求されるために、自家工場と下請企業の意味も異なったものとなったといえよう。したがって生産方式が見込み生産であるために、スタイルや見込み違い、暖冬などの気候異変など、季節変動や流行変化による影響は、企業の盛衰に直接関係する。優れたアイデアによる製品開発が、競争を制する場合もあれば、時代の流行に逆行して経営危機に転落するリスクもせおっていた。季節外れに返品された婦人服、子供服の商品は時には三分の一以下の価格で百貨店や大型衣料品店のバーゲンセールに回された。こうした「返品」問題を抱えながらも、一九六〇年代に、当業界は市場拡大・高度化を背景に急成長を示した。表6にみられるように、婦人子供服卸売業は五六年から六二年にかけて二一一店から三〇七店へ商店数を伸ばし、販売高も一億二五九四万円から四四億三三六四万円に急伸したのである。

③菓子卸売業

「菓子パン類卸売業」は、一九億五六四三万円（一九五六年）から五七億八五三九万円（六二年）へ約三倍の販売の伸びを経験した（表6）。東京都菓子商業組合加盟の菓子卸売商は二六四人（六四年時点）を数え、日暮里（荒川区）や錦糸町の問屋集積などのアウトサイダーを含め、約四〇〇名が東京都内菓子卸売業者の数であった［東京商工会議所　一九六四：一三八－一四二］。総理府「家計調査」を用いた全国都市平均の菓子への支出額は、一九五五年を一〇〇として六三年には一五一と伸びているが、小売店の数も伸びており、「菓子小売店はあらゆる食料品小売業界の中で最高の店数を有している」［鶴見　一九六一：二〇］と菓子小売業界では指摘されている。

菓子業界は、四大メーカーによる「ポケットもの」といわれるマージンの少ない商品と中小メーカーによる「バラ菓子」の双方を扱う「都内卸」といわれる卸売業者（二六四店のうち二〇〇店）と、「地方専門卸」と呼ばれる地方向けバラ菓子卸売を中心とする卸売業者（約六〇店）の二種類からなっていた。そして、中小メーカー品を取り扱う問屋は、「大卸」と呼ばれ、これが「地方専門卸」や「都内卸」にバラ菓子を販売していた。「都内卸」は、菓子取引の八〇％を自家輸送で行い、「地方卸」は、すべてメーカーからの直送のために、菓子輸送を運送業者に委託していた。菓子需要そのものの伸び悩みと、四大菓子メーカーによる「ポケットもの」の比率の増大により、東京における菓子卸売業者の粗利益が圧縮される傾向にあり、一九六〇年代の菓子卸売業者は、これに対処するために、夏場にアイスクリーム、ジュース、インスタントジュースなどの商品の多角化で対応しようとする場合が少なくなかった［東京商工会議所　一九六四：一五二］。

以上、三つの業種を中心に、都内卸売業者の発展状況とその直面している経営環境と課題について検討してきた。他の卸売業界の動向を含めてまとめてみると、第一に、メーカーによる系列化の攻勢に、卸・小売業者が直面していること、第二に、労賃上昇問題と流通過程での商品過剰にともなう競争激化により、大手卸売業者と中小卸売業者の資金力の差が拡大しつつあること、第三に、それにもかかわらず、下請加工業者の活用や販売網の広域化、製品の多角化・ブランド化などにより、卸売業者としての経営を発展させていたのが、六〇年代前半の卸売業者の状況であった。

実際、東京都心の横山町の繊維有力問屋は、一九六五年前後に店舗拡張を進め、三～六階建てのビルを建設するなど、総合化、現金仕入れ、現金販売で力を伸ばしている状況が報告されていた［国民経済研究所編　一九六五：二〇七－二〇八］。このように東京都心部の有力な問屋の多くが、業務ビルの建設や、カタログ販売、販売員の全国出張などで、生き残りをはかっていったことが指摘されなければならない(18)。以下、若年店員不足が顕著になった六七年一月時点での東京立地の「消費財産業卸売業者調査(19)」から、六〇年代中葉の都心立地卸売業者の対応策を検討しておこう［東京商工会議所　一九六七：二五－三二］。

業種別でみると、二六九社回答のうち、衣料品一六二社（織物衣服と寝具六八社、その他の身のまわり品九六社）、食料品九二社（生鮮食料品三一社、その他食料品六一社）であり、衣料品問屋の比率がやや高い。二六九社の小売店への直接販売割合では、「八〇％以上が小売店対象」とするものが、四一％あり、「六一～八一％」は一三％であった。一企業あたりの平均販売先は一八九店、うち小売商は一四三店、卸売商は二二店であった。織物衣服類の卸売商店は、一企業あたり二五八店の販売先をもち、四つの業種のなかで最大数であった。販売先地域では、「関東地方への販売」が八〇％以上の卸売商が全体の四三％であるが、「関東地方への販売」が〇％とするものも四二％あり、販売市場の特性が二分されていた。ただし、小売商を販売対象に限定すると、「六〇％以上」を販売するものが七四％も関東地方を対象としていた。食料品卸売商店の小売商への販売の場合、「関東地方への販売」は八二％ととくに高く、これに対して衣料品卸売商の場合には、「関東地方に販売」が八一％以上とするものは、五四％にとどまり、都心立地の衣料品問屋が、関東地方以外の東北・北陸・北海道の小売商に販売活動を行っていたことを示唆している［東京商工会議所　一九六七：二六－二七］。以上より、衣料品は別として、関東地方の小売商を主要な販売対象としている卸売商店が七〜八割に達していることが判明する。

高度成長期の卸売商は、業種による差異はあるが、東京都内と関東地方の小売商を重要な販売相手と認識していたことを確認しておきたい。東京および首都圏各都市の小売商が、個別には浮沈を示しつつも、全体として、商店街や専門店組織により発展を示し、こうした卸売商からの仕入れを増加させていったのである。こうした東京都の卸売商業は、全国比でみると、商店数で約一五％、年間販売額では約三〇％のシェアを占め（一九六四年）、販売額では大阪（二六・七％）を合わせて全国の過半のシェアを維持していた〔中小企業庁　一九六六：二八二〕。

さきの卸売業者調査に戻り、仕入先企業数を業種別でみると、食料品卸売商は八四社、衣料品卸売商が三八社の仕入先をもっていた。衣料品卸売商のなかでは、「織物・衣服」が六五社と仕入先が多く、この業種で販売先数が多いことと対応していた。また、回答企業二六九社の仕入先は、平均的にはメーカー三五社、卸売商一六社であったが、メーカーからの仕入れは、生鮮食料品取扱いの卸売商で多く（九四％）、これとは対照的に織物・衣服は、卸売商（五五％）からの仕入れが多く、卸売商相互の取引が一九六〇年代中葉になお重要であったことを示している〔東京商工会議所　一九六七：二八〕。

一方で、一九六〇年代における東京の、住宅難、交通渋滞、人口増などにより、問屋街も都市再開発や郊外配送センター・倉庫の設置による「商流分離」を多かれ少なかれ希望するようになっていった。六八年頃の問屋街調査からその具体事例を拾ってみよう。「これら〔男子既製服の〕下請業者は江東地区を中心に足立、北、葛飾に立地しどの卸問屋も各々五〇件前後を擁している〔中略〕これらの下請業者は、宮城、土浦周辺に工場を進出させる方策をとりつつあり、地方においてはここに産地転業者がこの下請縫製の分野に参入している例もみられる」(岩本町問屋街)、「この〔織物関連の〕街の有力問屋は厚木方面に流通センターを建設して、ここで物流部門の一元化をはかろうとしている」(堀留問屋街)〔東京商工会議所 一九七〇a:一三五-一六三〕などの事例は一九六〇年代半ばの模索として象徴的である。

最後に、配送センター・支店開設の動向から東京都心立地卸売商の首都圏販売網形成を確認しておこう。一九六九年八月現在六七〇企業[20]を対象とした調査によれば、支店(出張所、営業所、支所含む)のある企業は、二五八社(三八%)であった〔東京商工会議所 一九七〇b:一二〕。その大半は一店から五店の範囲内で支店を開業している。合計六一二支店の所在地は、東京都内が一五二社(二五%)、それを除く周辺三県を中心とした東京通産局管内六六支店(一一%)と続いた〔東京商工会議所 一九七〇b:一二-一九〕。これらの支店の開設年次でみると、五六~六〇年が二四三支店で半数近くにのぼり、六六年以降六九年までに一年平均五〇支店(開設総数一八二社)にのぼった。また、配送センターを設置した一一〇企業(一九六四年以後)のうち東京通産局管内の設置場所をみると、東京都内一〇七か所、埼玉県一九、神奈川県一三、千葉県八であり、東京都と周辺三県で合わせて九四%にのぼった〔東京商工会議所 一九七〇b:二二-二四〕。さらに、東京の卸売商店の商圏を六六年商業統計により確認すると、一九道県が東京立地卸売商からの仕入割合が一位であった。より詳しくみると、千葉(八四%)、埼玉(七六%)、茨城(七二%)など関東地方諸県では東京からの仕入割合が相当に高く、続いて東北地方諸県の大半が五〇%台の仕入割合であった〔東京商工会議所 一九七〇c:四〕。以上より、高度成長期に東京都心立地の有力卸売商店が、首都圏に支店や配送センターを設置していったこと、六〇年代後半にこの動きが加速していったことがわかる。前述した六七年調査で小売商を販売対象とする卸売業の四分の三が関東地方を主たる販売市場としている事実とあわせ、首都圏に広域化した消費財流通の実態が確認できよう。

5 東京都心三区への本社集中

一九六〇年の東京都の産業別就業者人口（一五歳以上）をみると、狭義の「労働者」層が全体の四割近くを占めていることとともに、管理的業務・専門的業務・事務労働に従事する「ホワイトカラー」層も、三〇％の比率を占めていることが注目される〔東京商工会議所 一九七〇b：三七四〕。こうした「ホワイトカラー層」の増加も、高度成長期の東京の就業人口を考えるうえで、重要な特徴であった。

詳しく確認すれば、総数四五四万九八四七人のうち、「製造業」が一六三万七七四〇人（三六％）、「卸売業、小売業」が一一〇万二八五人（二四％）を占め、次いで、「サービス業」が七七万一五三三人（一七％）、「建設業」が三〇万四九〇八人（七％）を占めていた〔総理府統計局 一九六四：二五四〕。また、同じ「国勢調査」の「職業、従業上の地位（九区分）」によれば、「生産工程従事者・労働者」が、一六五万七九一三人（三八％）、「事務従事者」が七八万九五九三人（一八％）、「販売従事者」六四万九四四二人（一五％）であり、「サービス職業従事者」四六万八八一八人（一一％）、「専門的・技術的職業従事者」三〇万六五一〇人（七％）、「管理的職業従事者」二〇万五〇四〇人（五％）と続いている。ここで注目されるのは、管理的職業・専門職・事務従事者が合わせて三割を占めていることである。管理業務・事務労働への従業者は、東京都心（千代田・中央・港の三区）に立地する各業種の大・中規模の本社勤務に従事している者が多く、高度成長後半期になるとこれに副都心（新宿・渋谷）の会社がくわわった。

では、東京における法人企業（本社）は、どのように集積しており、高度成長期にはいかなる推移を示したのであろうか。一九六〇年の「事業所統計調査報告」によって、東京都区部での会社設立状況をみると、六〇年現在、全国会社数四一万四八九四社の二五％にあたる一〇万三七四〇社が、東京都区部に立地している［国民経済研究協会編　一九六四：四八］。また全国会社資本金額の四五％までが東京都の区部に、有形固定資産の四三％までが東京都の区部に集中している。『国税庁統計年報』で、会社資本金の階層別東京集中をみると、六一年現在の「国税庁統計」による会社数五七万八二四一社のうち、東京都には一六万一三九四社（二八％）が進出しており、とくに資本金一〇億円以上の法人の六割近くが東京都に集中している事実に注目したい［国民経済研究協会編　一九六四：四八］。つまり、法人規模が大規模になるほど、行政機構の中枢であり、巨大な市場をもつ東京に本社を設置するメリットが増加していることが推定されるのである。

次に、東証第一部上場会社の東京本社集中を業種別に検討した資料をみてみよう［国民経済研究協会編　一九六四：四九－五〇］。周知のように、これらの上場会社は、日本経済におけるビッグビジネスとみなすことができる。これによって業種別に「東京集中」状況をみてみると、サービス供給地域が全国各地域に分割されている電気・ガス事業（二三％）、大阪がシェアの大きい繊維（三四％）を除く、ほとんどの業種が四割を超えており、全上場会社六七四社の五九％にあたる三九七社までが東京に本社をおいている。とりわけ不動産、サービス業、水産業は一〇〇％の集中を示し、鉱業、石油・ゴム、倉庫、通信、建設などの各業種もその大部分が東京に本社を有していることが注目される。高度経済成長を担った第二次・第三次産業の各部門における大企業本社の大半が、東京に進出しているのである。

これらの大企業本社の大半は、東京区部のなかでも、千代田区、中央区、港区などいわゆる都心三区に集中的に進出していた。一九六三年末現在、東京に本社をおく東京証券取引所第一部上場会社三九七社のうち、一四一社（三六％）が千代田区に、一五四社（三九％）が中央区に、三八社（一〇％）が港区に集中している［国民経済研究協会編 一九六四：五二－五三］。次に、東証第二部市場上場会社についてみると、ここでも、ほぼ半数の会社が千代田・中央両区に本社をおいている。すなわち東京に本社をもつ東証第二部上場会社四〇一社のうち、八六社（二一％）が千代田区に、一一〇社（二八％）が中央区に本社を設置していた。ただしこれに次いで、港区、新宿区、大田区、品川区、渋谷区、板橋区、江東区などにも一〇社以上本社が進出しており、中小工場の立地する工業地区にも二部上場会社の本社が設立されたことがわかる。第二次産業部門は千代田区に、第三次産業部門は中央区に重点的にシフトして本社設立が行われていた。すなわち、東証第一部上場会社でみると、千代田区には鉱業（千代田区一〇社、中央区五社）、化学（千代田区一九社、中央区一六社）、石油・ゴム（千代田区六社、中央区三社）、鉄鋼業（千代田区一六社、中央区七社、中央区三社）、電気機器（千代田区八社、中央区五社）、海運（千代田区七社、中央区三社）など、いわゆる高度成長期の「花形産業」部門の大企業本社が相対的に多かった。一方、中央区には、食品（中央区一一社、千代田区五社）、商業（中央区一三社、千代田区一社）、金融・保険（中央区一六社、千代田区一一社）、繊維（中央区一〇社、千代田区五社）、不動産（中央区四社、千代田区一社）、サービス業（中央区七社、千代田区三社）等、卸売業・金融業などの会社における本社集中が比較的多かった。資本金規模別でみると、大規模工業会社の本社を多くもつ千代田区では、資本金一〇〇億円以上が二四社となっており、港区（五社）、中央区（四社）を凌駕している。一方、資本金一〇〇億円未満の会社では、中央区のほうが多く（中央区一五〇社、千代田区一一七社）、前述した卸売商店をはじめ第三次産業部門の中規模会社の多くを擁する同区の性格を示している。

以上のように、東京における第二次・第三次産業部門の大企業本社は、千代田区、中央区を中心とする都心ビジネスセンターに集中しており、ここで主要企業の中枢的な管理業務が営まれていたといえよう。では、このような本社の東京集中は、いついかなる経済的条件によって引き起こされたのであろうか。

本社集中の論理

東京都首都整備局は、「本社管理機能にかんする基礎調査」アンケートを実施している。[21] 以下、このアンケート結果によりながら、東京に本社をもつ大企業の販売市場、本社所在区、従業員構成について考察してみよう。

①製品の地域的販売、生産比率

このアンケートにより、調査対象企業の生産、販売における地域別のウエイトをみると次のようである〔国民経済研究協会編 一九六四：六四―六九〕。

販売市場を全国一〇地域に分割して、各地域に何らかの販売関係をもつ会社を地域数順にみてみると、回答した一二九会社のなかで、「一〇地域全部に販売関係をもつ会社」は五〇社（三九％）で一番多く、一二九社中九九社（七七％）までが、六地域以上を販売市場としている。この集計結果は、これらの大企業の大半が、全国市場志向型企業であることを示唆するものであるといえよう。一方、化学・鉄鋼・電気機械を中心に海外輸出を行う企業も全体の六割を占めている。しかし、全国市場・海外市場をもつこれらの企業の売上額比率をみると、圧倒的に関東地方に集中している。売上比率をみた集計結果によれば、自社製品の五〇％以上を関東地方で販売している会社は三八社、三〇～五〇％を関東地方で販売している会社は三六社にのぼり、合わせて、回答一〇四社全体の七割におよんでいる。この販売比率に比べるとやや低下するものの、生産比率においても、やはり関東地方の比率は高かった。すなわち、回答会社一二一社中、関東地方において五〇％以上を生産する会社は、六一社（五〇％）にのぼっている。重要なことは、これらの多くは、東京ないし周辺に移転した工場で製品を製造していたのである。以上のことは、商品流通の結節点となる卸売商店の都心集積とあいまって、工業企業本社の東京都心への集中が、製品の製造とその流通・販売と深くかかわっていたことを示している。

このように、主として関東地方に生産ないし販売の比重をおきながら、全国市場を販売市場として意識している大企業が、関連工場の監督や卸売商との取引関係を重視して東京に本社を設置しているといえよう。ここから、企業本社の東京進出の重要な推進要因として、海外輸出への対応とともに、首都圏の成長市場への事業展開、京浜工業地帯での生産拠点の確立という問題が抽出できる。

都心立地の業務上のメリットを、法人企業内部の組織編成からも検討しておこう。二七二社回答のアンケート調査（一九六六年）によれば、東証一部上場企業では、社長室、総務、人事、文書、庶務などの部・課、また調査・企画、研究開発、宣伝、販売などを管掌する部課がいずれも本社の都心部設立に熱心であった。具体的には、「企業審査」「経営計画、予算業務管理、関係会社管理」など企業の経営管理上の必要性や、「株式発行業務」「情報収集」「官公庁等対外接衝」など、外部組織との接触・連絡上の有利性を指摘していた〔国民経済研究協会編　一九六七：一〇八－一〇九〕。

②本社所在地の変遷

東京都心部における本社機能の集中プロセスは、すでに戦前期に始まっており、一九四〇年頃には、大企業の本社集中が相当に進展していた。東京大都市圏の経済的比重の高まりと「外部経済」利益の集積にともない、本社機能の集中は戦後、いっそう顕著な傾向を示すにいたった。そこで、アンケートでは、会社創業以来の本社所在地の変遷について尋ねている。

回答会社一七二社のなかで、戦前期に創業した会社が一二四社（明治年代三四社、大正年代四三社）にのぼり、戦後に創業した四八社を大きく上回った。この一七二社中、一九六三年現在都心三区に本社を有する会社は、一四四社（千代田区六七社、中央区五八社、港区一九社）であり、創業時に本社を都心三区においた会社数九五社（中央区五〇社、千代田区三五社、港区一〇社）より、四九社上回っていることが注目される〔国民経済研究協会編　一九六四：七四〕。すなわち、二九％にあたる四九社は、会社創業後本社を千代田区を中心に都心三区に移したことが判明する。都心三区以外では、新宿区が創業時三社から二社へ、渋谷区が三社から五社へと本社数を変動させている。

では、都心三区と渋谷区の増加会社の合計五一社は、どこから移動したのであろうか。集計結果によれば、県外からの移動が三四社（大阪府七社、神奈川県四社、愛知県三社、京都・兵庫各二社、その他の府県一六社）と多く、新宿区からの一社を含め都下のその他の区部・市郡部からの移動も、一七社におよんだ。これらの本社移動がいつ行われたのか、必ずしも明らかでないが、鉱業・建設業・食品・繊維・化学・鉄鋼・電気機器・輸送用機器の八業種については、集計結果が出ている〔国民経済研究協会編　一九六四：七五－九三、豊島　一九七九：二八－四二〕。それによれば、東京都心三区への本社集中が顕著なこれら八業種のなかで、鉄鋼業・輸送用機器製造業、電気機器製造業など新興重工業部門の企業は、高度成長期に千代田区を中心とした都心に本社を集中させていることが判明した。このほか、食品工業と化学工業においても、高度成長期に中央区を中心とした都心への本社集中がみうけられた。高度経済成長期に急速な発展を示しつつあった、鉄鋼業・機械工業・家電産業などは、最新の技術水準をもつ設備投資を行うべく、京浜工業地帯・京葉工業地帯に、自社工場・下請工場を設置させつつ、一方では製品の販売市場や情報収集・資金調達の必要性から本社を都心に集中させつつあった。ここには、産業構造の高度化に積極的に対応しようとした主要産業の大企業が、事業機会拡大の場として東京に進出する動向をうかがうことができる。こうして戦前期からすでに集中を開始していた金融業・建設業・鉱業などの本社機能に、高度成長期には新たに先端的主導産業部門の大企業本社を付加することにより、千代田区を中心とした都心は、日本国家の行政機能の集積地としての性格にくわえて、日本の全産業の中枢的な管理業務を一手に集中し、その相乗効果を発揮する地域に変貌したのである。同時に、卸売業・証券業などの集積地域として発展した中央区との隣接は、相互の産業間連関を深め、市場開拓や株式増資、産業情報収集の面で大きな優位性を発揮しうるようになった。この都心地域の会社・官庁に、多くの会社員・公務員が、東京とその周辺地域から、出勤する仕組みが、高度成長期に強められたといえよう。

③本社の従業員構成

東京都心への本社集中は、東京圏にいかなるタイプの管理労働者を集積させていったのであろうか。企業が本社業務を行うにあたって従業員のどの割合を配置し、役員・管理職者の配置をどのようにしているかについて、やはり首都整備局がアンケート調査を行っている。

回答会社一二八社の全役員・従業員数は、五六万五〇二五人であり、六万九五人（一一％）が本社に、六万三〇人（一一％）が支社、支店、営業所等に配置され、残りの四四万四九〇〇人（七九％）が工場に配置されている。その役職別構成をみると、全社員の〇・三％にあたる重役の八割が本社に勤務し、やはり全社員の三％にあたる「部・課長」の三六％が本社に勤務していた。管理、決裁権限の本社集中がうかがえよう。東京の本社には、こうした民間大企業の管理職クラス社員が大量に集中しているのである。一方、本社業務を担当する本社員の学歴、年齢別構成をみると、次のごとくである。

調査対象となった本社員六万八九四四人（男子五万六二七人、女子一万八三一七人）中、大学、短大、高

専卒業者が四一％（男子三九％、女子二％）、高卒・旧制中学卒業者が四六％（男子二七％、女子一九％）、その他が一三・三％（男子八％、女子六％）となっている［国民経済研究協会編　一九六四：九三―九八］。一九六〇年「国勢調査」で、全国一五歳以上の人口学歴別構成をみると、大学・高専卒業者は全体の六％（東京では一四％）であることを考えると、大企業を対象とするこのアンケート調査では、東京における本社社員の高学歴性が浮き彫りにされている。各産業部門および各企業において、重要な経営政策の策定を行う東京の本社は、いわゆる「ハイ・タレント」を集積しており、いわば中枢管理機能を統括する「司令塔」としての役割を果たしているのである。すなわち、高度成長期の東京に、多くの大学・研究機関が集中・増設されたこととも重なり、東京における中枢的な管理機能ならびに情報収集機能・研究開発力が強化・集中することとなったのである。そして、前述した東京・首都圏での新規市場開拓面・製造業統轄面での重要性ともあいまって、いっそう多くの企業がその本社を東京に集中させる相互作用を生み出していった。

以上、東京における大企業本社集中の概要とその推進要因を、首都整備局の行ったアンケート調査や先行研究によりながら市場条件、都心地域、業種、従業員学歴構成比などの諸指標により検討してきた。繰り返せば、戦前から首都としての行政機能の集積した東京には、大蔵省・通商産業省（商工省）など、許認可権限を掌握する省庁にアクセスするため、大銀行・商社・証券会社・製造企業のビッグビジネスが、都心三区を中心に立地していた。高度成長期には、さらに鉄鋼業や電気機器産業など重化学工業の大企業が集積し、戦後復興を遂げた東京の消費財卸売業の集積ともあいまって、都心三区は、管理中枢機能・情報集中機能・新規商品開発機能・卸売商業機能が重層的に作用しあう多機能集積地域に変貌したといえよう。全国の会社の二八％が東京に本社をもち、「資本金一〇億円以上の会社数」の六割近くが東京に本社を設置した理由は、以上から明らかである。また、製造業企業の場合、その販売市場のみならず、製造拠点を東京を中心とする関東地方においていたことも、本社を東京におく動機になったといえよう。そのことが、東京区部における法人土地所有の増大と事業所としての不動産利用と結びつき、東京都心部一帯を業務ビル群の集積地に変えていったことも指摘しておきたい［橘川・粕谷編　二〇〇七：二二五－二七三］。

6　東京区部に流入する通勤人口

東京が、労働者の集住する商工業都市としての性格を維持しつつ、その都心部が、新たに新興重化学工業大企業本社の集中や学校・マスメディア・研究開発機関などの科学技術・情報の一大集中拠点となっていくにつれて、国家の首都としての拠点性にくわえて新たに管理・情報集中機能の増した東京都心には、年々多くの通勤者が勤務するようになった。すなわち、高度な情報集積とその発信、企業の中枢管理機能の集積、商品販売市場の中心地としての地位上昇の空間に東京が変貌していくと、東京都とくに二三区への転入者、および企業・学校への通勤・通学者は年々増加を続けた。そのことが、卸・小売業の新たな商品市場の拡大に貢献するようになり、周辺諸県の衛星都市のベッドタウン化が生じたのである。東京都の区部と市郡部との間で定住人口の変化がみられるようになった。すなわち、一九六〇年以降、都心区と城東地区の定住人口が減少傾向を示したのに対して、都内の市郡部は人口増加地域になった［東京百年史編纂委員会編　一九七九：九一五－九一六］。都市の過密や人口膨張に対して、日本政府や東京都もさまざまな施策をうちだし、「首都圏整備行政」をめぐる各種の議論が関係者の間で交わされるようになった［長谷川　二〇〇九］。こうした議論については、ここではふれず、東京都区部への人口流入の一断面を紹介しておく。

まず一九六五年「国勢調査」の集計結果により、東京都区部に東京都の区部以外および他県の市町村から通勤・通学してくる者は一三九万人におよび、区部から他の地域に通勤・通学する者を差し引いた流入超過人口は一一五万人となった。この結果、東京都区部では常住人口が八八九万人であるのに対して、昼間人口は一〇〇四万人に膨張した［東京都経済局商工部調査課　一九六七：六六］。なお、同調査で二三区間移動者は、一七二万人を数えた。五年前の六〇年には、東京都区部に流入する通勤・通学者は、八一万人であり、六六万人の流入超過を示していた。つまり、五年間で区部への流入超過する人口は、四九万人の純増を示したのである。また、六〇年の東京都区部の常住人口は八三一万人で、昼間人口が八九七万人であったから、六〇年代前半の五年間に区部の常住人口は五八万人、昼間人口は一〇七万人の増加を示したことが判明する。

では、二三区に流入した通勤・通学者の常住地はどこにあったのだろうか。前述した一三九万人（一九六五年時区部流入者）の常住地を県別にみると、神奈川県の三九万人、埼玉県の三五万人、区部以外の東京都三多摩地域などにおける三四万人で拮抗しており、やや離されて千葉県の二五万人が続いた。次に、区部への通勤・通学者数が最も多い市は、横浜市（一六万四〇〇〇人）、川崎市（一二万三〇〇〇人）、市川市（五万四〇〇〇人）であり、三万人以上は、船橋市、浦和市、川口市、武蔵野市、松戸市、三鷹市、大宮市、千葉市であった。

こうした流入者の通勤・通学地はどこであったか。東京都区部を、都心の一一区（千代田、中央、港、新宿、文京、台東、墨田、江東、品川、渋谷、豊島）と周辺の一二区に分けて、流入した通勤・通学者の行き先をみると、一三九万人のうち一〇〇万人（七二％）がこの広義の都心一一区へ、三九万人が周辺区に通勤・通学している。さらに、都心一一区に行く一〇〇万人のうち五八万人は、千代田、中央、港の都心三区に集中していた。つまり、東京都区部に流入する通勤・通学者のおよそ四二％が、都心三区に集中しているのである。ちなみに一九六〇年には、区部への流入者八一万人のうち三四万人が都心三区に流入していたと推定される。なお、六五年の関東七都県に常住する就業者は一二九一万人にのぼり、その三五％にあたる四五七万人が、他市区町村で働いていた。六〇年から五年間で、他市区町村に勤務する就業者は、四七％増加したという［東京都経済局商工部調査課　一九六七：六六－七二］。以上から、神奈川、埼玉、千葉、東京三多摩などの諸県・諸地域を中心に、首都圏各地から二三区の都心周辺部に通勤・通学し、約四割強が都心三区に流入していること、六〇年代前半に二三区部の昼間人口は、一〇〇万人を超える増加を示したことが明らかになった。東京の都心部を中心とした、大企業本社・卸売商店の集中は管理中枢機能の集積にともなう昼間人口の大量増加により、東京都周辺県において「移動する就業者」を大量に生み出し、人口集住の広域化をもたらしたといえよう。

7　首都圏の形成と都市問題――むすびにかえて

以上、高度成長期の東京の経済動態を、①城東・城南を中心とした京浜工業地帯の一環をなす工業都市としての発展、②全国的に先駆けた消費ブームのなかでの小売商業者の浮沈をともなった発展と、その組織的担い手としての商店街の役割と拡大傾向、③小売商業の発展を背後から支え、さらに工場からの出荷先となっていた各種日用消費財の卸売業の展開、④重化学工業など大企業本社の都心三区集中による管理中枢機能と情報の集積がもたらした管理労働者の東京二三区への流入と、周辺県の都市のベッドタウン化に焦点をあてて、その概観を提示してきた。

ここで明らかにしようとしたことは、大都市東京の経済的変遷とその経済圏の膨張の仕組みであるが、重化学工業化、流通の結節点としての卸売業の展開、萌芽的な消費社会化を、都市史に内在しつつ地域産業史的視点から考察した試論の提示でもあった。本章では、大都市部における「内需」拡大の諸相とそのメカニズムの一端が明らかにされた。すなわち、①京浜工業地帯の一環としての城東地区・城南地区を中心とした重化学工業製品・各種日用消費財の生産拡大と、②都心部に立地した卸売商店の広域的商業活動、さらに③都心三区への大企業本社集中による管理中枢機能の集積は、一見すると独立した経済現象のようにみえながら、実際は、相互に関連した出来事であることが不十分ながら示された。三者のダイナミズムの結節点にあたっていたのが、卸売商店による商取引であり、製造企業による生産拠点統轄の動きであった。

一方で、一つの産業発展が、飽和点に達すると制約条件につきあたり、それが、新たな社会問題を生むとともに、政策展開や業者対応を要請していくことが示された。たとえば、東京城東・城南地域における住宅と混在した工場展開が、立地面からも労働者集住面からも一九六〇年代前半に限界点に達し、業種・工場規模によっては六〇年代中葉に工業地の外周部や郊外への工場移転を引き起こしたこと、中央区・千代田区に立地していた各種日用消費財の卸売問屋街は、その商取引の活発化と交通事情の深刻化ゆえに、郊外に配送センターと支店・出張所を設置し、商流分離をはからざるをえなくなっていくこと、都心三区への本社機能の集中は、管理労働者の住宅の郊外化をまねき、東京が世界にもまれにみる「職住遠距離化」の巨大都市と化してしまうきっかけとなったことなどは、その典型的事例であろう。いずれも、急激な経済発展と都市住民の生活基盤未整備との矛盾の激化の帰結にほかならないが、各種問題の空間的「解決」が押しつけられたのは、二三区外の東京周辺諸県の衛星都市であり、産業基盤と生活基盤の不備は、中小企業のみならず、都市住民の生活圏域にその犠牲が転嫁されていった。産業構造の高度化の波頭に立つ東京は、それゆえ、その裏面には、住宅貧困問題、交通混雑問題、水質汚濁問題、通勤ラッシュ問題、地価高騰など、あらゆる都市問題を抱えていたことが忘れられてはならないだろう。六〇年代半ばに、大都市東京に戦後初の革新都政が誕生した背景には、たんに都議会与党の汚職問題への怒りだけでなく、こうした東京の産業構造の激しい変貌に対する東京在住生活者の困惑と事態打開への期待も存在していたと考えられる。

〔注〕

(1)当時の首都圏形成を論じた代表的研究として、山鹿［一九六七］、矢崎［一九六六］、地域開発研究所編［一九七一］板倉［一九七〇］を参照。

(2)高度成長前半期の大都市東京の経済構造とその変化を、個人消費と商業に焦点をあてて考察した研究に、山口［二〇一〇：第一〇章］がある。山口論文は、東京の卸売商業と工業とのむすびつきの強さを指摘しており本章の論旨とも一部重なりあう。第二次大戦後の大都市商業復興については、柳沢［二〇〇二］、山口［二〇〇五：第5章］を参照。また、本編で指摘する、大企業の本社集中にともなう管理中枢機能の集積についてては豊島［一九七九］が詳しい。

(3)柴田［一九五九、一九七六］を参照。

(4)全国的な就業者数の推移については、原［二〇一〇：五・表1－1］を参照。

(5)東京都編［一九六〇：一〇四－一〇五］、東京都経済局総務部調査課「一九六二：三〇－三三」、東商調査部［一九六一b］も参照のこと。全国的な零細工場動向については、国民金融公庫編［一九六七：一〇］参照。

(6)高度成長期の各種機械工業の躍進については、原［二〇一〇：六－八］参照。

(7)その詳細については、国民経済研究協会編［一九六五：一七六－一九六］参照。

(8)高度成長期に東京に流入した青年労働者店員については、加瀬［一九九七］が、鮮明なイメージを提供している。このほか、秋山・森・山下編著［一九六〇］が、一九五〇年代の下層労働者像をリアルに復元している。

(9)東京都工業企業の一〇〇人未満規模工業企業四万二一九六工場(一企業が二工場もつ場合あり)のうちから抽出。本基本調査は、東京都経済局総務部調査課[一九六〇a]。
(10)東京都経済局総務部調査課『経済情報』一一号、一九五八年より、二五号、一九六〇年七月までを参照。
(11)一五〇〇工場、従業員一〇〇人以上、一九六六年一一月実施、回収七三四工場。
(12)一九五〇年代の都市生活の全体的変化については、経済企画庁調整局民主雇用課[一九五九]を参照。
(13)九二九商店街組織が回答、文京・渋谷・荒川は全商店街が回答。
(14)同様の商店街発展認識と、商店街営業・延伸のための努力・工夫については、雑誌『商店界』一九五八~六二年に繰り返し記事が掲載されている。また、中小企業庁商業課[一九六〇]参照。
(15)メーカー側の流通戦略については、佐々木[二〇〇七:第六章~八章]を参照のこと。
(16)東京都経済局総務部調査課[一九六五:四五-五五]も参照。
(17)以下の叙述は、東京商工会議所[一九六四:一八四-一八七]参照。
(18)横山町衣料問屋の個別的動向については、横山町奉仕会[一九六八:業者篇]を参照のこと。
(19)衣料・食料品・医薬化粧品八七七店発送、二六九社回答。
(20)発送数三二一〇社、出資額一〇〇〇万円以上の卸売業者。
(21)一九六三年に実施した東証第一部上場会社中、東京に本社をもつ三一七社に対するアンケート。

〔文献一覧〕

赤澤史朗ほか編『年報日本現代史 高度成長の史的検証』一四号、現代史料出版、二〇〇九
秋山健二郎・森秀人・山下竹史編著『現代日本の底辺』全四巻、三一書房、一九六〇

石井寛治編『近代日本流通史』東京堂出版、二〇〇五
板倉勝高・井出策夫・竹内淳彦『東京の地場産業』大明堂、一九七〇
老川慶喜編『東京オリンピックの社会経済史』日本経済評論社、二〇〇九
加瀬和俊『集団就職の時代——高度成長の担い手たち』青木書店、一九九七
橘川武郎・粕谷誠編『日本不動産業史——産業形成からポストバブル期まで』名古屋大学出版会、二〇〇七
経済企画庁調整局民生雇用課『戦後国民生活の構造的変化』一九五九
国民金融公庫編『日本の小零細企業』東洋経済新報社、一九六七
国民経済研究協会編『首都東京の機能と構造——経済再開発のための基礎調査』東京都首都整備局、一九六四
国民経済研究協会編『東京大都市圏の地域構造と産業構造』東京都首都整備局、一九六五
国民経済研究協会編『首都東京の都心機能と本社機能——現状と展望』東京都首都整備局、一九六七
小室鉄雄「区内の工場の移出状況と問題点」『経済情報』七四号、一九六七
佐々木聡『日本的流通の経営史』有斐閣、二〇〇七
佐藤芳雄編著『巨大都市の零細工業——都市型末端産業の構造変化』日本経済評論社、一九八一
柴田徳衛『現代都市論』(第二版) 東京大学出版会、一九七六
柴田徳衛『東京——その経済と社会』岩波新書、一九五九
総理府統計局『国勢調査報告　昭和三五年』第四巻 (都道府県編) 13、一九六四
田中甲一 (財)日本工業立地センター)『工場分散動向調査報告書——都内中小企業における工場分散動向の実態と問題点』一九六四
地域開発研究所編 (編集代表　佐藤仁威)『変貌する都市——首都圏』大明堂、一九七一

中小企業庁『中小企業の業種別業界動向分析』同友館、一九六六
中小企業庁商業課「商店街団体の実態（下）」『中小企業』一二巻二号、一九六〇
鶴見知進「菓子店はどうなるか」『商店界』四二巻二号、一九六一
東京商工会議所『都内主要商店街の概況』一九五七
東京商工会議所『商店街発展のための実態調査』一九六一ａ
東京商工会議所『都内工場における出荷と設備近代化の状況』一九六一ｂ
東京商工会議所『転換期に立つ卸売業』（概説編）、一九六四
東京商工会議所『小売商業の発展と経営者意識＝付・卸売商の販売活動』一九六七
東京商工会議所『城東地区工業地帯の立地条件に関する調査報告書』一九六八ａ
東京商工会議所『城南地区における中小工場の立地条件と工場移転の現状』一九六八ｂ
東京商工会議所『東京の小売商業』一九六八ｃ
東京商工会議所『産地卸および問屋街に関する調査報告書』一九七〇ａ
東京商工会議所『卸売業に関する調査報告書――東京篇』一九七〇ｂ
東京商工会議所『東京における商業の現状と動向』一九七〇ｃ
東京商工会議所『移転工場および新規立地工場の経営環境』一九七三
東京商工会議所産業部『統計からみた東京における工業の変貌』一九七七
東京都編『東京都統計年鑑　昭和三〇年』一九五七
東京都編『東京都統計年鑑　昭和三四年』一九六〇
東京都編『東京都統計年鑑　昭和三五年』一九六一

東京都経済局商工部調査課「激増した東京都区部に流入する通勤通学者数――昭和四〇年国勢調査の従業地・通学地に関する集計結果から」『経済情報』七四号、一九六七
東京都経済局総務部調査課『東京都工業の構造分析――中小企業総合基本調査からみた――』一九六〇a
東京都経済局総務部調査課『東京都の小売業の展開　一九六〇年』一九六〇b
東京都経済局総務部調査課「商品の流通機構について〈その1〉」『経済情報』三五号、一九六一
東京都経済局総務部調査課「最近の工業統計及び商業統計の結果について」『経済情報』四一号、一九六二
東京都経済局総務部調査課『東京都小売業の変動――東京都小売商業変動実態調査報告書』一九六三
東京都経済局総務部調査課『神田・日本橋地区の既製服・婦人子供服製造卸売業の地位と機能　昭和三九年度』一九六五
東京都広報渉外局首都建設部編『昭和三一年度　工場従業員実態報告書――墨田・江東・荒川』一九五七
東京都労働局総務部調査課編『昭和三七年　東京都労働経済の分析』一九六三
東京百年史編纂委員会編『東京百年史6　東京の新生と発展（昭和期戦後）』ぎょうせい、一九七九
東商調査部「東京における工場の生産と近代化状況」『東商』一七一号、一九六一a
東商調査部「東京における工業の現況」『東商』一七一号、一九六一b
豊島忠「中枢管理機能の集積・集中と『東京問題』」小宮昌平・吉田秀央編『東京問題』大月書店、一九七九
中右茂三郎『洋服店経営と工場の作業能率』洋装社、一九六六
長谷川淳一「都市計画法の制定に関する一考察」『三田学会雑誌』一〇二巻一号、二号、二〇〇九
原朗「高度成長期の産業構造」原朗編著『高度成長始動期の日本経済』日本経済評論社、二〇一〇
日本経済新聞社『一九五八年　版東京商工案内』一九五八

美濃口時次郎「東京都の労働事情（1）」東京都経済局総務部調査課『経済情報』三二・三三号、一九六一
矢崎武夫『首都圏の社会経済構造とその基礎資料』慶應通信、一九六六
柳沢遊「戦後復興期の中小商業者」原朗編『復興期の日本経済』東京大学出版会、二〇〇二
山鹿誠次『東京大都市圏の研究』大明堂、一九六七
山口由等「統制解除とヤミ市からの復興〈一九四五－一九五五〉」石井寛治編『近代日本流通史』東京堂出版、二〇〇五
山口由等「都市経済の成長――東京の事例」原朗編著『高度成長始動期の日本経済』日本経済評論社、二〇一〇
横山町奉仕会『三十五年史』一九六八

〔追記〕本稿執筆にあたり、財団法人日本証券奨学財団より研究助成（平成一七－一九年「都市型産業集積と『マイクロビジネス』の生成」）を受けた。

第3章

〈平和と民主主義のシンボル〉から〈学歴正統化装置〉としての学校へ

佐藤　隆

1　高度成長期の教育現実把握の視角をめぐって

敗戦から「受験戦争」への飛躍

敗戦を迎えた一九四五年八月、日本の教育はその機能のほとんどを停止した。都市から農村への集団疎開学童は三五万人におよび、教師も子どもも授業よりも食糧確保に追われていた。また、この戦争で父親を失った子どもは一二六万人を数えるとともに、両親を亡くした子どもも一二万人を超えていた。彼らの多くは親戚を頼ったが、なかには駅などに住みつく子どもや「集団非行」などで生き延びなければならない子どももいた。戦争中の耐乏生活と戦後の食糧不足は確実に子どもの体を蝕んでいた。こうした事実を紹介した日本史家ジョン・ダワーはこの食糧危機の状況について次のようなエピソードも添えている。

主婦向けの雑誌『婦人倶楽部』の戦後最初の号は、家庭菜園や窮乏時の栄養食の作り方について多くの頁をさいた。『少女倶楽部』八・九月号には「ドングリの食べ方」「イナゴを捕まえよう」といった記事が掲載された［ダワー　二〇〇一：一〇六］。

それから二〇年をへずして、『受験　能力と学力』と題する新書が出版されている。その冒頭には、二人の子どもをもつ母親へのインタビューをもとにした文章がある。

「わたしたち、子どもの奴隷みたいなものです」、そういってAさんは、肩をすくめた。彼女の次男は今年から中学生。上の子は今、高校二年生だ。彼女が悲鳴を上げたのは、ほかでもない。二人の息子はもっか受験勉強中。世話をやく親の方が、なかばノイローゼだというのだ。受験勉強、といっても、下の子はまだ一年生。上の子にしても、受験までにまだ二年近くある。今から、そうシメあげなくたって、という疑問はAさんにもあるが、とにかく子どもたちの勉強ぶりはすさまじい。どうやら学校全体が、そういう雰囲気らしい。親の方もたいへんだ。おかげで家ではテレビもつけられない。子どもたちの神経はピリピリと張りつめていて、うっかり大きな声ではなしもできない。そっと静かに勉強させるために親の方まで神経を張りつめている。夜食をつくるため、母親の夜ふかしも毎日だ。「わたしたち、子どもの奴隷みたい」という述懐が、こうして出てくるわけである［海老原・佐藤編　一九六四：一二］。

同書は、一九六〇年代初頭に文部省が実施した全国一斉学力テストによって、どのようなことが教育の世界で起きたのかを検証するために、国民教育研究所が組織した研究グループによる報告書である。同書からの引用をもう少し続けながら、「学力テスト体制」下の教育の様相をたどってみる。

Aさんのいる K 市は、四国では最大の工業都市だ。約五万人の就業人口のうち、六七パーセントが俸給生活者である。町には H 財閥系の五つの会社があって、労働者の四割がそこに勤めている。町の三分の一は H 関係の社宅で占められているのだ。そんなこともあってか、この町の人々の教育への関心は非常に強い。そのうえ、K 市は一斉学力テスト全国二位で有名な I 県の一部なのだ。I 県といえば、もっとも過酷な勤評で知られた県だ。徹底した差別人事によって、教師に組合からの脱退を迫り、こうして組合を弱体化し、教師を無力化したうえで、今この県で行われているのは常軌を逸したテスト教育の押しつけである。学力テストの成績が昇進に直接ひびくとあって、学校でのテスト準備は熾烈をきわめている。補習で六時ごろまでかかる学校はざらだ。「義士の討入りの日と覚悟して、テストに突入しよう。土曜、日曜を返上してやろう」と叫びたてる教頭まで出てきて、およそ教育の名にとおい点取り競争が、臆面もなく、各学校でおこなわれている。校長や教頭を集めて、テストの山かけを指導する指導主事、学力向上対策協議会なるものを開催して、テスト準備の『実践記録』を報告させる地方教育事務所。こうして煽りたてられたテスト競争のなかで、生徒たちは連日「錬成テスト」と「補習授業」に追いたてられている。高校入試や大学入試の重圧のうえに、さらに文部省の学力テストがくわわって、子どもたちの生活は完全にテストに押しつぶされているのだ［海老原・佐藤編 一九六四：一一二］。

なんと対照的な風景だろう。なぜこのような状況が敗戦からわずか一五年ほどの間に生まれ、それが、この時期から本格的に始まった日本の高度経済成長のなかでどのような意味をもったのかを、その「変化」を準備した一九五〇年代を中心にして探ることが本稿の課題である。

「政治と教育」というテーマの成立――戦後教育史における一九五〇年代把握

一九五〇年代は、「経済の季節」であるとされる六〇年代との対比で「政治の季節」といわれてきた〔中内ほか　一九八七：一五六〕。

一九四九年一月、吉田茂の民自党が総選挙で単独多数を占めて保守政権が誕生した。吉田首相は、連合国総司令官マッカーサーの指示と支援のもとで、ドッジ・ラインと呼ばれるデフレ政策をとり超緊縮予算を強いた。このため、中小企業の倒産があいつぎ、国民生活は大きく圧迫された。また、朝鮮戦争を契機にして、警察予備隊の創設や破壊活動防止法などの「治安」対策も強化された。教育の分野では五〇年一一月に天野貞祐文部大臣が、「国家の道徳の中心は天皇にある」ことを明記する「国民実践要領」大綱を発表し、天皇制秩序の復活を試みた。天野は、学校の祝日行事に「国旗」を掲揚し、「国歌」を斉唱することが望ましいなどとする談話を発表したり、「修身科特設」構想をうちだすなど、「道徳教育」の振興や「愛国心」の高揚をめざした。これら一連の事態を、当時のジャーナリズムは「逆コース」と名づけ、戦前の治安維持体制の復活を警戒する論陣を張った（『読売新聞』一九五一年一一月二日付）。

戦後の教育を、戦争への反省をふまえて「平和と民主主義」を基調とするものにしようと努力してきた人々は、この事態を「日本の教育の危機」と受けとめた(〔勝田 一九五二〕など)。この頃から文部省に「敵視」されるようになっていった日本教職員組合(以下、日教組)をはじめ、この時期に組織されはじめた民間教育研究団体などは、例外なく「教育の危機」意識をもって事態に臨もうとしていた。

多くの先行研究も、この状況を教育政策対教育運動という図式で捉え、この時期の教育運動が「平和と民主主義」を中心にした教育実践を構想しようとしていたとして、肯定的に紹介している。また、そのこととの関連から、一九五〇年代後半についても学校管理政策の強化(教育委員会制度の「改正」、学校管理規則の制定、教師の勤務評定)、「うれうべき教科書問題」や『学習指導要領』の改訂などの教育への国家統制政策の強化と、それに対抗する教育運動の歴史として描き出している。

たとえば、戦後教育の「通史」としては最も早くに出版されたとみられる五十嵐顕・伊ヶ崎暁生編の『戦後教育の歴史』(一九七〇年)の第二章「サンフランシスコ体制下の教育反動化と平和教育の闘い」では、一九五一年一一月に出された政令改正諮問委員会の「教育制度に関する答申」を五〇年代の基本政策文書とみなして、これに次のような評価を与えている。

それは、戦前の教育体制をモデルとしつつ、戦後教育改革に真正面から挑戦するものであり、対米従属のもとで復活しつつあった独占資本の要請にこたえるものであった。また、それは国家統制・官僚統制の復活強化の第一歩ともなり、高まりつつあった国民の教育を受ける権利と教師の平和的民主的教育を進める権利の自覚と主張、実践への重大な挑戦としてその後十数年間にわたる教育政策の反動化の基本路線を示すものであった〔五十嵐・伊ヶ崎編 一九七〇:一〇四〕。

この図式は、その後の戦後教育史の叙述においても、おおむね踏襲されている。事態をこのような枠組みで捉えることは、一九五〇年代の教育現実のある側面を捉えるうえで有効であったことは疑いない。しかし、その妥当性を認めたうえでなおこの時期の教育現実を構造的に把握しようとするとき、この図式におさまりきらない問題がある。それは、いみじくも、『戦後教育の歴史』の編者の一人である五十嵐が一九五九年の著書で言及している次の事態のなかに現れていた。

国民教育の矛盾は、教育がひろまればひろまるほど鋭くなっていくであろう。青少年男女は、主として精神的にか肉体的にか働くために学んでいる。しかし、資本主義国では多くの場合においては働く意欲は他律的であり、また、反面では失業も他律的強制的である。そこには就職の形式は尊重されるが、ともするとそれで労働そのものへの意欲とは必ずしも結びついてはいない。そのことは学歴は尊重されるが自主的な学習意欲は必ずしも問題にされないといった事態となって、教育の問題にははねかえってきている［五十嵐 一九五九：六四］。

引用文は歴史的な制約を受けてはいるものの、次の一九六〇年代に本格的に現象した企業社会の序列構造に順接する学歴（とそのための指標として機能した学力）獲得競争と、その対極で進行した学習の空洞化・手段化の関係が示されている。

一九五〇年代におけるもう一つの教育現実

そうだとすれば、「平和と民主主義」を対抗軸としながら争われたとされる一九五〇年代の教育状況のなかで、当時の国民が教育に何を期待し、教育についてどのようなイメージをもちえたのかを、当事者たちの意識と行動のレベルにまで分け入ることを通じて、六〇年代に本格化する学歴獲得競争がどのようにして教育のなかに浸透していったのかを、検証する必要がある。

このことを検討するための前提として、一九五〇年からの進学状況を次の表で確認しておこう（表1）。従来、五〇年代半ばまで五〇%に届いていなかった高校進学率が、以後急速な伸びを示して高度経済成長終了時にあたる七〇年代半ばには九〇%に達した事実こそ、日本の教育の大衆化を特徴づけるものとみなされてきた。さらに大学などの高等教育への進学率も、その二〇年間に四倍にもなっているという事実は、日本が世界にも類のない高学歴社会であると評価されてきた所以である。これらの見方は妥当なものであるが、他方で注目しておきたいことは、五〇〜七五年の高校進学率の推移を五年ごとに区切ってみたときには、さまざまな要因があるとしても、その伸び率はほぼ平均して一〇%前後であり、毎年の伸び率も

表1　高校・大学進学率（1951〜1965年）

年度	高校進学率	大学進学率
1950	42.5	
1951	45.6	
1952	47.6	
1953	48.3	
1954	50.9	10.1
1955	51.5	10.1
1956	51.3	9.8
1957	51.4	11.2
1958	53.7	10.7
1959	55.4	10.1
1960	57.7	10.3
1961	62.3	11.8
1962	64.0	12.8
1963	66.8	15.4
1964	69.3	19.9
1965	70.7	17.0
1966	72.3	16.1
1967	74.5	17.9
1968	76.8	19.2
1969	79.4	21.4
1970	82.1	23.6
1971	85.0	26.8
1972	87.2	29.8
1973	89.4	32.2
1974	90.8	34.7
1975	91.9	37.8
1976	92.6	38.6

出所）文部省『文部統計要覧』昭和52年版より。

二％程度であり、その数値だけからすれば大きなトレンドの変調はみられないことである。この点で、高度成長終了時点での高度な学歴社会の基本的な骨格は、五〇年代にすでに形成されていたのではないかと考えることもできる。

学歴問題を専門とする教育社会学者の麻生誠は、この点について次のように述べている。

日本はそのＧＮＰの水準からすると過大なまでの資源を教育に振り分けることによって急激な工業化を達成してきた。振り返ってみると経済成長との関連で、我が国の教育投資は常に先行投資的な性格を持ち続けてきた［麻生　一九七七：一三］。

今田幸子は「ＳＳＭ調査」を使いながら、麻生のこの説は二つのことを含意していると述べ、その一つを「教育の拡充が社会の近代化あるいは工業化にとって必須の条件であるという観念が社会に存在していたこと」、そしてもう一つを「教育が経済的要因に従属する変数ではなく」「高学歴化と産業化は独立の変数として考えることができる」こととしている。

そして今田自身は、麻生説の一つめの含意である経済的要因を重視するよりも、日本の場合には明治期から「地位達成の手段としてでなく、教育それ自身が目的となる」という教育観が成立していたことも大きく、こうしたことも含んだ文化的要因を無視できないとしている。これをもとに今田は、高度成長期よりもずっと早くから、「高学歴化をもたらす移動構造が成立していた」という可能性を示唆している［今田　一九七九：一三八、一五四］。

それが事実だとすれば、四〇〜五〇％程度だった一九五〇年代前半の進学率決定要因を動態的に捉え、それらが六〇年代においてどのように変化していったのかをあらためて検討する必要があろう。

2 高度成長への離陸と教育

戦後教育改革と学歴アスピレーション――高度成長へ向けての戦後教育改革の位置①

一九六〇年代に本格的に到来した教育の大衆化の基盤には、日本国憲法の最重要理念である平和主義、国民主権、基本的人権の尊重を、教育においても実現されるべきものとした教育基本法体制があったことは論をまたない。戦前においては国民の義務とされていた教育を、今度は権利として捉えるという大きな転換が行われたからである。これらは、教育の機会均等（第三条）、九年間の普通義務教育（第四条）、男女共学（第五条）として具体化されるとともに、この理念はさらに学校教育法などの学校制度にかかわる諸法制において明文規定され、その後の中等教育および高等教育の大衆化に大きな役割を果たすこととなる。

こうした学校教育制度の国民大衆への開放（教育機会の拡大）にかかわる戦後教育改革は、占領軍による強力な指導の存在なしには実現しなかったことは間違いないにしても、今田の指摘のように、戦前からの上級学校進学への強い国民的要求があったことも見逃せない。

やはり学歴問題の専門家である天野郁夫によれば、財閥系大企業による学歴重視の採用政策がとられた明治三〇年代にすでにその兆しはみえていたとされる［天野　一九九二：二七八］。もちろん、これは当時の国民全体からみればごく一部の人々にとっての関心事であったかもしれないが、その影響はさまざまなかたちで現れはじめた。

その代表的な事例は、明治政府によって、産業技術の近代化を目的に中央・地方につくられたいくつもの実業教育機関が、またたくまに、主として自営業主層による「下からの教養・人格教育要求」との間に矛盾を抱えたことである。実業教育関係者からはたびたび中等学校化の要求が出され、政府もそれを一八八九（明治二二）年の中学校例の改正および実業学校令によって、部分的にではあるが受け入れざるをえなくなっていった。こうした要求は、学歴の社会的認知度が高まっていくにつれて、その後も繰り返し表面化し、「才能あるも」「閉塞されている青年学校に在る者」と「資力さえあれば」上級学校への進路が開かれている「中等学校」進学者との差別反対を訴えて、逆説的に『中等学校廃止論』を起草した愛知県の青年学校守山学校校長らのように、中等教育の大衆化を求める運動がしばしば起こされた［赤塚　一九七八：九五］。

こうした要求は、人権の一部としての学習権要求であることは間違いないにしても、他方では、いままたように、明治以来の学校制度がヨーロッパのような厳格な複線型モデルを形成することなく、「一定の学力、資力があれば身分その他にかかわりなく上級学校へ進学しうる」という、学歴へのアスピレーションを高めやすいシステムであったことを背景にしていた［汐見　一九九四：三一〇］。

このような歴史的条件のもとで行われた戦後の学校制度改革は、「高校は手を伸ばせば届くもの」と人々に意識させ、人々の進学への願望をおおいに刺激したのである。

社会科と〈平和と民主主義〉の学校の誕生――高度成長へ向けての戦後教育改革の位置②

ところで、新制中学校・高等学校の誕生が国民にとって、制度上の教育改革の進展がはっきりと目にみえるものであったとするならば、教育内容面にあっては一九四七年三月二〇日付の『学習指導要領一般編』(試案)の発表は、それに匹敵するものであった。

新しい学校教育の目標、内容、方法などを示した同書は、教育制度改革とならんで戦後教育の重要な原則を具体的なかたちで明らかにしたものといえる。その序論では、「なぜこの書はつくられたか」ということによせて「これまでの教育では、その内容を中央が決めると、それをどんなところでも、どんな児童にも一様にあてはめていこうとした」ことをふまえて、教師の自主性を尊重する立場を強調した。さらに同書が、「その地域の社会の特性や学校の施設の実情や、さらに児童の特性に応じてそれぞれの現場でそれらの事情にぴったりした内容を考え、方法を工夫」し、「児童の要求と社会の要求とに応じて生まれた教育課程をどんなふうにして生かしていくかを教師自身が自分で研究していく手引き」であり、その意味での「試案」であることを強調したのである。

その年の五月には『学習指導要領・社会科編』が公にされ、「社会科」という新しい教科の役割を「青少年に社会生活を理解させ、その進展に力を致す態度や能力を養成すること」として、これを達成するために、何よりもまず子どもたちの生活現実に注目し、そのなかの問題の解決にとりくませることが重視された。このため、子どもたちの学習は「なすことによって学ぶ」経験主義的な傾向をもつことになるが、

「教科書を教える」ことにしか慣れてこなかった多くの教師たちにとまどいを与えることになった。しかし、このこと自体が戦前・戦中の教育内容と方法を否定するという文脈においてきわめて重要な意味をもつことに留意しなければならない。それは、教育内容が国家によって統制され組織されるとともに、国民の実際の生活からは疎遠なものとなっていた状況への根本的な批判のうえに成り立つものであったからである。

社会科の誕生は、新しい教科が一つ生まれたということにとどまらなかった。『学習指導要領』等で提起された、社会科を教育活動の中心におく学習形態の変革は「新教育」と総称されたが、それは「学校は何か」「何を教えるべきなのか」という問いを教師たちの間に巻き起こした。社会科を中心（コア）として学校教育のあり方を考えることを目的としたコア・カリキュラム連盟（コア連）が結成された一九四八年一〇月前後にこの動きは最高潮に達し、多くの小学校でカリキュラム改革や学習指導法に関する検討が行われ、学校名を冠した「〇〇プラン」が登場するようになった。社会科が「新教育の花形」であるといわれたのもこうした事情が背景にあるといえよう。

ところで、学校が戦前・戦中のような極端な国家による管理・統制を離れて、地域の具体的な生活に結びついて組織されるべきであるという構想は、人々と学校との距離を急速に近づけ、「地域のセンター」としての学校の「地位」確立に貢献した。「本郷プラン」や「川口プラン」などのように、地域全体の「民主化」や「再生」計画と結びついた地域教育計画や、地域の課題を子どもの目を通して明らかにした『山びこ学校』の実践のような強いインパクトをもった例は必ずしも多くはなかったが、このような雰囲気のなかで、学校が父母・地域住民にとって「身近で親しみやすい」ものとして意識される存在となっていったことは確かなことである。そしてそのことが、結果的に人々のライフステージに学校および学校生活が深く組み込まれていく基盤づくりともなったのである。

「新教育」第一世代の若者たち

こうした教育制度上・内容上の大転換を、当事者である子ども・若者、そして、その保護者たちはどのようなものとして受けとめたのだろうか。

当時の若者たちは、率直に、戦後教育改革によって実現された開かれた教育制度を肯定しているが、しかし同時に自分のおかれている状況と進学可能性との狭間で揺れる心境を吐露していた。

最初にみるのは、全国教育調査会『教育調査』(一九五四年二月号)での座談会である。出席者はいずれも東京の普通高校、商業高校、定時制高校の生徒二名ずつに中学生二名をくわえた八名であるが、「新教育」第一世代ともいえる彼らの「新教育」に対する受けとめ方には、何らの抵抗もみられない。「教科書についてばかりやっている先生がありますが、それればかりやっているとあきちゃうんです。生徒に調べさせると興味が出ると思いますが」などと「新教育」の方法を支持し、「何よりも再軍備なんていやです」「再軍備で喜ぶのは大企業ぐらいです」などと述べ、さきの戦争に対する嫌悪感とその戦争を否定し民主主義を重視する「新教育」の内容を肯定的に受けとめている。

一方、司会者から「学校を選ぶ時の気持ちと、入学後の感想」を求められた高校生全員が就職と高校への進学を結びつけて考えたとしており、定時制に通う男子生徒は「中学にいたころは高校を出たって実力だけのものだと思っていたのです。ところが就職して世の中に出てみるとどうしても学校が必要だということを切実に感じました」と発言している。

これをみると、少なくとも都市に住む若者にとって、この当時すでに高校程度の学歴が、就職し仕事をするうえで必要であると意識されていたことがわかる。さらに彼は「人間としても水準を高めたいと思ったのです。精神的なものだったら中学を出ただけでも自分の心がけひとつで身につけていけますけど、実際人間としての実力は高等学校を出なければならないと思います」と、定時制高校進学の動機を語っているが、ここでは「人間としての水準」や「実力」が学歴と同一視されている。

また、普通科高校に通う男子や中学生は、大学に進学することを前提として、学区制があるために大学進学率の高い高校を選べない「不合理」を訴えている。司会者が、「結局いい高校というのはさらに上に行く入学率がいいということですよね。本当にいい教育をしているかどうかということよりも」と念を押しているのに対して「本来はそうあるべきではないでしょうが」といいつつも肯定している。

この座談会をみるかぎり、戦後教育改革によって拡充された進学機会を活用できた若者には、教育基本法第三条の「能力に応じた」教育観を肯定する意識と、この期の教育理論や教育実践に色濃く反映されていた「平和と民主主義」を大切な理念としてみる意識が、ともに矛盾なく併存していたといえる。

学歴へのこだわりは、在学中の若者よりもむしろすでに仕事に就いている若者たちから強く表明されていた。そのことは、たとえば国立教育研究所が、一九五四年に発表した『勤労青少年教育調査』のなかにみることができる。調査は「勤労青少年の生活と教育について総合的な全国調査を試みたものは本調査をもって最初のものとする」と自ら述べるだけあって、調査対象四万人におよぶ大規模なものであった。同調査は、大企業養成工の自治会文芸部の同人誌に載った次の文章に注目している。

「無題」

新制中学校卒業以来二年有余、吾々は会社に勤めて来た。僕には四人の弟妹がある。父を失った家庭は何と寂しく打ちひしがれたものであろうか。僕はこの間社会の圧しつける力がどんなものであるかをしみじみと知った。卒業してから僕の親しくしていた友の殆どが高校へ進学した。父のない家庭の事情から如何にしてもそのようなことは考えられなかった。そこで僕は考えた。彼等が高校でやるならば、僕は英語を専門にやって、彼等を追い越そうと。だがそれは無謀な計画であった。何としても時間の余裕がないことからその希望は半減した。このことを考えると、どうしても残念で仕方がない。彼等に負けるなんて、僕の心は乱れた。〔中略〕。「富める者はさらに富を積み、貧しき者は一層困窮する現実の社会」「或る者は高校へ進み、一方は一家の家計を維持していかねばならない社会」。しかしこれは致し方のないことであって、この社会の大きな流れにマッチするより外にない。

こうした心情はこの若者のみでなく多くの勤労青少年に共通していたものと思われる。彼らの多くは、進学機会が拡充されたにもかかわらず、その恩恵にあずからなかった自らを「不幸な存在」として受けとめていた。調査もこの点に注目して、「教育に対する青少年の欲求」という項目を起こし、「大工場地帯に居住する者」も「農山漁村で家業に従事する者」も、ともに、七〇％以上の若者が「教養の不足」を感じていることを明らかにした。さらに具体的には「①もっと自由に夜間高校へ通えるようにしてほしい②勤労青少年が資格を取るために簡単に入れる学校がほしい③働きながら免状のとれる学校がほしい」などの学歴や資格に関する要求がきわめて強いと結論をくだしている〔国立教育研究所　一九五四：第二分冊・四二〕。

新教育受容の意識構造

さて、この時期のおとなたちの戦後教育の受けとめ方にも言及しておきたい。

ここに古典と呼んでもよい論文がある。潮木守一による新教育に対する世論調査の分析である〔潮木　一九六五〕。潮木は一九五〇年に国立世論調査所によって行われた「教育に関する世論調査」などの結果を分析して、五〇年代は戦後教育改革による教育制度の定着期であったと述べている。

たとえば、「男女間の風紀が乱れる」などの反対論が一九五〇年当時には四〇％もあった「男女共学」については、六〇年三月の読売新聞調査によると「小学校段階の共学制に反対するものは実にわずか六％にすぎず、中学校段階に関しては賛成七二％に対して、反対二〇％」となっており、「もはや共学制は国民生活のなかに安定した定着点を見たと言えよう」としている。また、九年制義務教育制度についても、「〔昭和〕二五年頃はまだ全体の二二％が義務教育九年制に長すぎるという感じをいだいていたのに、一〇

表２　新教育支持率　(%)

	1949年８月	1950年７月	1953年７月	1955年９月	1957年11月
年代別					
30歳代	41	66	57	54	51
40歳代	39	66	52	50	40
50歳代	39	63	51	43	34
学歴別					
小学校卒	46	68	51	46	39
高小卒	40	63	55	52	47
中学校卒	45	65	56	53	50
高専・大学卒	44	66	42	61	34
職業別					
事務職	45	67	54	57	56
労務職	40	65	51	47	50
農林業自営	39	64	56	54	40
商工自営	39	62	50	42	36

出所）潮木［1965：91］。

年たった三五年頃にはほとんどの者が九年制を支持する側に移って行ったのである」と述べ、機会均等を旨とする学校制度は確実に受け入れられていった、と結論づけている。

また、社会科などの「新教育」に対する支持率

表３　高校進学に対する親の希望

あなたは六・三制以上の教育を子供にうけさせようと思いますか、思いませんか

①うけさせる	61.3%
②うけさせたいができない	17.9%
③うけさせない	15.6%
④わからない	5.2%

注）なお記事中には次のような記述があり注目される。
「この希望は自由業者，給料生活者，年の若い学歴の高い親たちにきわ立って強く，父親の方が積極的だ。漁業者と産業労働者の中には『うけさせたいができない』とよくよくの親心を語っているのも目立つ。結局義務教育だけでやめてしまうというものは漁業者に多く出ており，進学させるものと半々は農耕者となっている」。

出所）「親からみた『新教育』」『読売新聞』1949年８月26日付。

は、「低下の途を辿った」としてはいるが、一九五〇年代初頭の六五％前後を最高にして、とくに高学歴層・事務職などの高現金収入層では、その後も過半数の支持を集めていることをみて「多少とも新教育に不満はあるにしろ、それが描いた基本線だけは肯定しようとした」としている（表2）。

ここまで、子ども・若者・おとなたちの戦後教育の受けとめ方を簡単にみてきたが、一九四九年の読売新聞の調査からもはっきりと読み取れるように、少なくとも五〇年代の初頭には、すでに国民の大部分が高校以上の教育（後期中等教育）への進学要求をかなり強くもっており、条件さえ整えばその実現を願っていたのである（表3）。

この点からも、学歴を、社会生活を営むうえで必要なものとみなし、その学歴を通じて個人の能力が規定・測定されるという考え方は早くも定着していたとみることができる。それは「人間としての水準を高めるために」進学したという定時制の高校生や、高校に行った友だちに「負ける」と告白する勤労青年の意識から容易に読み取ることができる。そして、「新教育」に対する肯定的な評価も、教育機会の拡大によって進学の可能性が開かれた、いわば直接の「恩恵」を得た階層の人々からの支持に支えられていたのである。誤りを恐れずにいえば、「新教育」を、そして「政治の季節」といわれた一九五〇年代において「平和と民主主義」を教育価値として定着させようとしていた教師たちの教育実践と運動を支持していたのは、こういった階層に属した人々なのである。しかし、それと同時に、ある特定の状況のなかでは学歴獲得競争を積極的に支持することを表明し、自ら最初にくわわっていったのもまた彼らだったのである。

3　学歴獲得競争への水路づけ

象徴としての旭丘中学校事件――『学習指導要領』と平和教育

こうした状況のなかで起きた旭丘中学校事件は、はからずも当時の国民の教育への関心のありかを明るみに出すものとなった。

京都市教育委員会側と北小路昂、寺島洋之助、山本正行の三教諭を中心とする「自主管理」側との間での一九五四年五月一一日から二〇日までの一〇日間にわたった分裂授業は、旭丘中学校事件としてよく知られている。事件は、旭丘中学の日頃の教育に不満をもっていた「旭丘中学校を憂うる会」を名のる保護者有志が、学校・教育委員会に対して「一、生徒がだらしない、二、授業が充実していない、三、政治（思想）教育をしている」として訴えたことに始まる。教育委員会や地域の保守層は、これを格好の材料として日教組や旭丘中学校の実践への攻撃を強め、ついには「政治教育」の中心人物とみられたさきの三人の教師に対して転任・退職勧告を出すなどの強行措置を実行した。これに反発した旭丘中学校の教師集団は転任拒否闘争を行うとともに、これまでの実践の正しさを訴えた。教育委員会側は、旭丘中学校に通う生徒と保護者に対し、教委側で用意した別の学校（岡崎勧業会館）で授業を受けるよう勧告した。市教委側に従った父母と、教師側を支持する父母とが対立し、地域を二分する事件へと発展したのである。

この事件は、「教育の政治的中立の確保」に関する法案制定の動きと関連して、「偏向教育二四例」の一つとして国政の場でもとりあげられるほど国民に注目された。先行研究の多くは、勤評闘争とならんで、「教育の逆コース」と対決する「平和と民主主義の教育をまもるたたかい」として位置づけてきた。

しかし、重要なのはこの事件にみられるように、「教育の逆コース」は、戦後の教育改革を強権的・暴力的につき崩そうとしたという側面と、国民の教育意識に根ざしつつさらなる変化を促すような政策が同時にとられていたという点である。

政府・与党によって偏向教育をしたとみなされた当時の旭丘中学校の学校運営の基本は、文部省の『新制中学校・新制高等学校望ましい学校運営の指針』を参考にしたものであり、同時期のほかの中学校との大きな違いがみられなかったことは、この点にかかわって興味深い。同様に、旭丘中学校の日常的な教育活動も文部省の『学習指導要領』をもとに進められていたにすぎないものだった。旭丘中学校の実践の代名詞ともなった「平和教育」さえも、教科のなかの活動としては、けっして当時の平和教育実践の水準を超えるものではなかったとさえいえる。『学習指導要領』に示されていた社会科的方法を教育活動のなかにとりいれて、できるだけ新聞やラジオを使って「生」の事件や出来事を教材にしようとしたり、日教組が制作にかかわった映画「ひろしま」をみて、その感想を述べあうという程度のものでしかない。

その意味では、なぜ、当時数多く存在していた平和教育実践のなかで、旭丘中学校が、とりたてて文部省に敵対的な存在とされなければならなかったのかを解明することは、一九五五年前後の教育をめぐる情勢を検討するうえで重要な意味をもつ。

そこで次に、旭丘中学校が「偏向教育」キャンペーンの対象となっていくメカニズムについて、この期の教育政策と国民の教育意識の相互浸透過程を視野に入れながらふれておく。

「教育の中立性」強調の背景

吉田（自由党）政府・文部省は、この時期、日教組傘下の教師たちが旭丘中学校にみられるように『学習指導要領』を平和教育実践の根拠としている状況に対するいらだちを露骨に示している。

文部省は一九五三年に発表した「社会科改善についての方策」において、『学習指導要領』での社会科の中心テーマとされた「基本的人権の尊重」の代わりに「正直、親切、忍耐、協力、規則を守ること。国を愛する心情」などを「民主的道徳」であるとして、これらの徳目の涵養を強調した。同じ頃から教育基本法第八条二項を根拠にして、「教育の中立性」をことさらに強調しはじめている。

これは、『教師の倫理綱領』の確立などを通して、「平和と民主主義」がすでに教師という職能集団の統合のシンボル的存在になっており、さらにそれに一定の支持を与えている世論と「真っ向から」対立するよりも、憲法・教育基本法にある「中立性」を重視する条項を前面に押し出すという「戦術」をとることによって、「平和」と「民主主義」を徳目化してしまおうとしたことの現れである。そのようにして、憲法や教育基本法を全面否定するのではなく、そこに示されている人間形成の理念を実現するための学校は政治的に中立でなければならないという論理を組み立て、普及しようとしたのである。しかも文部省がうちだした「民主的道徳」それ自体は一つひとつとってみるならば、批判のしにくいものでもある。

こうして、「平和と民主主義」を「尊重」するという立場を政府・文部省がまがりなりにもとれば、現実の政治問題を取り扱うこと——それは一九五一年版『学習指導要領』までは文部省自身が提起し推進していた立場なのであるが——それ自体があたかも政治的であるかのような印象を強く与えることになる。文部省の「戦術」は、「平和」を一つの道徳的徳目として捉えるならばかまわないが、旭丘中学校のように「平和のための教育」という言い方それ自体に政治性が現れているのだという主張を正当化する効果をもった。そしてそれは、現実にふれさせながら平和の問題を子どもに考えさせるという『学習指導要領』の立場を否定することにほかならないものともなったのである。

学校像の「再転換」

このことを確認する意味では、「事件」が表面化する発端をつくりだした「憂うる会」の大部分の人々が主観的には「『偏向教育』を問題にしたのではなかった」と述べているところにこそ注意する必要がある。鶴見和子が指摘しているように、旭丘中学校の教育に不満をもった人々の多くは、必ずしも「政治的偏向」に対して明確に批判したというわけではなかったからである〔五十嵐ほか編 一九七八：二一四－二一六〕。この事件を、公教育における価値をめぐるせめぎあいとみて大規模な調査を行った東京大学・東京教育大学合同の調査団の聞き取りでは、次のような発言があいついで出されている(1)。

中学生としては基本的な教育をしてもらって、再軍備や政治の問題がでてきたときに結論を出してほしくない。公立学校なんだから、まず基礎学力をつけてほしい。

子どもはよみかきそろばんのことをしっかり教えてもらったらいいので、学校にいるときは政治教育をしてもらいたくない。

大学になって、その方向にいくんならしかたないけど。子どもには政治教育の面でせっかちすぎたんでしょうね。勉強もしっかりやっていただいて、しつけもある程度やって、その上でそういうこともやっていただくんならよかったんでしょうけど。

ここには、中学校は「政治教育」によって平和を守る人間形成をめざすことよりも「基礎学力」をつけるところであるというイメージが、政府・文部省による「教育の中立性」の強調によって、いっそう強められていることが表れている。

ここで保護者のいう「基礎学力」が、高校への進学率の低下に対する心配を中心にイメージされており、それが一つの指標となっていることは明らかである。一方、教師たちの側からも「進学率は落ちていない」との反論がなされることはあったが、自分たちの構想する教育の内容に踏み込んだ「説明」はついになされなかった。いずれにせよこのレベルでの論議に収斂してしまったことによって、基礎学力が「進学率＝受験学力」をイメージさせるものとなっていた。ここに、学校は学力というメリトクラティックで中立的にみえる指標によって組織され運営されなければならないという議論の戦後日本的な原型をみるのは読み込みにすぎるであろうか。

こうして進学を希望する親たちの意識のなかでは、「平和と民主主義」は一つの徳目としてならば否定しないが、旭丘の教師たちが（明確に自覚されていたかどうかは別として）追求しようとした、学力が平和を守る人間形成に結びつく展望とは、異なる学力イメージが醸成された。その結果、学校への期待は、進学とそれに連なる就職（より安定した生活への期待）という側面が、より直接的にそしてより強固に表明されるかたちをとるほかなかったのである。そこには、「学力がそして学歴が高いほうが、低いよりも、将来有利にはたらくのは当然（あるいは、仕方がない）」という、素朴だが、強固な「能力主義」を肯定する意識がはたらいていたのである。

そして、そのような意識は、平和や民主主義を守り強める運動の主たる担い手であったはずの「組織された労働者」層のなかにかえって強くみられるという点で、パラドクスとなって現れていることに注意しなければならない（表4および表5参照）。この表でいう「上層」「中層」のなかには小学校から大学までの教員と交通局や市役所などの公務員、労働組合をもつ比較的大きな企業の労働者も多く含まれていた。労働組合組織としては、旭丘中学校を支援する立場をうちだしながら、個々人の対応は逆に教育委員会側が用意した岡崎の「学校」へ子どもを通わせた人々も相当数あったことをうかがわせる。

一九五〇年代において、日教組は平和と民主主義のための教育運動のパートナーとして「組織された労働者」や、たとえ観念的にではあっても平和や民主主義について考える機会の多いインテリゲンチャーを含んだ層を中心に構想していた。ところが彼らはこの事件のように「平和と民主主義」という教育価値と「進学や就職への準備」（この場合は主として進学）という教育要求が対立する場面に実際に遭遇すると大きく動揺したのである。あるいは、「平和と民主主義」という教育価値そのものが、「中立性」を媒介にして抽象化されるという、政府・文部省のシンボル操作が有効性をもった情勢のなかで、「平和と民主主義」自体が、彼らにとっては、具体的な政治的問題としてならばともかくとしても、教育価値のレベルで

表 4　階層別父母の旭中教育への評価

	上層	中層	下層	合計
旭中の教育は子弟の希望進路にあった教育をしている	14	36	50	100
旭中の教育は子弟の希望進路にあった教育をしていない	16	22	19	57
何ともいえない	20	46	45	111
不　明	1	1	2	4
合　計	51	105	116	272

表 5　階層別父母の分裂当時の行動

	上層	中層	下層	合計
最後まで旭中支持	7	22	41	70
最初岡崎後旭中支持	1	3	1	5
最初旭中後岡崎支持	5	15	18	38
最初から岡崎支持	28	56	40	124
その他種々の行動をとった	7	3	7	17
欠席させた	2	2	0	4
不　明	1	4	9	14
合　計	51	105	116	272

注）調査団は，次のように「階層」を定義していた。「私たちの調査した272家庭についてみれば，世帯主の職業構成は紡績関係19.1%で，最も多く，ついで事務従業者18.4%，販売従業者14.7%，専門的技術的職業及管理的職業13.7%の順になっている。なお，職業，所得税，固定資産税，学歴，役職など五つの要素を総合して，これら272世帯を上・中・下に分けると次のようになる，『上層』と見なされるもの18.8%（51世帯），『中層』と見なされるもの38.6%（105世帯），『下層』と見なされるもの42.6%（116世帯）である」。

　これらの「階層」区分，およびその方法が妥当であるかどうかは，ひとまずおくこととする。なお佐藤隆［1992］において，調査団のもち帰った資料をもとに再検討を試みている。

出所）図表はともに，『東京大学教育学部紀要』第2巻，1958年より。

は設定できないほど抽象化してしまっていたのではないか。こうして「同調すべき理念」そのものが抽象化しているなかでは、進学や就職といった教育要求が前面に出ざるをえない意識構造を形成していたのだともいえる。「上層」「中層」の親たちの意識はこの両方を含んでいたのだろうが、いずれにせよ、人々の学歴獲得要求が、学校の「かたち」を変えてしまうほどの強さと激しさをもちはじめる時代の幕開けを象徴する出来事だったのではないだろうか。

勤評闘争のもう一つの側面――日教組対策としての勤評の背景

旭丘中学校事件以前までの政府・与党による日教組への攻撃は、イデオロギー的な激しさにはすさまじいものがあったにせよ、こと学校の具体的な管理・運営および教育実践の質を根底から変化させるような力とはならなかった。その理由には、戦後教育改革による教育機会の拡大と、その具体的な担い手である学校を多くの国民が支持するとともに、戦争の記憶がいまだ新しい人々にとっては、学校が新教育実践を通じて発する「平和と民主主義」の明るいメッセージに信頼と期待をよせていたことがある。

また同じ意味で学校は、近代的な生活様式と民主主義的な価値観を地域にもたらす「地域のセンター」の役割を果たすようになったが、一部の例外を除いては、こうした学校と地域の結びつき方は「占領政策」と日本の保守政治勢力の許容範囲内にあったこともその一因である。そもそも教職員組合自体が、多くの場合、かつての地域の名望家層出身者である校長を支部長として出発するような、いわば学校「丸がかえ」の組織であったので、全体としては地域の支配構造を温存するはたらきすらもっており、その意味での「安定性」に対する信頼を得ていた側面もある。

ところが一九五〇年代半ばになるとこうした事態に、重大な変化が生まれてくる。第一は、日教組が「逆コース」と呼ばれる政治的経験を通して、「教師の倫理綱領」や「平和と真実を貫く民主教育」の旗を掲げる自覚的な反体制勢力として急成長を遂げたことにある。

はじめは「校長組合」とも呼ばれるほど、地域の保守支配層と結びついていたはずの組合が、『新教育指針』や『学習指導要領』を手引きとした教育実践を進めるなかで、現実の地域の矛盾を目の当たりにして自己変革の必要に迫られたこと。そして教え子でもある若者たちや、生徒の母親でもある「婦人」たちとの平和運動や憲法擁護運動での結びつきのなかで組織的な指導性を発揮しはじめたのである。とりわけ、一九五四年の「教育の政治的中立の確保」に関する法律案を含む教育二法反対の闘争のなかで発揮された組織的な闘争力、国民との結びつきの深まりは、国鉄労組、炭労と並ぶ総評の三大支柱と呼ばれるほどの組織として成長したことを示していた。この事態に対する保守政治勢力の危機感はいやがうえにも高まらざるをえなかった。それは、農山漁村などの保守的な政治風土のうえに基盤をもっていた当時の政府・与党にとって、地域の支持基盤が目にみえて掘り崩されることを意味していたからである。いまや日教組と「日教組によって支配された学校」の解体・再編は、その意味で最大の課題となったのである［佐々木一九八八］。

第二は、こうした状況のもとで一九五五年に保守合同が行われ、自由民主党（自民党）が成立し、政党としての機能性が高められ、日教組対策の戦術と目的がよりいっそう明確になったことにある。また、保守合同は一方で政策的にはたんなる復古主義ではなく、近代化路線の選択でもあったから、近代化にふさわしい人間（労働力）形成の場としての学校教育を再編するという意味でも、教育における支配権を一刻も早く手に入れることが至上命題となったのである。

さきの旭丘中学校事件の引き金となった「教育の政治的中立の確保」に関する法律の制定の動きや一九五六年に行われた戦後教育改革の産物である教育委員会法の「改正」（法律名は、地方教育行政の組織及び運営に関する法律、以下では地教行法とする）、五七年に愛媛で口火を切られた教師に対する勤務評定、いわゆる「勤評」（以下、勤評とする）をはじめとする一連の動きはこうして始まっていった。

地教行法は、①教育委員の公選制の廃止と首長による任命制、②文部大臣による教育長の承認制・措置要求権の設定、③教育委員会の予算・条例原案送付権の廃止など、戦後教育改革の理念であった教育行政の一般行政からの独立や教育行政の地方分権や住民自治をことごとく破棄するものであった。同時に学校への教育行政支配を容易にする構造をもつものであった。

それは、およそ次のような仕組みによるものだった。この法律の制定後各地でつくられた学校管理規則では、若干の例外を除いて教育計画・教材の取扱い・学習の評価などの本来的には教育実践そのものに直接かかわる事項を「校長が（中略）これを定める」としている。そしてこのような教育計画に対する校長の権限自体、教育委員会の承認あるいは届け出を必要とされたので、学校は教育計画という学校本来の仕事まで行政によって細かく枠づけされることとなった。またこのように校長が、教育委員会の委任を受けて「学校管理者」として教育行政の末端を担う存在となったことは、少なくとも教育経験豊かな教育実践の指導者・組織者としての校長という側面を弱めるものとなったのである。また、学校管理規則の多くは、学校内部における校長の権限を著しく強め、職員会議を学校の意思決定機関とはせずに校長の諮問機関とする規定を行っている。さらに、校長の学校管理者としての立場は、教師に対しては服務監督権者として立ち現れることになり、校長が教員の勤務状況の評定者となる道を開くことになったのである［持田 一九六一］。

さらに文部省は、地教行法制定を受けて全国教育長会議や全国校長協議会を開き、学校の管理強化によって日教組など教職員組織に対する厳正な対処を要請するとともに、教育の政治的中立性の確保、道徳教育の強化を求めた。さらに「校長は管理者であるから日教組から脱退することがのぞましい」とする要望まで行っている。自民党は一九五七年八月に全国組織委員会労働局長森山欽司名の秘密文書『教組運動の偏向是正に関する方策および補足説明』のなかで「教育公務員特例法、中立確保法および新教育委員会法等は記憶に新しいところであるが、これらの立法措置はその成立に伴う紛争に比べて、遺憾ながらその実効は上がっていない」とし、「すでに立法措置された諸事項に関しその完全実現をはかることが先決であると信ずる」と述べ、「教職員の服務監督の強化をはかり勤務評定を励行する」ことを方針として掲げた。これは、「教組運動の偏向がわが国の労働運動、文教政策のみならず、政治、思想等各方面に重大な影響を与えつつある現況にかんがみ、これが是正のため党、政府一体となり、かつ民間勢力をも結集して統一的であって強力な対策を推進する」ための一環であったことは明らかである。

勤評の「波及」効果

こうして始まった教師に対する勤評は、学校内部にあっては校長を組合から離脱させ、教職員との敵対関係に立たせるものとなった。学校と地域の関係においては組合＝学校という実態を突き崩すことによって、地域における学校のそして日教組の影響力を低下させることをねらいとしたものであった。事実、校長たちは勤務評定の提出に際して、組合を脱退せざるをえない状況に追い込まれた。そして最後まで組合員として提出を拒んだ校長に対しては、降格や辞任勧告などの強制的な措置がなされるといった事態が起きていた。また、教職員のなかには「校長＝敵」論や「地域＝保守反動」論といった、これまでの地域と学校の結びつきや学校がつくりだしてきた実践の成果をすべて清算するような議論も生まれた。岐阜県恵那の地域教育会議（次章参照）や高知の勤評反対闘争などのように、この闘いを契機に、逆に地域との結びつきをいっそう強め、さまざまな制約を受けつつも校長と教師がつくる集団としての学校の意義を再確認する試みもみられはしたが、全体としては、戦後改革で示された学校のあり方を追求する試みや、地域と学校の結びつきを強める実践は、より困難な条件におかれることになったのである。

またこれと並行して一九五七年には、『学習指導要領』改訂も行われた。同時にこれに法的拘束力ありとして、『学習指導要領』の示す内容や方法が全国どこでも同じように実施されるべきとする指導行政も浸透しはじめたのである。六一年に日教組の大きな抵抗にあいながらも実施された全国一斉学力テストは、まさにこうした動きの総仕上げでもあり、地域の固有性や生徒の実態に見合った教育よりも、「機会均等」という建前のもとで教育の画一化をいっそう進め、それが受け入れられる条件と機運をつくりだす政策となったのである。

こうして学校が「地域のセンター」として機能しなくなると、その分だけ、学校は国家が正統とみなした教育内容および道徳の「伝達」機関として、地域の現実の生活とはよそよそしいものとして立ち現れざるをえない力が強くはたらくこととなった。

教師たちの教育研究活動においてもまた「権力への対抗の武器」としての科学に対する過度な期待が生み出され、具体的な教育実践の場面でも、教師は科学や真理の伝達者となることが運動論として追求された。そこに、教育－学習過程における子どもの主体性が、相対的に軽視されるという傾向も生み出された。こうして、教師たちの思いとは別に、子どもたちにとっては、教師の言葉を能率よく理解し、知識をどれだけ「ため込む」かが学校での「仕事」となった。学力が、生活に役立ち生活を改善していく「村を育てる」ものではなく、進学のための手段となり、結果として「村を捨てる」それとしての役割をはたしはじめるのもこの時期と重なる［東井　一九五七］。

この時期以降、多くの教育実践も、学校がひとまとまりの集団となって展開されるというよりは、ある優れた教師が自分の受け持ちの子どもたちとの関係のなかで行う実践としての性格を強めていく。またその内容も、「平和と民主主義」を担う人間を育てることを主観的には目的としながら、そのためにも学力をつけなければならないということが強調されるものとなっていったのである。

4　高度成長と教育の大衆化

高校入学問題の焦点化

一九六〇年代は、五〇年代に徐々に顕在化していった民衆の学歴獲得要求が一挙に爆発し、まさに激しい教育競争構造の確立へと向かっていた時期である。その背景には、これまで述べてきたことのほかにも、いくつかの事情が重なっていた。

その第一は、いわゆるベビーブーム世代の中学卒業期が一九六〇年代前半と重なったことである。当時、六三年に一五歳を迎える子どもの数が二五〇万人程度になることが予想されていた。五九年当時の高校入学定員枠が一二〇万人だったことを考えると、そのままでは確実に半分以上の子どもが進学できないという事態となる。高校入学をめぐる大混乱の予感が、社会的な一大関心事となっていったのである。

第二に、一九六〇年前後をはさんでの高度成長への本格的な歩みは、第一次産業から第二・第三次産業へ、そして農山漁村から都市へと人々の移動を促し、人々の人生設計を大きく変えていった。加瀬和俊によれば、五〇～五五年の間に戦後増加した農業人口が五五～六五年の一〇年間に激しく流出し、「全就業者に占める農業就業者の構成比は、一九五〇年から六五年にかけて男子では四〇％強から二〇％弱へ、女子では六一％から三三％へと急低下し」たとされる［加瀬　一九九七：三三］。中学を卒業する年齢を迎えた若者たちは、六〇年代初頭までこそ、急増する中小企業の求人難に乗じて「集団就職」などを通じて就職の道を選ぶ者も多かったが、就職後の現実の厳しさを目の当たりにするとともに、すでに高校への進学率が六〇％に近づいている状況のなかでは中学卒業後にすぐに就職するというルートはもはや多数派ではなくなっていた。この点でも、高校進学を抜きにした人生をイメージすること自体が急速に難しくなってきたのである。

教育の計画化という発想の登場

こうした高校入学をめぐる緊張状態を、政府・文部省は、対応しなければならない課題であると認識する一方で、全国を覆う「教育計画」という発想をうちだす絶好の機会とも認識していたのである。

一九六三年に発表された文部省の教育白書『日本の成長と教育』は、サブタイトルを「教育の展開と経済の発達」としており、経済発展の観点から教育を計画化することを宣言している。そこでは「進みゆく社会の要請をあらかじめつかんで、長期の社会・経済発展と深く関連させた長期的・総合的な」教育計画の必要性を強調していた。さらに「教育が社会・経済の発展に大きな役割を演じ、収穫をもたらす実り多い投資であるという新しい思想と認識の上に立つものであること」「教育投資が、どのような教育分野にいかに配分されたらもっとも効果が大きいかという点を計画のなかに含めて」おり、「社会の要請」を実質的に「産業・経済」とみなすという特徴をもっていた。高度経済成長途上の当時の日本社会にとっては、国家が市場の条件整備を行い、そのために労働力の養成・活用・配置を行うという教育計画の登場は、経済界からは、個別企業による採用・養成を肩代わりするものとして歓迎された。一方、教育界からは、高校生急増対策として、工業高校への重点的配置を含めて公立高校で八〇万人、私立高校で二三万人分を増設するとした文部省の「基本方針」に対して、「学級増、すし詰め学級、私学への依存を進めながら高校生急増期という一時期をとらえ、高校新設にあたっても彼らなりの階級的利益を追求しようとする」ものであると、その本質に迫ろうとした批判も寄せられはした［大阪教職員組合現代社会主義研究会　一九六二：一三五］。しかし、このような批判を押し込めるほど「高校定員拡大」問題は、人々に、実現性のある早急な対応が必要とされる課題として意識され、政策側以上に運動の側にとっての最優先課題とならざるをえない圧力となっていったのである。

文部省から提起された教育計画論と教育投資論は、このような状況のもとではあたかも必然的なものとして受け入れられ、その後の教育に関する国民の思惟形成の基調となる二つのイデオロギー効果をもったのである。

その一つは、教育計画・教育政策の主体は国家であるということの承認である。

これは戦後教育改革の原則とされた「教育の行政からの独立性」や「教育の地方分権」を大きく制約するものであった。すでにみたように、一九五〇年代における地教行法の制定や学校管理規則の制定、さらには教員の勤務評定なども、もちろん中央政府の政策意図を「地方」に貫徹するための方策であったが、それらの運用は少なくとも形式的には、それぞれの地域（地方公共団体）独自の判断にゆだねられていた。しかし、教育計画論の登場は、国家レベルの教育計画に適合するように地域の教育計画が枠づけられるという意味で、教育の国家統制に新たな正統性を付与するものとなっていったのである［佐貫　一九九六：

二二九]。

一方、教育投資論は、もともとは教育財政論の科学性や公共性を捉え直そうという議論から出発したものであるし、文部省が採用した教育投資論は、国家的レベルでの教育の経済成長への貢献を軸としたものであった[汐見　一九九四：二九九]。ところが、この言葉は人々にはまったく違ったイメージで受け取られていった。それは、個人的レベルでの教育投資が将来の個人的に獲得しうる利益を規定するというものであり、したがって教育を受ける程度において個人による費用負担は当然であるという「受益者負担主義」の浸透を助けるものとなっていったのである。

多元的能力主義に基づく教育計画の挫折と教育の私事化の進行

このように教育計画論と教育投資論は、一九六〇年代の教育政策の基調を形成していくことになったのではあるが、実質的に文部省の教育政策の骨格をかたちづくった教育計画は、経済審議会の人的能力部会答申「経済発展における人的能力開発の課題と対策」(一九六三年)であった。この答申は能力主義の徹底を公言したものとして注目を浴びた。とりわけ、「経済に関連する各方面で主導的な役割を果たし、経済発展をリードする人的能力」をもつハイタレント・マンパワーの養成と社会におけるハイタレントの尊重という主張は、大きな反響を呼んだ。その反響の多くは、露骨な差別的教育推進の教育計画であるとする批判であった。しかし、この答申の本来の目的は、一〇年後の産業構造と労働力不足予測のもとで「能力や適性に応じた教育を受け、そこで得られた職業能力によって評価、活用されるという方向」へと、欧米型の職種別の企業横断的な労働市場の形成をともないながらの客観的な能力評価のシステムづくりをめざす、いわば多元的能力主義を教育と社会に根づかせようというものであった。

こうした「経済発展」の立場からの教育改革は、当時焦点となっていた高校を舞台にして、多様な職業高校づくりとなって現れた。その典型的な事例が、富山県で行われた高校普通科と職業科の定員比率を三対七とした、通称「三・七体制」である。

富山県では一九六一年の第二次総合開発計画において、すでに国家レベルの教育計画を先取りするかたちで、「多種多様な青年が、それぞれの生活、進路、能力、適性に応ずる教育が受けられるよう高等学校の拡充はもとより、青年学級、各種学校、職業訓練施設などとの相互の緊密な連携のもとに、後期中等教育の完成をはかるべきである」「社会の要請と生徒の進路、特性に応じ、適切な教育コースにおいて産業教育が徹底できるよう、指導内容、方法を確立する」と後期中等教育の多様化の方向をうちだしていた。それを、六三年をピークとする急増期に職業科を大幅に拡大し、普通科の定数を重点的に縮小するという方法で実行したのである。

この結果、一九六六年五月時点での調べによれば、この計画によってつくられた学科は二一八種類に及び、その多様化・細分化は急激な勢いで進んでいった。しかし、それは多くの保護者や子どもたちの願いとはかけ離れたものとなっていったのである。このため、多くの生徒が全日制普通科高校進学を望みながら、「進路指導」によって職業科ないしは定時制高校、あるいは職業訓練校への進学を余儀なくされるという事態が引き起こされた。六八年一月に富山高教組「富山県高校生白書作成委員会」が行った調査によれば、職業課程に在学する七割近い生徒が「いまの学校に来たくなかった」と回答したとされている［国民教育研究所編　一九六九：一八七］。また、普通科志望者が多いにもかかわらず、普通科の間口をここまで狭くしたことによって、職業科のなかに「進学コース」や「進学学級」が公然と設けられるといった、計画が想定しなかったような事態も生まれた。

こうして、高校多様化という方法での多元的能力主義政策は、人々の学力・学歴獲得要求の強さの前に、事実上崩壊していく。

日本的競争構造の確立と競争の教育

こうした普通科高校進学要求として現れた激しい学歴獲得要求は、どのようにして生成されていったのだろうか。

ここには、この時期の教育計画が内包していた矛盾が露呈されている。もともとこの教育計画は産業構造の転換にともなう科学技術者や技能工不足予想のもとに高校の多様化を中心に構想されていた。ところが一九六〇年以降、その予測を上回る急激な労働力不足が生じた。それは皮肉にも高校進学者の急増によって中卒労働者が不足し、本来中卒労働者によって担われるはずだった技能工への需要が工業高校や短大の理工系に向けられることになったことによる［佐藤修司　一九八九：一三二］。

こうして、個人の側からすれば、より専門性の高い職業に就くためには大学卒業以上の「基礎資格」が必要とされるようになったのである。また、企業の側も、深刻な労働力不足と賃金上昇を経験することを通じて、事務的労働については、個別職種対応能力よりは柔軟にさまざまな業務に対応できる能力を必要とし、技術的労働部門では、当該企業固有のノウハウに基づく企業内教育によって労働力の流出を避けようとした。こうして、いわゆる年功制賃金や学卒一括採用などの日本型雇用慣行の確立によって労働者を企業に囲い込もうとしたのである。こうした企業側の姿勢の前に、経済審議会答申の「経営秩序の近代化」構想は、その本来のねらいを断念せざるをえなくなっていったのである［乾　一九九〇、西本　二〇〇四］。

これらの状況があいまって、「学校」から「社会」への接続関係は、新規学卒採用時の「一般的抽象的」能力、すなわち学力（あるいはそれを証明するものとしての学校歴）を規準として強化されるという結果が生み出されたのである。このようにして、「新規学卒時の就職が一生を左右し、やり直しがききにくいという『敗者復活戦のない社会』ともいうべき状況に陥って」いったのである［加瀬　一九九七：九五］。

この現実を目の当たりにしたとき、職業選択と結びつけて高校の学科・教育内容を選択するよりも、大学進学を含めた進路選択可能性をもつ普通科高校を志望する人々が増えるのは当然のことであった。そして、人々は職業科・職業高校を普通科高校よりも一段低いものと位置づけ、さらには普通科高校のなかでも入学した生徒の学力水準、卒業後の進路等によって、その学校に対する社会的評価を定めていった。そして、このような学校間序列が生まれると、今度はそれをめざした競争が激化することによって、いっそうの格差が生まれ固定化されていくというメカニズムが発生したのである。

一九六一年から六四年にかけて実施された全国一斉学力テストは、結果的にはこの状況にいっそう拍車をかける役割を果たしていく。繰り返しみてきたように、文部省は、多元主義的な能力主義に基づく教育計画において高校の多様化を「個人の適性、能力および進路に応じ」て推進しようとしていた。ところが、実際の教育行政においては、五〇年代半ば以降の『学習指導要領』の法的拘束力の主張をはじめ画一的・統制主義的側面が強調されることもしばしばであった。そのために全国一斉学力テストは『学習指導要領』を規準とする学校知識をどれほど獲得したのかに基づいて個人を、そして学校を評価する体制をつくりだしたのである。このように「個人の適性、能力」を事実上、学力という一元的尺度でしか示すことができなかった以上、文部省の意図した教育計画は挫折せざるをえなかったのである。同時に、このことによって人々は、学力を競争的に獲得するほかない世界への参入を余儀なくされたのである。

一方、このような「非教育的な競争心の助長」に歯止めをかける意図をもって出発した高校全入運動も、このメカニズムのなかでは、結果的にその意図や運動が本来もつべき意義をも裏切るかたちになっていった。

一九五〇年代末から、都市部を中心に起こったこの運動によって、東京では陳情やデモが繰り返されるなか六一年には都の増設案を八校上回る二五校の増設に修正させるなどの成果を生んだ。日教組大会や母親大会においても「高校入試廃止、全員入学」がたびたび表明され、こうした動きは全国に広がり、六二年には日教組、総評、母親大会連絡会などによる高校全員入学問題全国協議会を発足させるまでになっていった。運動は「すべてのものに後期中等教育を」というスローガンを掲げ、「希望者全員入学」を軸に、いわゆる高校三原則「小学区制・男女共学・総合制」の堅持を要求した。

しかし、政府・文部省は、一方で高校増設の必要は認めつつもその拡大は教育計画に則った「適性、能力および進路に応じた」多様化した後期中等教育をめざしていたから、この運動に対しては敵対せざるをえなかった。そして、こうした対応が、ますます全入運動の高校三原則に基づく普通教育の要求をいっそう強め、さらにそれをエスカレートさせた普通科高校増設志向を強化させていったのである。こうして結果的には、高校入学定員枠の拡大とともに運動が本来目的としていたはずの職業高校や定時制高校などの改善・改良を、中等教育改革の課題のなかに位置づけることを難しくさせたのである。

〔注〕

(1)調査団は東京大学の勝田守一、五十嵐顕、伊ヶ崎暁生、汲田克己、東京教育大学の梅根悟、馬場四郎、永井道雄、辻功、鶴見和子の九名で構成されており、一九五四年八月から五五年までの共同研究を行い、その報告はそれぞれの学部紀要『東京大学教育学部紀要』第二巻、一九五八年、『東京教育大学教育学部紀要』第四巻、一九五八年および第五巻、一九五九年になされている。またそれらをまとめたものが、五十嵐ほか編［一九七八］として出版されている。

〔文献一覧〕

赤塚康雄『新制中学校成立史研究』明治図書、一九七八
麻生誠『学歴と生きがい——〝学閥〟への抵抗と追従』日本経済新聞社、一九七七
天野郁夫『学歴の社会史——教育と日本の近代』新潮社、一九九二

五十嵐顕『民主教育論——教育と労働』青木書店、一九五九
五十嵐顕・伊ヶ崎暁生編『戦後教育の歴史』青木書店、一九七〇
五十嵐顕ほか編『旭丘に光あれ——資料・旭丘中学校の記録』あゆみ出版、一九七八
乾彰夫『日本の教育と企業社会——一元的能力主義と現代の教育＝社会構造』大月書店、一九九〇
今田幸子「学歴構造の趨勢分析」富永健一編『日本の階層構造』東京大学出版会、一九七九
潮木守一「国民は新教育をどうみるか——戦後日本の教育世論」『自由』六八号、一九六五
海老原治善・佐藤興文編『受験　能力と学力』三一書房、一九六四
大阪教職員組合現代社会主義研究会編『国民と高校全員入学』合同新書（合同出版社）、一九六二
加瀬和俊『集団就職の時代——高度成長のにない手たち』青木書店、一九九七
勝田守一「教育になにを期待できるか」『講座教育1　世界と日本』岩波書店、一九五二
国民教育研究所編『人間能力開発教育と子ども・教師——富山県における教育の実態と問題点』労働旬報社、一九六九
国立教育研究所『勤労青少年教育調査』国立教育研究所紀要第六巻（第二分冊）、一九五四
佐々木隆爾『世界史の中のアジアと日本——アメリカの世界戦略と日本戦後史の視座』御茶の水書房、一九八八
佐藤修司「人的能力開発計画の成立と地方への浸透過程——「1960年代『高度経済成長』期におけるわが国教育構造の変動に関する地域比較研究」の成果と課題」『東京大学教育学部教育行政研究室紀要』九号、一九八九
佐藤隆「一九五〇年代前半における平和教育の展開と学校観をめぐる相克」『人文学報』東京都立大学人文学

部、一九九二
佐貫浩「競争社会の中での学校の変質と新たな学校づくり」堀尾輝久ほか編『講座学校2　日本の学校の五〇年』柏書房、一九九六
汐見稔幸「企業社会と教育」坂野潤治ほか編『日本近現代史　構造と変動4　戦後改革と現代社会の形成』岩波書店、一九九四
ダワー、ジョン『敗北を抱きしめて』上、三浦陽一・高杉忠明・田代泰子訳、岩波書店、二〇〇一
東井義雄『村を育てる学力』明治図書、一九五七
中内敏夫・竹内常一・中野光・藤岡貞彦『日本教育の戦後史』三省堂、一九八七
西本勝美「企業社会の成立と教育の競争構造」渡辺治編『日本の時代史27　高度成長と企業社会』吉川弘文館、二〇〇四
持田栄一『教育管理』国土社、一九六一

第4章 高度成長期における国民教育運動と恵那の教育

佐藤　隆

1　国民教育運動論の評価をめぐって

一九五〇年代半ばに高度成長が始まると、五〇年代初頭からの教育の「逆コース」以来の国家主義的な統制にくわえ、能力主義的な教育政策が本格的なものとなってきた。多くの先行研究は五八年の『学習指導要領』の改訂および六一年の全国一斉学力テストの実施を画期として、能力主義的な教育政策が展開されたと記述する。(1)

日本教職員組合（日教組）や民間教育研究諸団体は、これを「能力・適性に応じた教育」に名をかりた差別・選別の教育政策であるとして批判を強めた。日教組をはじめとする教育運動は、一九六〇年代には、国民教育論・国民教育運動論として定式化され、「国民の教育要求」に応えることを課題として形成されていく。それは、「文化ならびに社会についての歴史的な展望のもとに、国民ひとりひとりの要求を現実的に満たしていく教育内容の組織化という点で、統治過程として存在してきた公教育の変革を可能にする」という見通しのもとで、それぞれの文化領域の科学的な研究成果を教育内容として確立していくことであると把握された〔山住ほか　一九六二〕。

日教組の教育研究活動（教研）にそくしていえば、第六次（一九五六年度）教研活動以降に定着した教科別・問題別分科会方式のなかで確認された、教育課程を教研の成果に基づいて自主的に編成する動きをよりいっそう発展させるという形態をとっていったことが照応している〔佐藤隆　一九九七〕。この動きは一九五八年の『学習指導要領』の改訂との対抗関係のなかでいっそう加速した。それというのも、『学習指導要領』改訂に際して、文部省はこれに法的拘束力ありとしたため、『学習指導要領』の示す内容や方法が全国どこでも同じように実施されるべきとする指導行政も浸透しはじめたからである。

これに対する日教組の戦略は、人間形成を教育の究極の目的としてそれに奉仕する教育の目標・方法・内容に教育価値を見出し、この教育的価値論を前提に教育の自律性を唱えることで、政治・行政の教育への介入を排除し、教師の教育の自由を確保するというものであった。この論理は、一九四七年教育基本法（以下同）第一〇条解釈を中心にしながら七〇年代には国民の教育権論へと発展していくことになるが、じつはここにこそ、六〇年代以降全面的に展開された能力主義的教育政策への本質的な対抗戦略をもちえなかった国民教育運動論の決定的な弱点がみられるとする批判が九〇年頃から目立つようになってきた。[2]

中西・乾［一九九七］は、統制的教育政策への対抗としての国民教育運動論を評価しつつ、一九七〇年代以降の大衆社会化された状況のなかでは、対抗ヘゲモニーを十分には確立しえなかった、との評価を下している。そして、「すべての子どもに豊かな学力を」というスローガンに象徴される「学力保障」論は、「人並みの機会」保障論として機能はしたが、父母や生徒の「参加」を実践的にともなわない運動では、リベラルな意識からの反発を受け、「平等化」よりも「競争化」「選択」という同意調達装置をそなえた政策側に対抗しきれなかったとしている。

これらの批判は、大筋において国民教育運動論がその実現をめざした「機会の平等」原理を超える、「平等・公正・正義」の理念の深化を提起するものであり、事実上、教員を中心に構成されていた国民教育運動を、父母・生徒を教師とともに共同主体とする運動論へと、その枠組みを拡張するものといえよう。また、企業社会統合下の一元的能力主義競争のもとでは「知識詰め込み」に陥りやすく、子ども・若者にとって抑圧的な学習・学力像の文脈に流し込まれる危険をつねにはらむ「学力保障」論の再吟味を迫るものでもあった。

ところで、こうした国民教育運動論への内在的な批判とは別に、戦後教育学全体を否定し、「脱構築」するべきという議論も生まれている。たとえば、佐藤学は、国民教育運動を支えた戦後教育学への批判を次のように述べている［佐藤学　一九九八］。

戦後の教育学は一連の言説で構成されてきた。国民教育の言説、教育的価値の言説、教育課程の技術的統制と科学的経営の言説、教育計画の言説、教育権論と教育政策批判の言説である。これらの言説は、その基盤をたどれば、「国民教育の理念」「教育と教育学の自律性」「技術的合理主義（科学主義）」「市民社会の組織論と人権論」という四つのキャノン（規範）によって構成されている。この戦後の教育学が前提として立脚してきた四つのキャノンを脱神話化し反省的・批判的に検討することから、教育学を脱構築する筋道を探索することが可能となる。

この批判は、国民教育運動が進めた教育課程の自主編成活動に潜む科学・系統性への過度な期待や国民概念の狭小性の指摘など、中西・乾らの批判と一部共通するところがあるとはいえ、運動の必然性やその役割を不当に軽視している点で、問題は大きい。

さらに佐藤は「個人の自由を国家の権力的統制から解放する実践を中心課題とする伝統的リベラリズムは、国家が専制的な権力を掌握していた一九世紀の市民社会の産物であり、今日のような大衆の私的欲望が公的権力を構成している社会においては限界性を有している。たとえば、今日、教師の自立的で創造的な実践を抑圧しているのは、国家権力としての文部省ではなく、まず親であり同僚であり校長である」と述べ、国民教育運動が時代遅れの産物であり、「闘うべき相手」すら見誤っていたとする。

国民教育運動論の中核に位置した人間形成のための教育という教育的価値論を認めず、主として階層移動の手段としての学力の社会的機能に注目する苅谷剛彦は、その立場から学力問題に限れば、文部省と日教組の立場に本質的な対立はなかったとする議論を行っているが、ここにも同様な傾向がみられる［苅谷二〇〇九］。

苅谷はその著書『教育と平等』のなかで、一九五八年の『学習指導要領』改訂について、「たしかにこの改訂によって、国の統制は強まり、『画一的』な教育が出現するのだが、なぜこの時期に、このような改訂が行われたのか、その背景を調べてみないと、改訂の意味は浮かび上がってこない」として、文部省の立場からこの改訂の意味を説明して、「『教育の機会均等の趣旨の実現』こそ、民主教育の基盤づくりだと、当時の教育行政当局は考えていたからである」と述べる。

そして、「この改訂は、戦後教育史の定説としては長い間、教育の国家統制を強めた『逆コース』の重大な一歩と見なされてきた」ことについては、「なるほど、政治的な対立を背景に教育課程への国家統制を批判する言説は鮮明であった。しかし、それらの言葉の厳しさに比べ、全国の小中学校で、五八年改訂の指導要領に反対する激しい運動が広範に巻き起こったという事実はない」と述べ、戦後教育史の見直しさえ迫っている。

だが、はたして、佐藤や苅谷のように、戦後教育の有していた複雑な内実をここまで単純化し、結果的に国家の行為を事実上「免罪」するような議論が、歴史の真実を伝えているといえるのだろうか。

小論では、佐藤学や苅谷のいう、戦後教育学と国民教育運動が「闘うべき相手」と内容をどのように認識していたのかを明らかにするとともに、中西・乾が国民教育運動の課題として明らかにした「学力保障論」の再吟味と子ども・父母・住民を教育の共同主体とする運動論構築の可能性を、日教組傘下で同時代の国民教育運動の一翼を担いつつ、しかし独自の展開をみせた岐阜県恵那の教育運動と教育実践のなかから探ることとする。

2 「分岐点」としての勤評闘争

ここで、「分岐点」と表現したことには二重の意味がある。一つは、文字どおり歴史的な局面としての「分岐点」である。中西・乾らが指摘するように、高度成長期に広く認知され、少なくとも一九七〇年代半ばまでは機能した国民教育運動を対象とするとき、その主な検討対象の時期は六〇年代から七五年前後ということになろうが、小論が五〇年代後半の勤評闘争から書き起こそうとするのは、まさに教師に対する勤務評定（勤評）への日教組の対応が、国民教育運動の性格を決定づけたという意味での「分岐点」だからである。また、もう一つの「分岐点」とは、日教組が構想した国民教育運動と恵那のそれとの決定的な違いが生まれる出発点もやはり勤評への認識なのである。

教師に対する勤評政策は、組合組織の弱体化を目的とするだけなく、地域のなかで影響力を急速に高めつつあった日教組の影響力を低下させ地域の支配構造を再編するとともに、校長を教職員の服務監督者として指定し、組合から離脱させることによって、教育課程と教師の教育活動を教育行政が管理することをも同時にねらいとしたものであった。したがって、同時期に、法的拘束力ありとする主張をともなって行われた『学習指導要領』改訂の動きと一連のものとして把握されねばならないはずのものであった。

ところが、この問題に対する日教組中央の本質把握は非常に弱く、愛媛で一九五七年四月に実施された勤評が全国に波及することが明らかになった八月になってはじめて、「点数、序列、割合による差別昇給反対」のスローガンをうちだして勤評反対の方針を決めている。しかし、このスローガンに明らかなように、勤評政策をせいぜい教職員組合の分裂策動としかみておらず、そのような認識のもとで、勤評を労働者としての教師の権利擁護の問題として位置づけ、同時期に問題となっていた『学習指導要領』改訂については教育への権力介入の問題とみなして、結果的に二本立ての闘いとして位置づけていくことになる。

こうしたなかで恵那の勤評闘争は、この二つの問題をユニークな視点で関連づけようとした点で異色のものであった。その視点のユニークさは、一九五七年度の岐阜県教職員組合恵那支部の運動方針(一九五七年六月)に明確に示されている[3][『恵那の教育』資料集編集委員会編 二〇〇〇]。

結論を先に述べれば、勤評政策を「形式的な組合の弱さに対する攻撃」であるとともに、これを地域支配構造の再編動向にかかわる問題であると認識し、だからこそ問題を教員組合運動の枠内に閉じ込めずに、教育を軸としたすべての父母住民を運動の共同主体と把握したこと、さらに、この認識の具体化として成立させた恵那教育会議の活動を通じて、「教育の主人公は国民(地域住民)」であるという観点を確立したことにある。

一九五八年四月二八日の岐阜県教育委員会による勤評実施(九月一日)決定を契機に発足した恵那教育会議は、地方教育委員会、校長会、教職員組合、育友会が対等・平等の立場で担いながら、「勤評は恵那の教育を混乱させる」という一致点のもとに県教委に対して「勤評の延期(実施反対)」を要請した。またその一方で、教育会議は地域住民が「恵那の教育」を考え、語りあう場として機能した。恵那教育会議は、岩村町、恵那市、中津川市、付知町をはじめとする地区別集会を組織し、毎年一回開かれた全体集会では一〇〇〇名を超える参加者が「勤評問題」のみではなく、「教育制度」や「道徳教育」などの多様な領域について意見を述べあう姿がみられた。また、機関誌『恵那教育会議』も発行され、六二年までに二八号を数えた。機関誌は五〇〇〇部発行され、恵那地域の教育についての交流誌として、また組合活動の指針づくりの貴重な資料として重要な役割を果たした。

3　岐阜県教職員組合恵那支部の「方針の転換（転換の方針）」

島崎藤村の『夜明け前』の舞台として有名な恵那市、中津川市を中心とする岐阜県恵那地域は、古くからの宿場町であり、また長野県と中京地区とを結ぶ流通の要所であった。しかし、その地域の様相はといえば、大部分が山林で占められ、商業、中小零細農業が主要産業という、高度成長以前の日本の典型的な農村風景が広がる地域であった。一方、この地の教育は戦前から非常に熱心にとりくまれていたが、その熱心さは戦前の教育勅語体制下にあっては「恵那雑巾」と呼ばれるほど「絞っても絞っても」それに耐え、どんな命令にも従う臣民の育成に利用されていった。それだけに敗戦を迎えて、教師たちには自分たちの行為に対する痛切な反省が必要とされた。恵那の教師たちは、戦後初期に流行した新教育では自らの反省がいかされないと感じ、それに代わるものとしてとりくんだのが、「日本の庶民生活に根ざし、庶民の生活の解放のための、教育であ」る生活綴方教育の実践であった[4]〔勝田　一九五二〕。

重要なのは、勝田が観察しているように、生活綴方教育がこの地の教員組合運動を根底で支えたことが、以後の恵那の教育運動をみるうえで決定的なものとなることである。

教員組合（岐教組恵那支部）は、昭和二四（一九四九）年度定期大会議案で、「教育復興の大運動はわれわれの解放運動と教育実践とが並列して二元的に行われるものでも、又解放運動を土台にしてその上に教育実践が積み重ねられて行われるものでもない。解放運動と教育実践とが互いに他を包蔵しあい、二者統一して展開されるところにその本質がある」として、「恵那綴方の会」を結成する。会はたちまちのうちに、この地の八〇〇名の小・中学校教員のうちの三分の一を組織し、のちに日本作文の会となる作文教育全国協議会のなかでも最大勢力を誇る規模となり、第一回の全国大会を中津南小学校で開くほどの活動を展開した。

しかし、このような恵那支部にあっても、一九五〇年代半ばの「偏向」教育キャンペーン[5]や教育委員会法「改正」との激しい闘いを通じて、組合活動が「政治主義的」傾向をもつのは避けられなかった。その結果、「幹部と一般組合員の意識分化。毎日の教育実践の中で見つけた矛盾と幹部の持つ矛盾が結びつかない」と感じられる状態が生まれた。この現状を打破するために、「教育実践と父母の矛盾が結びつくなかで組合運動を進めていく方向での組合運動の「つかみ直し」が意識されるようになる。運動を真の意味で強くするのは、派手な政治闘争ではなく、一人ひとりの教師の実践上の必要に依拠しなければならないことをあらためて確認するものであった。［石田・渡辺ほか　一九五九］。

そして自ら「方針の転換（転換の方針）」と名づけた一九五七年度の方針案こそは、「迫り来る勤評の嵐に抗して、味方の弱点を補うことによって」「団結を強め、統一の発展を前進させる」うえで決定的な役割を果たしたのである。

方針案ではまず、「Ⅰ私たちは大胆に運動を転換しなければならない」ことの理由を「私たちを取り巻く情勢の特徴」として三点に整理し、「(ⅰ) 形式的な組合の弱さに対する攻撃、国民から組合を引き離す(ⅱ) 教育研究の形式化、自信をもって父母の中に拡大していくことについては無理ができない状態(ⅲ) 組合運動が平和運動の広がりに学びつつ、広く国民の間の支持を得なければならない」と述べている。また、「Ⅱ私たちの運動はどのように転換したらよいか」ということについて、「組合員の根強い要求に依拠するということ」と、子どもと教育を守る問題を統一することを強調して「私たちが教育内容に目をつけること。真実に根ざした教育をうち立てること」を提起している。

さらに、勤務評定との闘い方については斬新なアイデアを提起している。それは「父母と結びつくことが教育を本当に正しく伸ばしていくための、必須の条件になっている」のだから「〔PTAについて〕押しつけが多くなっている会の現状を反省する必要」があるとしたうえで、対等平等の関係づくりをめざした。また、勤評闘争を契機に、日教組が「校長＝敵」論に傾くなかで、「行政の末端の管理職としての校長」でもあるが、「校長と協力して闘わなければならない面が多くなっている」という分析を行い、これをその後の恵那教育会議の設立に直接つないでいくことになる。職場での活動についても「『何もしゃべらないで決めるより、みんなで話し合って決まらない方がよい』という徹底した組合員の納得と自覚」が何よりも重要であるとして、この「自由論議」の原則を教育会議のなかでもつらぬいていく。

大会スローガンとなった「子どもの問題で父母の中へ入ろう」「説得と納得で組織を強化しよう」は、

この時点ですでに教育会議の結成が必然であることを示していた。

さらに、愛媛での闘争がピークを迎えた一〇月、恵那支部は臨時協議員会議を開き、勤評問題を集中的に論議し、「勤務評定は絶対に阻止できないか」（一九五七年一〇月一八日）という題名をもった方針を決定する。そこでは勤評の本質を「勤務評定は、教員をいじめることによって教育をゆがめることである」と把握するとともに、その弱点を「勤評の実施者が地教委である」として、勤評との闘いは、教育委員会という地域支配構造の一つの結節点をめぐるものであることを明確に示している。この認識からその闘い方を次のように提起していることは重要である。すなわち「父母とともに行動しないかぎり地教委が拒否するという保証はない」ことを前提に「①たたかいの目標　各地教委に拒否させる」「②たたかいの方法分会の意志は必ず校長と一致させて父母に働きかける。教員と父母で地教委に働きかける」「③たたかいの組織　地域に校長、父母を含める勤務評定問題連絡会を設ける」とする戦術を提起していることである。

このように、恵那支部が、地域支配構造の問題として勤評問題を認識するとともに、教師と校長の一致、父母・住民への説得と納得、教員と父母による地教委への要求によって勤評を阻止する見通しをもった点はきわめて重要なことである。

組合はこの方針に基づいて、校長会との意見交換を行うとともに一一月には勤評阻止のための地域への説得活動期間と設定する。その結果、中津川市育友会連合会は「勤評は慎重に」との決議を行う。また校長会も「差別勤評反対」をうちだし、県下の注目を浴びた。

翌一九五八年三月の日教組第三波行動時には「日教組による組合員の動員戦術を拒否し、その実施に代わる支部の実情に即した最善の方法で共同の目標を達成する」として、各市町村で「教育会議」を開く方針を決定し、校長会の呼びかけによる教育会議準備会がもたれた。

一九五八年五月三日には中津川市教育長西尾彦郎をはじめ、恵那市教育長、恵那郡地教委連絡協議会、中津川市連合育友会、恵那市連合育友会、中津川市小中学校校長会、恵那市小中学校校長会、岐教組恵那支部の連名で「当面する教育問題を正しく解決するために、様々な意見を持って参会して下さい」との第一回総会への呼びかけが行われた。記念すべき恵那教育会議第一回総会は五月一〇日に三〇〇名の参加で行われた。会を代表して西尾が「教育が政治的な問題と絡むことが非常に多く教育界が動揺するスキが多くあるのは残念なことだ」としたうえで、「恵那教組の諸君が徒《いたずら》に日教組に追従せず、子どもに悪い影響が出ないように十分慎重に考えて、進んでくれたことは重要なこと」とあいさつし、参会者からも「恵那教組があらゆる会合で、すぐれた意見と態度」を示してきたことが評価された。これについて、育友会代表をはじめ、多くは必ずしも教組の勤評反対方針を全面的に支持しているのではなく、行動を自重した点を評価しているにすぎないという見方もできよう。しかし、恵那支部の行動が、むしろ県政および県教委のほうに今日の混乱の原因があるという認識や「県民の世論に耳をふさごうとしている」という認識を生み、「勤評実施は慎重に」という趣旨を盛り込んだ要望書を県教委に提出することを決めた。

さらに勤評実施の九月が目前に迫った八月一六日には恵那教育会議は第二回総会（参加一〇〇〇名）を開き、各地の「懇話会」「教育会議」からの報告を受け、「勤務評定」「道徳教育」「よい先生の問題」などの分科会を行っている。そして分科会後、全体会で第二次要望書を採択し、「教育問題がともすると直ちに政治問題化し、教育が政争の具と供せられる傾向を憂い、我らは教育を常に純粋に冷静に、政党政派を越えた立場で論ずることを望む」として勤評の実施延期を求めた。

これらの動きを受けて教育会議幹事会は、九月四日に「地教委は業務命令にこだわらないこと」「結果的に十一月の評定書提出はやむをえないが、校長は実質的に評定による差別が起こらないように評価を記入しないなどの工夫をすること」を確認していく。

恵那教育会議は、その後「めあて・とりきめ」を作成し、勤評問題に限定するのではなく、教育全般にかかわる問題の協議機関として恒常的な活動をめざし、かつ一定の実態が存在した。その意味では、教育行政をも含んだ半ば公的なこの会議の存在は、公選制教育委員会廃止後の日本の教育行政システムにあって異質な原理をそこに持ち込むことに成功したとさえいえよう。

恵那教育会議は、自民党県政の執拗な妨害工作・組合脱退工作(当時、岐阜県ではこれを「教育正常化」政策〔＝攻撃〕と呼んでいた)などによって一九六二年には活動を終えるが、岐阜県教組が組合脱退工作によって県全体の組織率を二割にまで低下させるなか、教育会議で培われた行政と組合の信頼関係が、ひとり恵那支部のみを依然として組織率八割を維持させる要因となったことは明らかである。また、のちには恵那教育会議議長の西尾彦郎を中津川市長に当選させた(一九六八年)のをはじめ、上矢作《かみやはぎ》などでの革新首長誕生の原動力となっていった。さらに、会の慣行は、その後も教育委員会、校長会、教職員組合の三者協議会として引き継がれるとともに、七〇年代には中津川市、岩村町、坂下町、上矢作町では教育市民(町民)会議として復興し(中津川教育市民会議、一九七四年一〇月結成など)、恵那の教育はふたたび全国の注目を集めていったのである。

4 恵那の教育、その後――高度成長期における学びの探求

恵那の教職員組合がこうした闘いを進められた背景には、彼らが、戦後初期から生活綴方教育を軸として「ほんものの教育」とは何かを追求し続けたことを見落とすわけにはいかない。そこでは、「学力」という言葉に置き換えられない「実力」という言葉を慎重に、かつ意識的に使用するような実践構造ができつつあったことも無関係ではない。

それらが具体的なものとして表れ、意識的な活動として展開されるようになったのは、本来ならば教育実践や運動にとってはマイナスの条件ともいえる状況のもとであった。それは、さきにふれた「教育正常化」政策によって「教室や学校というものから人間の肌のぬくもりというものが全くなくなってきている」ことや「生活の泥臭さ」「生活に根づくようなものが全くなくなっている」と感じられるような状況が生まれてきたことを契機にしている。同時に、高度成長がもたらす地域の変貌と、それにともなう「生活の抽象化」とでもいえる事態のもとでの子どもの生活や意識の変化が、教師たちにもう一度子どもの「つかみ直し」が必要であると認識させたのである。

こうした悪条件を克服するために、恵那では「地肌のでる教育」が提唱された。それは、抽象的な学力獲得をめざす教育が、子どもの本来の地肌を覆う非人間的なものだとすれば、生活に根ざした知と表現に

よってその覆いをはぎとることを意図したものである。このことは、生活や学習のなかで得られた知識を子どもが主体的に自分の生活のなかに位置づけられるようにすることが教育であるという、明確な教育観を恵那の教師たちが獲得したことを意味していた。

一九六六年の東濃民主教育研究会の発足と活動は、その集中的な表現であるといってよい。そこには、国民教育運動が、六〇年代に学力保障論の構築とそのための教科研究へと明確に歩み出したのとは対照的な問題意識がはたらいている。研究会事務局長を務めた石田和男は、この年の夏に行われた民教研第一回夏期研究集会の基調報告で、「それではどうにもはっきりしないものを私たちは絶えず提唱せざるを得なかった」と述べ、次のように問題の核心を明らかにしている。

どんな人間を作っていくのかという問題が、どういう学力をという問題だけで、実際には人間そのものの追求と教育の基調というものがどこかへ放られながら、どれだけの学力をつけていくかという問題としてのみ論点がはっきりされてくるという問題になったのではないか〔石田　一九六六ａ〕。

こう述べて、国民教育運動が、「学力保障」とそのための教科研究・授業研究に矮小化されていることに警告を発している。さらに、彼らが提起している「地肌のでる教育」と国民教育運動との関係を次のように述べている。

「地肌のでる教育」の実践は、民主教育を守るための国民的教育運動の内容としての、民主教育の障害を明らかにすることができるが、その障害は、国民的教育運動の進展によってのみ真に除去することができる。〔中略〕。その場合「生活現実に根づき、具体的に生活を変革させる」ことをめざす

「地肌のでる教育」の立場から、かつての「高校全入運動」の拡がりに学びながらも、あの運動を内部で批判せざるを得ない弱点としての教育現実を克服することが必要なのではなかろうか［石田　一九六六b］。

これらの発言は、国民教育運動が、受験に対応できる学力を保障することを通じて、競争への参入機会の拡大と平等化には貢献するかもしれないが、結局それでは運動が本来めざすべきはずだった人間形成の課題が軽視されざるをえないという問題点を指摘したものである。

これら一連の発言が、さらに具体化されて「わかる学習」と「私の教育課程づくり」として提起されていくのが、一九六〇年代後半から七〇年代なかばの時期であった。それは、時あたかも文部省・中央教育審議会が「四六」（一九七一年）答申を出し、これを、明治の学制、戦後の教育改革に次ぐ、「第三の教育改革」と称して、受益者負担主義や国家の教育権を強調し、能力主義のさらなる徹底をはかるなど、戦後改革理念の否定をあからさまにうちだしてきた時期と重なるものである。また、日教組もこれに対抗すべく、「教育制度検討委員会」を発足させ、その報告書『日本の教育はどうあるべきか』を発表し、能力主義・国家主義を批判するとともに、「自主教研を中心とする自主編成活動の成果にたって『わかる授業』『楽しい学校』にしたいという現場教師の要求に応える」運動（一九七四年定期大会）を提起するなど、「中教審路線」との全面的な対決の構えをみせていたときであった［日本教職員組合編　一九七八］。

これらに対しても恵那では独特の捉え方がなされている。石田和男は、一九七五年の民教研夏期大会での基調報告のなかで、政府や文部省の教育課程行政が破綻していることは明らかであるとする一方で、次のように、教育課程の自主編成活動の課題も述べている。

教育制度検討委員会というもので、私案ができあがっている。けれど、これも教師や父母の声を全面的に採択してつくったものではないために、さまざまな欠陥というものがある〔石田　一九七五〕。そして、それに代わるものとしての恵那での「私の教育課程づくり」は、教師一人ひとりが、教育の主体性を取り戻す仕事にほかならないものであることを強調して次のように述べている。

わかる学習を進めるために、事実をありのままにとらえることができる子どもたちの人間と生活を作り出すために、内容や方法や制度、そういうものを一環としたものとして自主的につくっていかなならん〔いかなければならない〕〔石田　一九七五〕。

ここで重要なことは、たとえどのように民主的な内容であったとしても、いわば日教組版『学習指導要領』とでもいえるようなものを鵜呑みにするのではなく、あくまでも「私の」主体性を重視する必要があることとともに、「わかる授業」ではなく、「わかる学習」を提起していることである。ここには、日教組の教育課程の自主編成活動でめざされる「わかる授業」でさえ、子どもの主体的契機が重視されずに、教科の科学性・系統性に傾斜した研究では、「子どもにどうそれ〔知識〕を押しつけていくのかというような問題としてしか作用しない」という問題意識が強くはたらいている。そうではなくて、子どもが自分自身の文脈のなかでの目的とわかり方に基づいて、主体的に学ぶことができる教育実践のあり方を探求しようとしたのである。同時に、教師もまた、子どもとの直接のかかわりのなかからつかみとった「私の教育観、子ども観」をもとに個々の教師が自分なりの「教育課程」をもつという主体性が強調されている。そして、これら子どもと教師の主体性を結びつける契機として、生活綴方がその要にすわるという構造をもって主張されていたのである。

この時期、恵那では、生活綴方教育が集中的にとりくまれ、研究されている。学校単位でも生活綴方教育の自主的な研究発表会が行われるようになっていく。その一つである西小学校の第一回西小学校生活綴方教育研究会の研究資料には「やっと探しあてた生活綴方」というタイトルのもとで「子ども自身の実生活に育まれた『生活綴方』をこそ頼りにし、内面のひだに触れながら、あえて『ムリ、ムダ、ムラ』を本領とする『生活実感』の実践にこだわるのは、本校の教育が確かな上にもより確かに、子どもの地肌に触れながら、母なる大地ともいうべき現実生活にどっかと根づきたいからである」と述べ、学習の中心に生活綴方を据えることを宣言している。さらに、そのことは、たんに子どもの問題だけでなく「生活綴方を実践することによって教師の生き方が正され、父母、地域の変革が要請されることでもある」とも述べている。これが何を意味しているかということについては次の引用文がその手がかりになる。

子どもが生活現実をありのままに綴るということは、自らの変革なしに発展し得ないものであるが、その場合、教師が人間として、その身体を通して前進の途を示すことなしに、子どもに、生活開発としての変革を自覚的に促すことはできない。〔中略〕

さらに、子どもの生活綴方的発展は、「そんなことを書くでない〔書いてはいけない〕」という父母の叱責によって、たえず困難に直面する。社会矛盾が集中的にあらわれる家庭では、子どもの内面における疑念や感動を生み出す機会はきわめて多い。その点からも「生活綴方」の実践は、必然的に子どもに対し家庭の変革の必要を生み出すが、その実践を営む教師の問題としても、家庭・地域の変革が要請されてくるのである［生活綴方：恵那の子編集委員会編　一九八二a］。

これは、生活綴方教育が「生活現実に根づき、具体的に生活を変革させる」具体的な展望を恵那の教師たちに与えるものであるとともに、教育の目的、内容・方法を全面的に総括し、学習と学力の社会的意味を捉える筋道が、この時点で明確に形成されていることを示したものといえよう。これらの理論的提起が具体的なかたちとなって現れたのが、次に述べる丹羽徳子の教育実践であった。

5　到達点としての丹羽実践（1）——子どもの主体的な学びの探求

一九七五年四月から七七年三月まで中津川市立坂本小学校で五年・六年生を担任した丹羽徳子の教育実践は、のちに『明日に向かって』（上・下）として発表された[6]［生活綴方：恵那の子編集委員会編　一九八二b］。

そこには、障害のある家族のことを、はじめは隠しておきたいと思っていた五年生の捫垣泉《ねじがきいずみ》という少年が、何でも自由に話せる学級の雰囲気と、「値打ちのある生き方」の追求をめざした学習へのとりくみのなかで、そのときどきの自分の気持ち——障害者である叔母のことを「へんやなあ」「おらんほうがいい」「かわいそう」——にあらためて向きあい、事実をありのままに綴ることを通して「かくしておくことでもないし、みんなでかんがえていかなあかん」へと、自分と社会の課題を見つけ出していく「はっちゃんのことを真剣に考えるようになったぼく」という綴方作品や、この作品が生まれる過程が丹念に描かれている。おそらく泉という少年が綴ることを通じて獲得した、作品のなかに表出されている自己と社会についての認識は、いわゆる学力という枠組みにおさまるものではないといえるだろう。しかし、子どもの認識がこのように高まり拡張・深化していく過程を成長・発達と呼び、それを支え励ますことが教育であるという平明な事実を明らかにしたところに、教育的価値論の立場からみたときの丹羽実践の意味があり、恵那の教師たちが追求してきた「ほんものの教育」の到達点をここにみることができる。

また、丹羽学級での学びが自由と安心と共同に支えられ、他者の「声」が作者である泉の内面をくぐり、泉の「声」としてふたたび他者の内面に響いていることも丹羽実践の大きな特徴であった。恵那の生活綴方教育では、事実を「ありのままに」綴ることとともに、「友だちの綴方で勉強する」という表現で、「読みあう」ことで「つながる」ことが伝統的に重視されてきた。泉の作品のなかでも「美由紀ちゃんの綴り方のへんからだんだんぼくの考え方がちがってきた」という文章が出てくるが、それは樫原美由紀が書いた「自分の心をしっかりさせるために思いきって書く」という綴方のことをさしている。

その作品は、二年生のときに家のお金を持ち出したり、店でガムを盗んで食べたことなど、これまでいえなかったことを、「人はだませても、自分の心はだませんで苦しい」こと、そして「二学期のなかで、自分の心がのびたことを考えたとき、わたしはこのことが、書けたことが、一番自分がしっかりしたことやと思う」ということを綴ったものであった。このようなことを自分の意志で書き、それをクラスのなかで読みあうという関係は、けっして強制によって生まれるものではない。綴方は「自分の生き方を変えるために書く」ものであることを、美由紀が、泉が、そしてクラスの子どもたちが深く理解し、信頼できる教師と友人たちの前に自己を開くことで「生きる方針」を確かなものにしていけるとの確信があって、はじめて成立する関係である。

丹羽は、この実践記録の冒頭に、当時の実践のためにつけていた自らの「教育ノート」の「走り書き」を引用して次のように記している。

• 子どもの内面を理解する教師の自由の重要さ
• 子どもが自分で自由をつかんでいくことが――つまり、わかること
• 子どもをどうつかむかを追求することは教師の基本的な任務

これはまさに、子どもがものごとを「わかる」とは、たんに知識を獲得していくことではなく、子どもが自らの主体性において自分の生活の文脈のなかで理解していくことをさしており、そのような子どもの主体性を尊重しきることのできる教師の自由の重要性を意識したものである。綴方の指導でもまた、丹羽は、「綴方は、自分が書きたい時に書くものである。書けと命令されて書いた時は、それはもう自分の意思を半分そこねた時である」と子どもたちに言い続けた。それだけに「子どもたちの前に公表されて、学びあった作品は、それまでにも、子どもたちの重い意思をくぐって、提出されたものが多かった」とも述べている。事実、挧垣泉の先の作品にしても、ある日突然生まれたものではない。それ以前に、「おじいちゃん」「ぼくのたるいこと」などの習作を綴りながら自分の内面と対話し、友だちへの信頼を深めていくなかで、「はっちゃん」のことを主題にしてはじめて書いた、「書きたくないことを書きたいと少しずつ

思いはじめた」という綴り方にいたるまで、ほぼ一年間をかけている。子どもの自由と自己決定を尊重するところに丹羽実践の本質があったといえよう。

6　到達点としての丹羽実践（2）——教育の共同性の探究と第二次「教育正常化」攻撃

同様のことは、この実践の初期に生まれた日下部和彦の綴方作品「ぼくが読んでやる」をめぐるとりくみにもあてはまる。

父親が単身で名古屋に働きに行くようになった和彦の家では、学校からの印刷物を母親は和彦に読ませたり、提出物も和彦自身が書くようになった。以下はそれについて綴った和彦の作品の一部である。

ときどき　ぼくはあんまりえらくて　めんどうくさくなると　いやになって、「なんやあ　自分で
読みゃあいいのに　中学校　出たんやら。」というと　お母ちゃんは　たるそうな（さびしそうな）顔
をして、
「お母ちゃんの子どもの頃は戦争があったもんで、あんまり学校へ行けなかったもんであんまり頭
がよくないのよ。だから　和彦読んでよ。」という。
ぼくは　それを聞くと、ぼくに読ませるの　しかたがないなあと思う。
おとうちゃんが　おらんと　ぼくは　えらいなあと思いながら　むずかしい字があると　辞書をひ

いたりして、ぼくは読んでやる。そうすると　そのあとにおかあちゃんは、自分でもういっぺん持って読んでいる。

丹羽は、この作品を読んで「あっ　ほんとうの勉強をしている子がいる」と感じ、和彦の綴方にこの言葉をコメントした。そして、この綴方を子どもたちの前に出して、「この綴方で何を考えていったらよいでしょう」「そのためにもっとわかるように詳しく書くことは何でしょう」という問いを子どもたちに発している。

それに対して、子どもたちは、「なぜお母さんはあまり字が読めないのか」「戦争中どういう暮らしをしていて、どれぐらいしか勉強ができなかったのか」について詳しく書いてほしいと和彦に「要求」している。しかし、それはけっして和彦の母親が字をあまり読めないことだけに焦点をあてているのではない。和彦の思いに共感しながら綴ることを促しているのである。それは、和彦や母親にとっての、そして自分たちにとっての学びの意味の捉え直しのプロセスともなっていた。その結果、和彦の作品は、もとの綴方の二倍以上の長さの作品として書き直され、母親の戦争体験を聴き取ることや辞書をひくことが和彦の生活のなかで大きな意味をもちはじめてきたことなどが詳しく描かれるものとなった。

また、この綴方のとりくみを始めるにあたっては、当然のことであるが、丹羽は、子どもだけでなくその家族からもこの作品を読みあうことについて、ていねいに了解を得ながら進めている。それはたんにプライバシーの尊重ということだけでなく、教育と学習にかかわる者すべてに、自ら決定する自由がなければならないとする丹羽の、そして恵那の教師たちの教育的信念からのものである。

ところで、当時の中津川市では「毎月五日は、教育を考える日」として、市内すべての学校で、教職員と保護者・住民がともに教育について考えるとりくみをそれぞれの工夫のもとで行っていた。

坂本小学校でも、毎月各学級から綴方作品を出しあい、それを文集にして、家庭で読みあうとりくみを進めていた。学級で生まれた作品が学年、学校全体そして保護者たちにも広がり、共有されていった。文集には、和彦の作品を読んだ親たちの感想もよせられている。長いが丹羽実践と当時の恵那の教育の雰囲気がよく表れているので引用しておく。

日下部くんの綴り方から学んだ　黒柳　しの（三年親）

「ぼくが読んでやる」を大声で読み上げた。夕食後、それぞれに勝手なことをしている時でした。三年生の息子が、絵本をみるのをやめて、私の傍らによってき、いつのまにか、みんなが私をとりかこんで聞き入った綴方でした。

「くさちゃんはえらい」「くさちゃんのような力をつけたい」「くさちゃんがんばれ」と心から思う友だち。

「くさちゃんが読んで、そしておかあさんがそれをきいてまた自分で読むのは、おかあさんが勉強していると思う」と日下部君のおかあさんに素直に感服する子どもたち。

おとうさんが、毎日いなくて　おかあさんも　たるくて　日下部君におとうさんのかわりに読んでほしいと思っているお母さんのさびしさ。人の心の深いところまで読み取っている子どもたち。「読んでやる」が主題だけれど、当然関連する家の状況や、お母さんの幼時なども、くわしくわかり、「今しようと思えば、なあんもじゃましないからいっぱいやりなさい」と、さりげなく語る戦争体験が、かえって子どもたちのなかに生きて伝わり、重みを持って迫ってきます。

綴方を書いた子も、読んだ子も大きく働きかけあって、それぞれがめざましく成長していることがよくわかりました。

学級だよりなどに対して、今まで私はどうだったかなあと考えた時、自分で読んで、それを子どもと考えあったことなど一度もないし、教科書が悪い、指導要領が悪い、学級の定数が多いなどと教育について理解しているような気がして、一種の自己満足に陥っていた私にとっては、この綴方を通しての親の生き方については、感動などというより、ショックでした。

埋もれがちな事実をみんなで求めていく教育を、こうしてやってくださることは何よりもうれしいことですし、子どもたちが、こんなにも可能性を持っているのだということがわかり、これを読ませてくださった意味をかみしめてつかもうとしています。

このようにして学校での日々のとりくみが、地域・保護者に開かれ、教育をともに考えていこうとする動きがつくられていったのである。

しかし、同時にそのことは、恵那の教育に政治的に介入しようとする者にも「糸口」を提供することでもあった。

皮肉なことに、綴方教師としての丹羽の実践が全国に知られるようになったことから、恵那の教育を直接の対象とした第二次「教育正常化」攻撃が始まったのである。

それは樫原美由紀の「自分の心をはっきりさせるために書く」が、「子どもを守る会」の雑誌『子どものしあわせ』で紹介されたことに端を発する。市議会では保守系議員がこの作品を「万引きの手引き書」だと決めつけ、県議会でも偏向教育として問題視された。マスコミは、事実を確かめることもなく、保守系議員の主張にそった報道を流し続け、恵那の住民のなかに動揺を誘った。また、坂本地区につくられた保守政治勢力と右派労働組合が中心となって結成された「教育懇談会」によって、「綴方よりも学力を」「先生、授業の手を抜かないで」というキャンペーンが張られた(7)。

だが当時は、この攻撃すら、子どもたちの社会に対する認識をさらに深める契機として作用し、子どもたちは、なぜこのようなことが起きるのか、「新聞」はどんな役割を果たすべきなのかなどについて考えを深めている。保護者の多くも、事実とあまりにもかけ離れたうわさや報道に接することで、かえって生活綴方教育への関心と、子どもや教師への信頼を高めていった。また、中津川市教育委員会も丹羽と恵那の教育を守る姿勢をとり続けた。

7　恵那の教師の教育運動認識と国民教育運動

丹羽実践に象徴される高度成長期における恵那の教育は、「学力保障」論に傾斜し、結果として固定的な知識を押しつけることになったという国民教育運動論への批判を克服する契機をもっていたと考えられるし、それを支えた当地の運動は、つねに激しい「教育正常化」攻撃にさらされながら、教育の共同主体としての父母・住民を視野に入れ続けたものであったと評価することができよう。

もちろん、「教育正常化」攻撃が、丹羽を、この学年の子どもたちを卒業させたあとに心労による休職に追い込んだことや、恵那の教育が高揚期を迎えたとされる一九八〇年代に、父母・地域住民との共同研究・共同行動の機会をかえって減らしていった事実を軽視するつもりはない。

しかし、そのことは逆に、高度成長期に人々が自発的にそして自然発生的に一元的能力主義を受け入れ、学力獲得競争に突き進んでいったのではなく、そこには、そのような競争構造を支えるだけでなく、人々を強引にそこへ引き込む政治的な意図が強くはたらいていたことを示す証左となる。

最後に、ここまで述べてきたことをふまえて、恵那の教育運動を当時の国民教育運動のなかにどのように位置づけうるのかを、簡単に整理して小論を閉じることにする。

日教組は、①勤務評定を「教師間に差別を持ち込むことを通じて教職員組合の分断・弱体化をねらうもの」とするとともに、『学習指導要領』の改訂を教育内容の国家主義的統制を強化するものと認識していた。②これに対する闘い方は（i）前者に対しては、階級闘争の一環として総評との共闘を中心とする組織労働者的な闘いを重視し、実力行使を含む激しい戦術で抵抗した。（ii）後者については、教研活動を中心とした教育課程の自主編成活動によって、国家統制に対抗するという闘い方を選んでいく。③この二つの戦術の組み合わせは、地域における具体的な闘いにおいては、教育委員会、校長を権力の末端機構を担うものとみるとともに、地域住民は地域ボスに支配された「遅れた民衆」であるという前提のもとで、学校と教育を地域支配構造から切り離すための論理を探ることになる。その論理の基盤として教育基本法第一〇条が採用され、「国民の教育権」と国民の付託を受けた「教師の教育の自由」「教師の教育権」の主張として洗練されていくことになる。

一方、恵那支部は、①勤評を「教師をいじめることによって、教育をゆがめるもの」と認識したところにとりくみの出発点があった。そして、その本質と弱点を、子どもの成長を願う国民全体にかけられている攻撃と捉えるとともに、地教委が勤評を行わなければならないことに支配の側の矛盾と困難がある（地域支配構造の問題）と認識したところに大きな違いを生んだ。②したがって、その闘い方も、地域の一致点で合意をつくりだすことを重視し、教員と校長が一致して、住民・父母（ＰＴＡ）にはたらきかけ、それらを背景にして地教委に勤評をさせない（教育会議方式を生み出す）というものとなっていった。③それは「政治的攻撃を教育ではね返す論理」としての教育基本法第一〇条認識の可能性を展望するものであった。ここでは、同じように「国民の教育権」という言葉を使ってはいても、日教組のように「教師の教育権」を軸とはせずに、「教育の主人公は国民」という筋道を強く意識するものとなっていた。したがって教育内容編成への参加も視野に入れた学校教育への父母・住民参加ということも含むものとして認識されていったのである。

このように対比すると、日教組の国民教育運動は、教育課程の自主編成活動を軸に組み立てられ、一方で勤評闘争が組合員の権利防衛闘争として闘われるという二元的なものとなり、両者の関連を問えないまま一九六〇年代に移行したものと評価せざるをえない。これに対して、恵那の勤評闘争は、形式だけに限れば、地域の保守層も含んでの一致点で闘った事実が示すように、勤評闘争を階級闘争の一部とは位置づけない「非政治的」にみえる闘い方をしている。また父母の多様な教育要求に依拠したという点で、国民教育運動が内包する矛盾を一挙に拡大する内容までも含んでいたということもできる。しかし、勤評闘争以降少なくとも丹羽実践が展開された七〇年代後半までの運動と実践の内実は、そのような形式の「弱さ」とは逆に、地域における教育の共同主体論の模索がそこにみられるとともに、教育課程の自主編成を中心とする国民教育運動のもつ弱点を克服し、能力主義的教育政策のもとで進む学力と人格の乖離状況への批判の立場を獲得していったと評価できるのではないだろうか。

〔注〕

(1)たとえば、戦後教育史研究の古典ともいうべき以下の二著では一九五〇年代と六〇年代をそれぞれ独立した章として扱っているが、タイトルおよび内容の基調が明らかに異なっている。
五十嵐・伊ヶ崎［一九七〇］の第二章「サンフランシスコ体制下の教育反動化と平和教育の闘い」、第三章「教育政策の反動化と教師の闘い」と第四章「新安保条約の成立と教育政策の変化」の記述の違い、大田編著［一九七八］の第三章「教育政策の反動化と『新教育批判』」、第四章「経済成長と教育」の違いに注目されたい。

（2）早くは、持田栄一の次の発言がある。持田は、以下のように批判した［持田　一九六一］。

教研の現状は既成の教育実践を規定している近代学校という仕組みそのものは不問にして、細分化され、専門化されたものを根拠に問題別・教科別領域を立てている。だから教科別とか問題別に分けるということは、教科研究としての全面発達を阻害していると思います。教科別に見ていくと、主として、教える内容の問題、つまり文化遺産を教材化するにはどうするか、という観点に集中して、その教授活動をすすめる仕組みとしての近代学校の本質理解を不問に付す傾向がある。

持田のこうした議論をベースにした国民教育論批判は、教育学研究において一定の影響力をもち、持田編［一九六九］は、その理論的な到達を示すものの一つである。

しかし、一九八〇年代までは運動それ自体の高揚もあり、それほど大きな論議の対象とはならなかった。国民教育論・国民教育運動論に対する、より本格的な批判は、九〇年代に運動の内部からも展開されるようになった頃からといえよう。それらには、本文中にも引用した中西・乾［一九九七］ほか、池谷ほか［一九八八］などがある。

（3）第一巻（一九四五〜一九六五年）、第二巻（一九六六〜一九八五年）、第三巻（一九八六〜一九九九年）の三巻からなる『「恵那の教育」資料集』には、本文で引用した恵那の教育の出来事についての資料がふんだんに掲載されている。以下に、本文内でふれた主要な出来事に関する資料の『資料集』のなかでの掲載箇所を示しておく。（　）内数字は巻を示す。

①岐阜県教組恵那支部「運動方針の転換」一九五七年六月『資料集』（1）三二八頁
②岐阜県教組恵那支部（臨時協議員会）「勤評闘争」一九五七年九月『資料集』（1）三三五頁
③恵那地区教育会議「勤務評定に関する要望書」一九五八年八月『資料集』（1）三五六頁
④石田和男「当地域における戦後の民主教育運動と現代の課題」一九六六年八月『資料集』（2）四八八頁
⑤石田和男「『地肌のでる教育』を考えるために」一九六六年一二月『資料集』（2）五〇三頁
⑥石田和男「子どもと教育の上にあらわれている新しい特徴と『生活に根ざし生活を変革する教育』を進めるための若干の基本的問題について」一九七五年八月『資料集』（2）五八二頁

（4）機関誌『恵那綴り方教師』を通して、綴方作品の検討を集団的に行い、石田和男、丸山正己、渡辺春正らの実践や綴方作品が全国的に紹介されるなど、一九五〇年代初頭から恵那の教育は、無着成恭の「山びこ学校」と肩を並べるものとして、研究者・実践家に注目される教育実践を生み出していった。
なお、恵那では初期には「綴り方」と表記していたが、一九六〇年代に入ると「綴方」とする文章が多くなっている。小論でも、原則的には原文に従って、「綴方」と表記することとした。

（5）本巻第3章の拙論「〈平和と民主主義のシンボル〉から〈学歴正統化装置〉としての学校へ」でもとりあげた「教育の政治的中立の確保」に関する法案制定へ向けての動きの一つに、文部省が一九五三年一二月に各県教育委員会に向けて発した「地方課発第九三九号」の極秘通牒がある。それは「教育の中立性が保持されていない事例の調査」を求めたものであるが、同調査の結果をのちに「二四の偏向教育の事例」として発表し、著しい偏向教育が全国的に行われているとの印象を国民に与えようとした。事例のなかには、旭丘中学校事件や山口日記事件のように事件に「発展」したもののほか、まったく事実無根のものまであった。恵那についても「恵那郡小・中学校で授業を休んで松川事件について教師が生徒に話した」とされる報告がなされている。

(6)丹羽徳子は恵那を代表する実践家として、理論家・石田和男とともに全国的に有名な存在であるが、戦後の恵那の教育では、特定の個人が突出した存在となることを極力排してきた歴史がある。東濃民主教育研究会事務局長の石田和男の発言の多くも、石田の鋭い理論的洞察に基づいて、集団的な討議のうえになされている。また、この『明日に向かって』を発表するにあたっても丹羽自身は「ひとりだけの実践記録なら、ぜひ他の方のを……」といって辞退したが、生活綴方：恵那の子編集委員会の要請によって、この実践記録は刊行された。本文内に引用した主な出来事・作品の掲載箇所を以下に示す。

①搗垣泉「はっちゃんのことを真剣に考えるようになったぼく」上、一六六頁
②丹羽「教育ノート」上、一二頁
③樫原美由紀「自分の心をしっかりさせるために思いきって書く」上、一二一頁
④日下部和彦「ぼくが読んでやる」上、四三頁
⑤黒柳しの「日下部くんの綴り方から学んだ」上、六七頁
⑥丹羽「子どもの心を傷つけた教育攻撃」下、九頁

(7)坂本地区教育懇談会代表の小木曾尚寿の学校批判は、地元のミニコミ誌に長期連載され、のちに『先生授業の手を抜かないで』という単行本になった。こうした攻撃に対する、坂本小学校の子どもや保護者のようすについては、丹羽の「子どもの心を傷つけた教育攻撃」に詳しく述べられているほか、森田［一九九八］による一連の研究が参考になる。

〔文献一覧〕

五十嵐顕・伊ヶ崎暁生『戦後教育の歴史』青木書店、一九七〇
池谷壽夫・後藤道夫・竹内章郎・中西新太郎・吉崎祥司・吉田千秋『競争の教育から共同の教育へ』青木書店、一九八八
石田和男「当地域における戦後の民主教育運動と現代の課題」一九六六a（『「恵那の教育」資料集』第二巻所収）
石田和男「『地肌のでる教育』を考えるために」一九六六b（『「恵那の教育」資料集』第二巻所収）
石田和男「子どもと教育の上にあらわれている新しい特徴と『生活に根ざし生活を変革する教育』を進めるための若干の基本的問題について」一九七五（『「恵那の教育」資料集』第二巻所収）
石田和男・渡辺春正ほか「座談会　国民の教育要求と教育の自由」『教育』一九五九年一月号
「恵那の教育」資料集編集委員会編『「恵那の教育」資料集――ほんものの教育を求めつづけて：一九四五年～一九九九年』第一巻～第三巻、桐書房、二〇〇〇
大田堯編著『戦後日本教育史』岩波書店、一九七八
勝田守一「子どもの幸福を守る教師たち」『教育』一九五二年八月号
苅谷剛彦『教育と平等――大衆教育社会はいかに生成したか』中公新書、二〇〇九
佐藤隆「日本教職員組合の教育研究活動論の『転換』と国民教育論の生成――第四次教育研究集会をめぐって」『日本教育政策学会年報』四号、一九九七
佐藤学「教育学の反省と課題」『岩波講座現代の教育1　いま教育を問う』岩波書店、一九九八
生活綴方：恵那の子編集委員会編『恵那の生活綴方教育』草土文化、一九八二a

生活綴方：恵那の子編集委員会編『明日に向かって――丹羽徳子の生活綴方教育』上・下、草土文化、一九八二b
中西新太郎・乾彰夫「九〇年代における学校教育改変と教育運動の課題」渡辺治・後藤道夫編『講座現代日本4　日本社会の対抗と構想』大月書店、一九九七
日本教職員組合編『日教組三十年史』労働教育センター、一九七八
持田栄一「座談会　第一一次教研をどう前進させたらよいか」『教育評論』一九六一年八月臨時増刊号
持田栄一編『講座マルクス主義6　教育』日本評論社、一九六九
森田道雄「一九七〇年代の恵那の生活綴り方教育の展開4――丹羽徳子実践『明日に向かって』について」『福島大学教育学部論集』六五号、一九九八
山住正己・柴田義松・大槻健「共同研究数学教育の『現代化』をめぐって」『教育』一九六一年三月号

第5章

女性労働者の一九六〇年代
――「働き続ける」ことと「家庭」とのせめぎあい

宮下さおり
木本喜美子

1 高度成長期は「主婦化」の時代か

日本の高度成長期は、大衆的に女性が就労をやめて「主婦」になっていく時代、すなわち「主婦化」の時代としてイメージされている［山田 一九九四］。確かに、この時期に女性が育児期に就労を中断し、子育てが一段落してから働くというライフスタイルが広がったことは、「国勢調査」からもうかがわれる。一九六〇～七〇年は、女性の年齢階級別労働力率のM字型の底が深くなっていく時期であり、育児期に一時的に労働市場から撤退する女性が増えている（図1）。落合恵美子は、七〇年代半ばに向かう専業主婦比率の増大局面をさして「戦後、女性は主婦化した」と提起した。日本の戦後家族史の把握に際して人口

図1　年齢階級別女子労働力率の変化（1950〜75年）

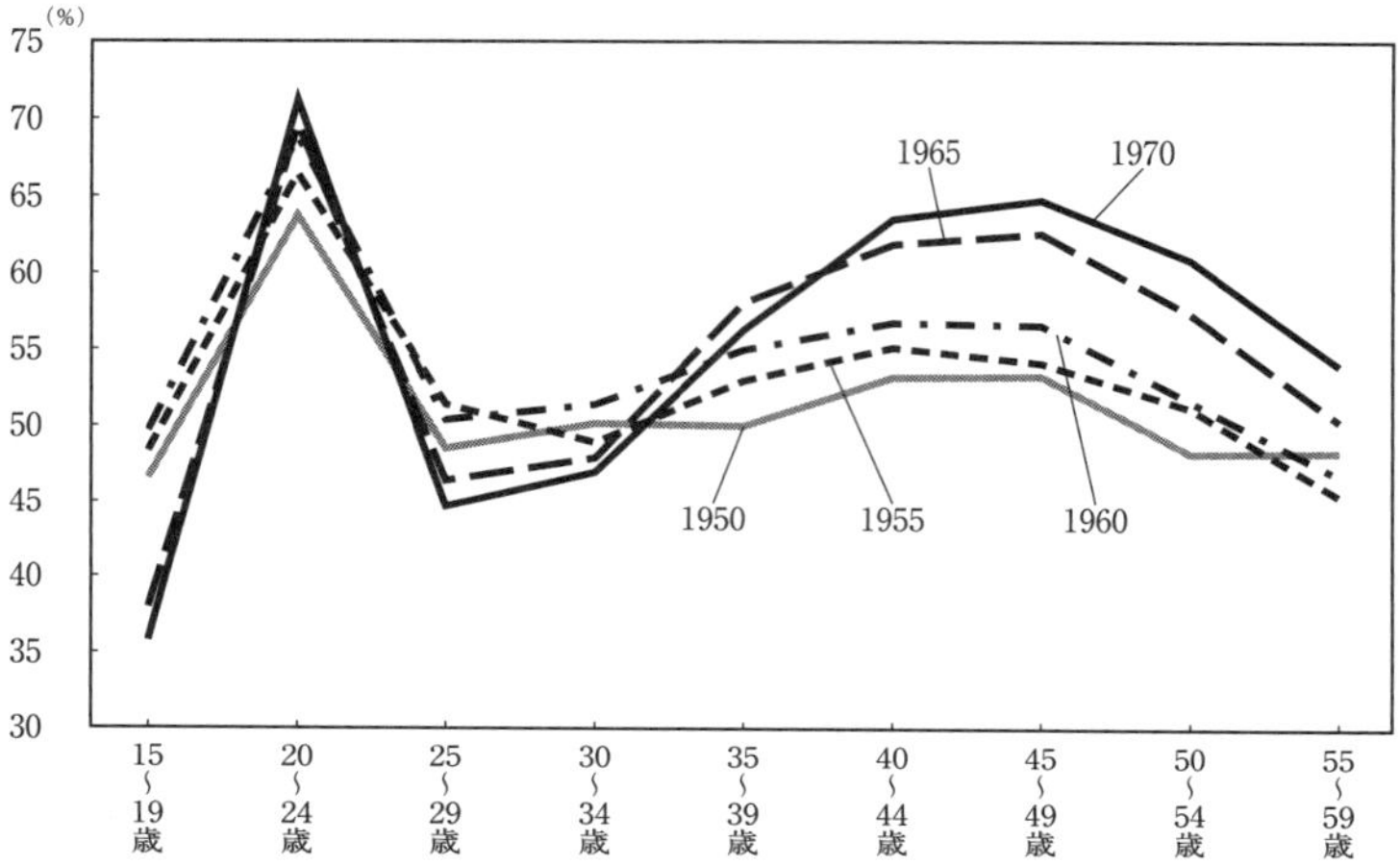

出所）「国勢調査」1950年，55年，60年，65年，70年。

注）1950年データについては15〜19歳データに14歳を含み，30歳以上のデータについては5歳刻みでなく10歳刻みで集計されているため，グラフでは30代前半と後半とで同じ数値を使用した。40代，50代も同様である。

学的諸条件を重視する視角を提起した落合は、既婚女性が専業主婦になるという動き（＝「主婦化」）と、少子化による二人っ子時代が到来したことをメルクマールとして、安定した家族構造が出現する時期を「家族の戦後体制」と呼び、高度成長期にあたる五五年から七五年までとした［落合　一九九四］。これは、専業主婦を抱えた近代家族の大衆的定着という意味での「大衆近代家族」の成立期でもあった［落合　二〇〇五］。

しかしながら、図2にみるように、一九五五年から七〇年までの「主婦化」は確かにハイテンポな勢いで増加している。だが一方では既婚女性の雇用労働者化のテンポは、これをはるかに上まわっていた。すなわち前者はこの一五年間で一・七四倍になっているが、後者は実に五・一九倍にものぼっている。も

図2　共働き世帯数の推移（夫がサラリーマンの世帯）

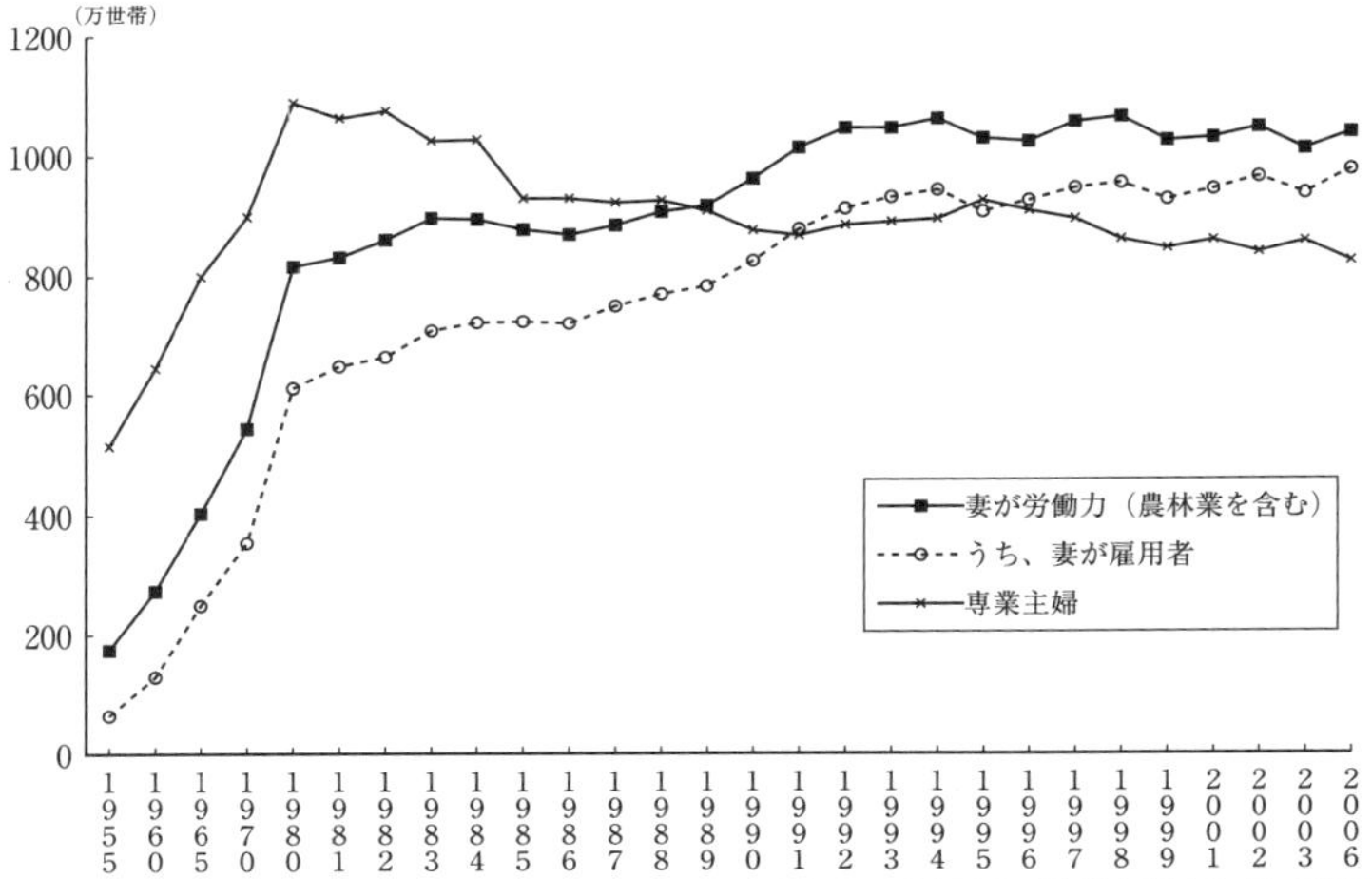

出所）「国勢調査」および総務省統計局『労働力調査特別調査報告』『労働力調査年報（詳細結果）』各年版より作成。

ちろんマジョリティは主婦であり、この時代を特徴づける一つのトレンドが「主婦化」であったことは明らかである。だがもう一つの根強いトレンドであった雇用労働者化の動きを視野におさめた場合、この時期の社会像は違った様相を帯びることになる。

一九六〇年代は「主婦化と雇用労働者化とのせめぎあい」［木本　二〇〇四ａ］として捉えなければ、この時代の深層に分け入ることはできないのではないだろうか。女性労働のありように着目すれば、この時期に存在した「主婦化」というトレンドと相反する動きを過小評価することはできない。五〇年代後半には女性が結婚しても仕事を辞めない風潮ができあがっており、女性の長期勤続化傾向がみられたこと、女性の就業継続をバックアップすることをめざす育児休業制度の実現や保育所運動がみられたこと等々を考慮に入れれば、この時期を「主婦化」の時代としてシンプルに描くわけにはいかないであろう。もちろん他方では、この時期に、若年定年制・結婚退職制が必ずしも制度化されていなかったとしても、「適齢期」の女性に対する退職勧奨のための肩たたきという職場慣行が根強く存在していたことも看過しえない。だが少なくとも高度成長期に女性労働力に大きく依存していた電機産業においては、のちにも引用するように六〇年代には、既婚女性をフルタイマーとして位置づけ、勤続を重ねることを歓迎する実態があったことが確認されている［木本　二〇〇四b］。

本章は、こうした問題意識の延長線上で、一九六〇年代をより深く考察することを目的としている。その際、六〇年代がきわめて変化の大きな時代であったことを念頭におき、なるべく多面的にこの時代に接近していきたいと考える。勢いづく経済成長のもとで六〇年代は、農村から都市へと人口が大移動し、第二次・第三次産業従事者が増加するなかで、職場は技術革新と激しい労働力不足に見舞われた。さらには、近代的な国民生活の実現をめざして行政や社会制度を整備していこうとする動きがあり、労働運動をはじめとした社会運動も活発化していく。このようななか、政策的に女性を労働力として労働市場に引き出そうとする動き、女性たちが結婚・出産をへても働き続けることによって女性の地位を向上させていこうとする動き、家族とそこにおける女性の役割に関する議論の活発化など、「女性が働く」ということをめぐってさまざまな言説と実践とがみられた。他方、教育界では五〇年代後半から、女性を母＝主婦役割に特化させていく言説が現れ［小山　二〇〇九］、「女子にとって本質的に必要な科目」たる家庭科の女子のみ必修化の動きが推進され、七〇年には高校家庭科の女子のみ必修化が実行に移されている。教育実践における規範形成力に着目するならば、こうした動きも看過しえない。

そこで、本章では上記のような多様な動向をなるべく広く視野におさめつつ、次のような手順で考察をくわえていくものとする。まずこの時期における女性労働力化の展開と背景を、統計データをもとに概括的に確認する。次に、女性とその役割が労働力政策のなかでどのように位置づけられていったのかを、経済計画を中心に検討する。そこでは、一九六〇年代における「家庭」や「母」の役割に関する言説状況も検討することになろう。なお、当時の家族と職場の状況は、その社会階層上の位置づけによって相当な違いをみせていた。相対的上層においては「男性は仕事、女性は家庭」という近代的性別役割分業を体現するような方向に収斂する一方、相対的下層においてはそれとは異なる様相をなしていたのである。したがって、社会階層差という視点を分析に際して堅持する必要がある。これらの作業により、六〇年代という時代は女性の「主婦化」という動きだけではくくることができない「せめぎあい」の時代だったこと、むしろ七〇年代こそがその後の女性の地位を決定づける重要な画期だったのではないか、ということを示すことになる。

2 女性の労働力化に対する期待

女性の労働力化の動向

高度成長期においてきわだっていたことは、女性が労働力化するベクトルがきわめて強かったということとである。その変化は、新規学卒者を中心とする若年層だけでなく、既婚の中高年層、さらには都市部だけではなく農村部も含めた、広範なものだった。労働省婦人少年局が出した一九六三年の『婦人労働の実情』は、女性若年層の求人難が強まるとともに「これまでとり残されていた中高年層および後進地域における需給関係も徐々に改善がみられ」〔労働省婦人少年局　一九六四：二〕つつあり、日雇労働が常用的雇用に切り替えられる動きもあると評価した〔労働省婦人少年局　一九六四：四六〕。若年労働力不足を補うべく、女性中高年層が安定的な労働力として労働市場に参入する動きが強まった。ただし同時に、育児期にあたる年齢層の女性が労働市場から撤退する傾向をみせており、これが「主婦化」の証左とされる。

しかし、これはこの時期において、すべての社会階層にわたって均質的に進行した動きではない。ここでは夫の従業先・従業上の地位によって、既婚女性の年齢階層別労働力率にどのような差異がみられるかを確認してみよう。高度成長期前半にあたる一九五五年から六五年の「国勢調査」データをもとに既婚女性の年齢階層別労働力率を、夫が農林漁業従事者、非農林漁業自営従事者、雇用労働者の場合に分けてみると、それぞれ図3−1、4−1、5−1のような変化をみせたことがわかる。

まず、農林漁業従事者の夫をもつ妻の場合を検討するが、この一〇年間での変化はごくわずかなものであった（図3−1）。ただし、彼女たちのほとんどは夫と同じく農林漁業に従事したものの、高度成長の進行にともなって、その雇用者比率は増加した（図3−2）。この層において、既婚女性、とりわけ二〇歳代前半までと三〇歳代後半から四〇歳代前半層において勤めに出る動きが進展したことがわかる。いずれにせよ、女性が家事・育児に専念することなく働き続けることを当然とするパターンに目立った変化は

図３−１　夫が農林漁業従事者の場合における年齢階級別女子労働力率の推移（1955〜65年）

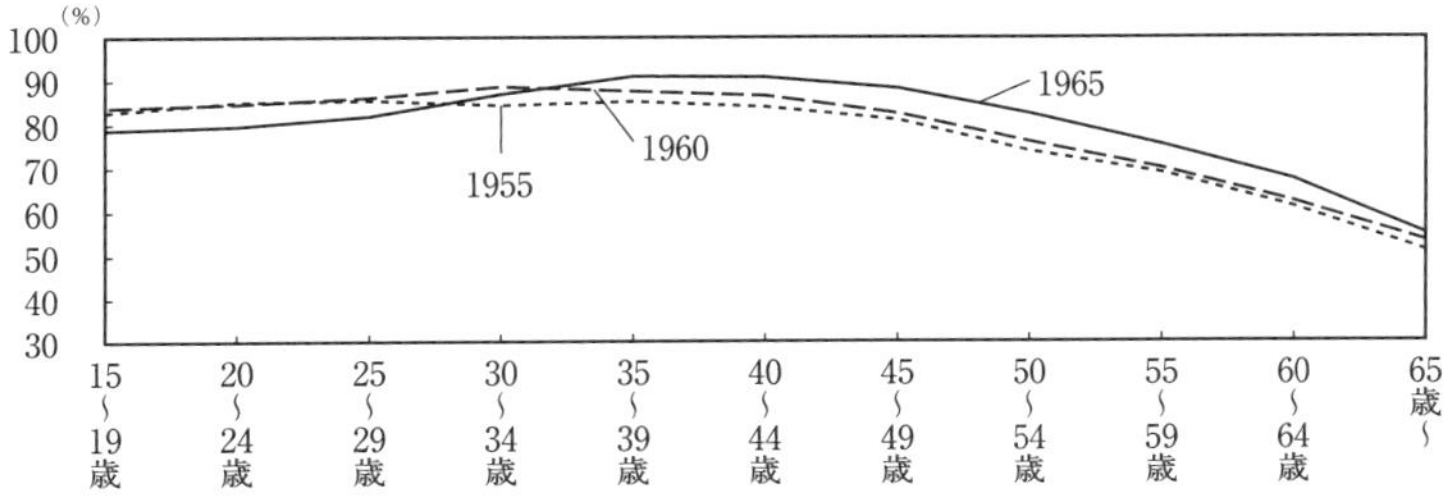

出所）「国勢調査」1955 年，60年，65年。

図３−２　夫が農林漁業従事者の場合における年齢階級別女子雇用者比率の推移（1955〜65年）

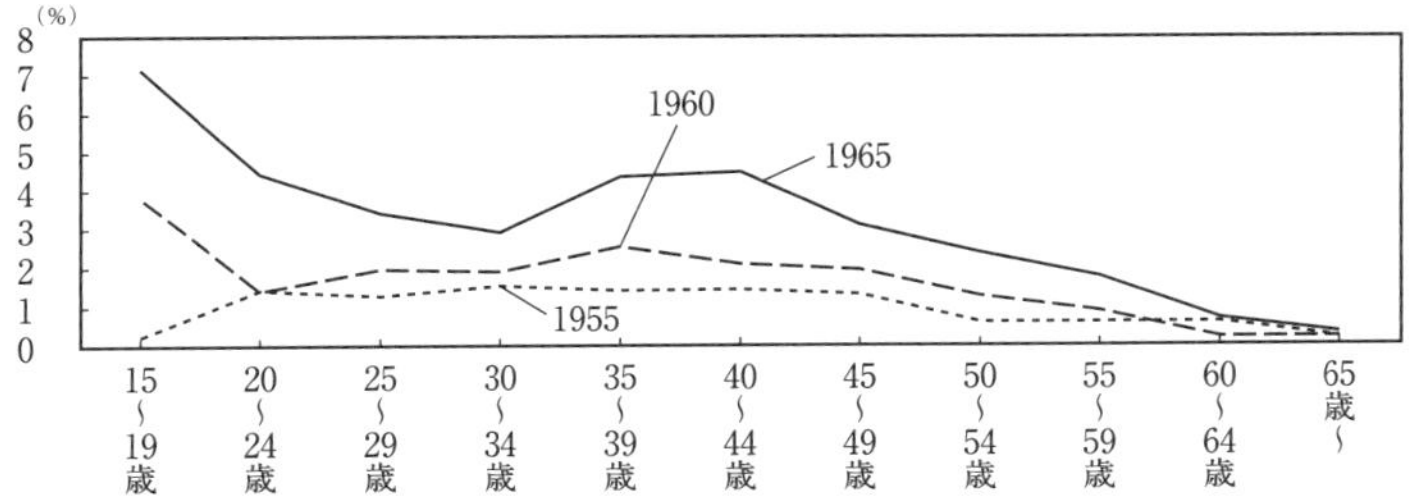

出所）図３－１に同じ。
注）雇用者比率は就業者数に占める雇用者数の割合（%）をさす。

みられなかったのである。

また、非農林漁業自営従事者、すなわち都市自営業層においては、すべての年齢階層において労働力率を高めつつ、わずかにM字型を形成する動きをみせた（図４－１）。また、妻の雇用者比率は低下している（図４－２）。この背景には高度成長期における経済成長のもとで、若年労働力が払底した分を補うためにも、妻が家業を担わざるをえない傾向が強まったことがある。この層では、妻が雇用者として勤めに出ることはより少なくなり、経営を支える一員としての位置づけを確立した。

これら自営業層の動きに対し、

図4−1　夫が非農林漁業自営従事者の場合における年齢階級別女子労働力率の推移（1955〜65年）

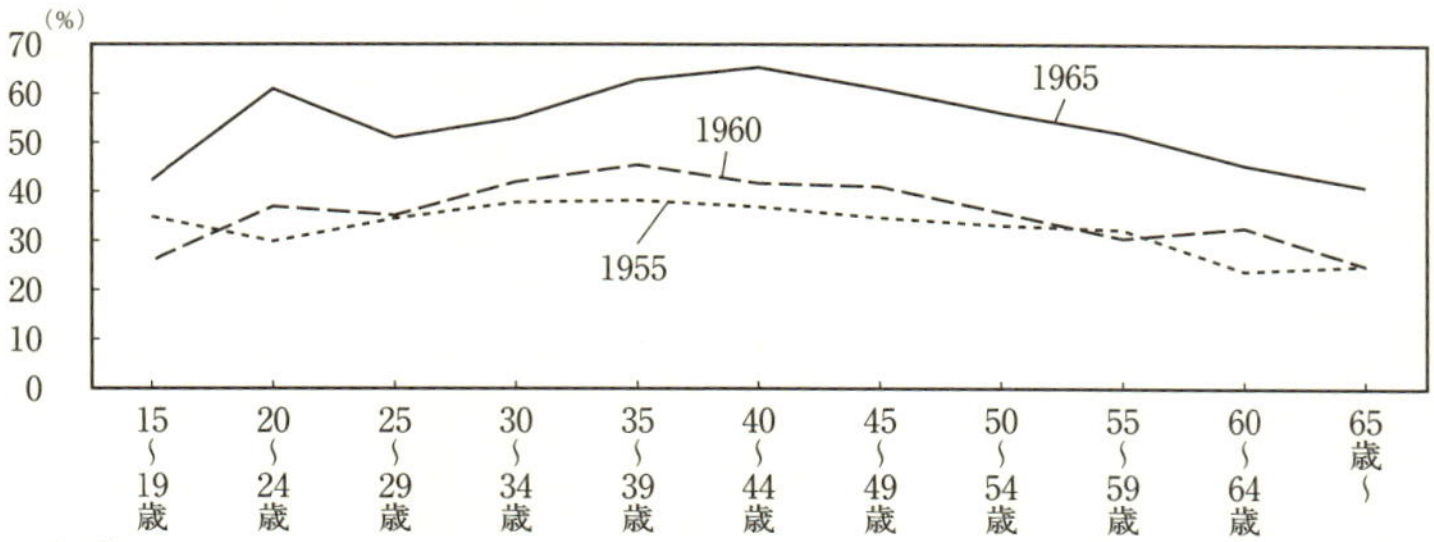

出所）図3−1に同じ。

図4−2　夫が非農林漁業自営従事者の場合における年齢階級別女子雇用者比率の推移（1955〜65年）

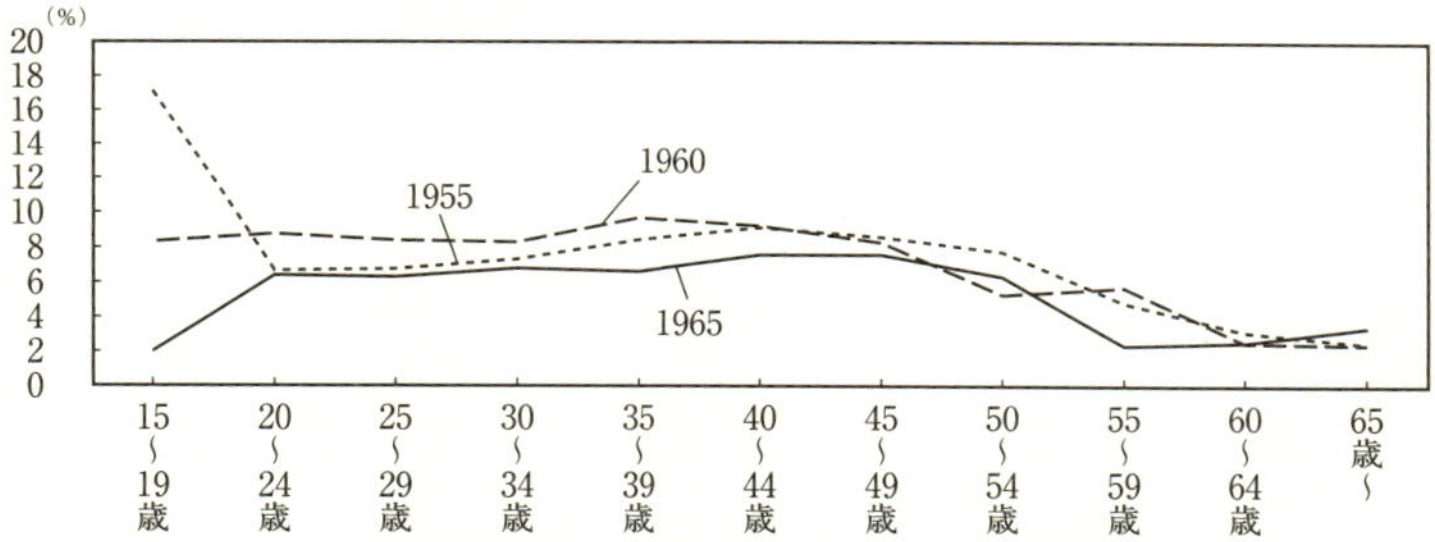

出所）図3−1に同じ。雇用者比率は就業者数に占める雇用者数の割合（%）をさす。

雇用労働者層は共通した動きをみせつつ、異なる動きもみせていた。全体的にどの年齢階層においても労働力率が高まったが、明確なM字型をなすにいたったのである（図5−1）。一九五五年の段階ではこの層の女性の四〇％は農林漁業に従事しており、夫が雇用者として勤めに出る兼業農林漁業世帯が多かったものと推測されるが、六五年には夫婦とも雇用労働者という組み合わせのパターンが六〇%程度を占めるようになり、このパターンが主流になっていく（図5−2）。この層こそが、高度成長期に、育児期というライフステージにおいて労働市場から一時的

図５−１　夫が雇用者の場合における年齢階級別女子労働力率の推移（1955〜65年）

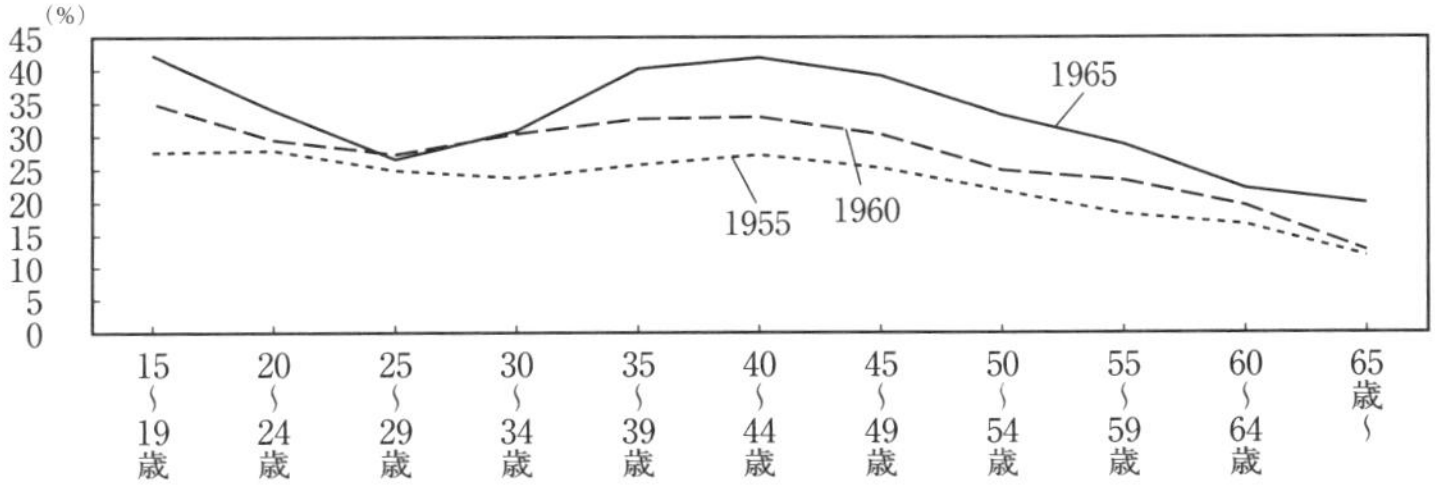

出所）図３−１に同じ。

図５−２　夫が雇用者の場合における年齢階級別女子雇用者比率の推移（1955〜65年）

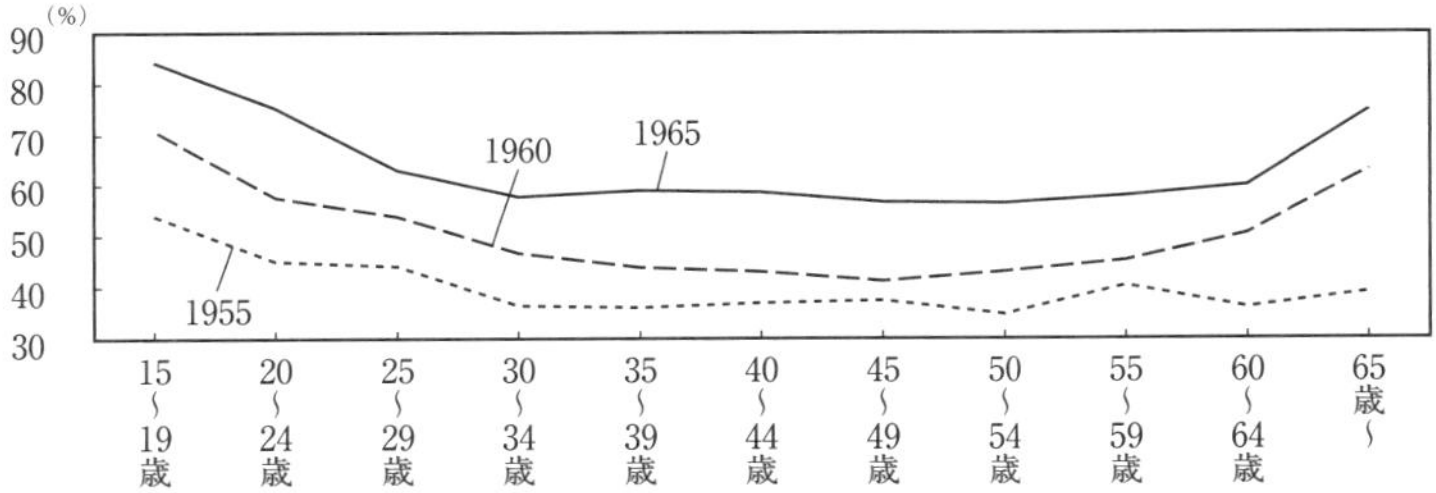

出所）図３−１に同じ。
注）雇用者比率は就業者数に占める雇用者数の割合（％）をさす。

に撤退するＭ字型就労パターンの担い手となったとみなされよう。
　ただし、全体として確認できるのは、この時期における女性の労働力化の激しさである。とくに、既婚女性にも雇用労働者化するチャンス[1]が出てきたことが、この時期の大きな特徴であった。

女性の組織化と男女賃金格差の縮小

　このようにして労働市場に参入した女性たちに対し、組織労働者として、労働組合を通じて自らの労働者としての権利を訴える機会は閉ざされてはいなかった。一九五〇年代以降低下傾向にあった労

図6　戦後における労働組合組織率（女性のみ）の推移

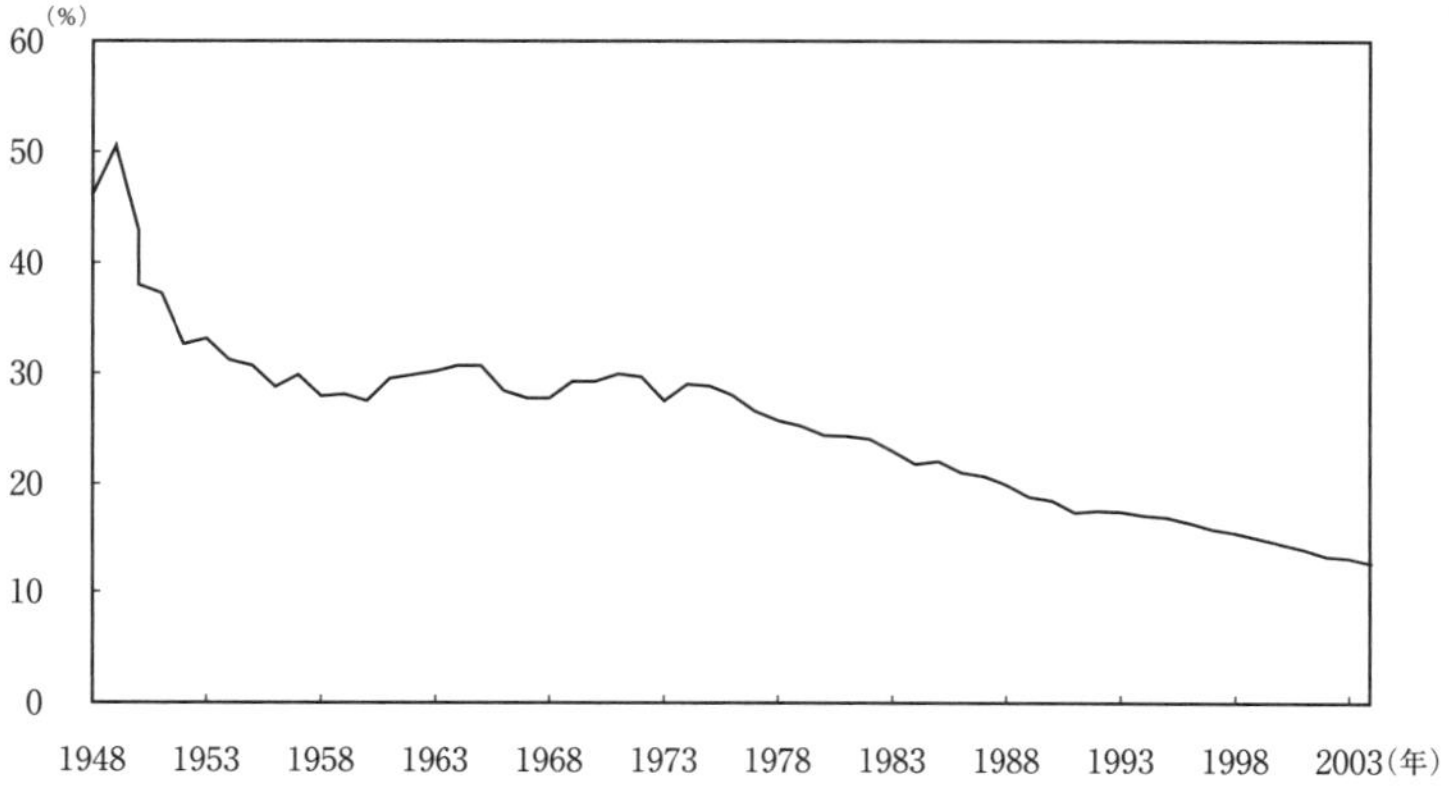

出所）（1948～55年）『婦人労働の実情』1956年，（1956～59年）『婦人労働の実情』各年版，（1960～64年）『働く女性の実情』1965年，（1965年）労働省婦人少年局編『婦人の歩み30年』労働法令協会，1975年，（1966～70年）『婦人労働の実情』1971年，（1971～74年）『婦人労働の実情』1975年，（1975～76年）『婦人労働の実情』1980年，（1977年～1987年）『働く婦人の実情』1988年，（1988年）『婦人労働の実情』1992年，（1989～2008年）「性別労働組合員数，推定組織率及び女性比率の推移（1975～2008）」国立女性教育会館ＨＰ『女性と男性に関するデータベース』（http://winet.nwec.jp/toukei/）

働組合組織率は、雇用労働者数が増加していく六〇年代に微増傾向を示した。この時期、労働組合は増加する雇用労働者の組織化にとりくみ、一定の成功をおさめていたと評価することができよう。

それは女性に関しても同様であった。女性のみをとりだして戦後における労働組合組織率の推移をみると、一九五八年以降七〇年代半ばまでは、女性の組織率が上昇したとまではいえないまでも、一定程度保たれていた時期だったことがわかる（図6）。五〇年代から展開していた女性が働き続けるための託児所・保育所設置要求は六〇年代にも引き続き展開し、ＩＬＯが五一年に決議した「同一価値の労働について

図 7　戦後における男女賃金格差の推移

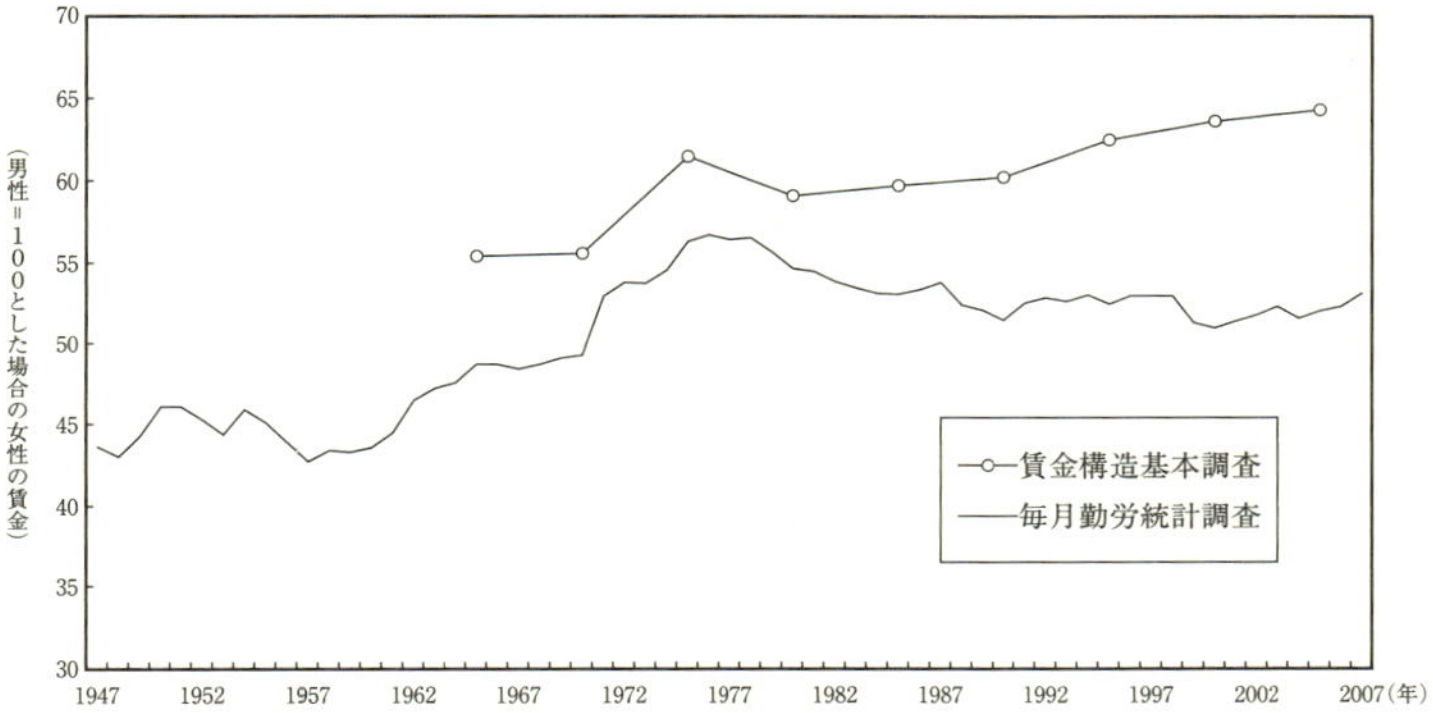

注）「毎月勤労統計調査」は，30人以上規模の事業所。

出所）（賃金構造基本調査）労働省「賃金センサス」各年版より作成。

（毎月勤労統計調査1947～58年）労働省労働統計調査部編『戦後15年賃金水準の推移：毎月勤労統計調査総合報告書』労働法令協会，1961年，（毎月勤労統計調査1959～2007年）『毎月勤労統計要覧』各年版より作成。

の男女労働者に対する同一報酬に関する条約」（第一〇〇号条約）への批准を求める運動も、同条約が六七年に批准されるという成果につながっている。女性の労働権を主張し、働き続けることの意義を訴える運動は、働く女性にとって身近なものであった。

このようななかで、職場における女性の地位はどのような変化をみせていたのだろうか。労働の場における女性の地位を測る指標として、男女賃金格差に着目しよう。「毎月勤労統計」および「賃金構造基本調査」をもとに戦後の推移をみると、高度成長期において男女賃金格差は着実に縮まり、その動きは一九七〇年代後半まで続いたことがわかる（図7）。しかし、それとは異なる動きをみせていくのが七〇年代末以降である。正社員が主対象である「賃金構造基本調査」データをみると、八〇年代前半にいったん格差は拡大するが、その後徐々に縮まっている。ただし、パートタイマーも含めて集計された「毎月勤労統計」では、今日まで目立った縮小傾向はみられず、総体としてみれば男女賃金格差は拡大していった。このことについてはのちに言及するが、いずれにせよ、高度成長期において男女賃金格差の縮小傾向が明確にあったことが確認されよう。

政策にみられる期待の変化

女性労働力に対する政策的な期待は、一九六〇年代に入ってから急激な展開をみせつつあった。ここではそのような期待を検討するため、この時期に策定された経済計画を基軸として、その記述に注目したい(2)。

経済計画において女性労働力に関する記述が現れたのは、一九六〇年に提出された国民所得倍増計画以降のことである。ただし、この国民所得倍増計画では、女子労働力の活用というスタンスをうちだしてはいなかった。そもそもこの計画においては「真の完全雇用状態への最大限の接近」のため、「就業構造の近代化」を通じて、低所得の零細個人業主や家族従業者などを減少させ、雇用労働者の労働条件を向上させて、所得その他格差の是正をはかることを目標とした。必ずしも女性の雇用労働化を抑制する意図はなかったものの、その労働力化を推進する姿勢をとることもなかった。

この計画が成就した暁に訪れる国民生活を描いた『一〇年後の国民生活』において、一〇年後に成し遂げられる生活のなかに「働く既婚女性」の影はきわめて薄い。大卒ホワイトカラー男性の妻は子どもが生まれる段になって勤めを辞め、以降は家事・育児に専念するし、高卒ブルーカラー男性は結婚する頃には「一応自分の給料で人並みの新婚家庭が営める」と将来を見通し、農家の男性たちは主婦に農作業を担わせない様子が描かれた［国民生活研究会　一九六一］。このようなあり方は、生活向上に関する施策の第一は所得の向上であるとし、「所得の増大は、現在わが国でみられるような世帯主の本業の収入が低く、家計の収入をふやすため副業をしたり、家族たちも働きに出たりするというような、いわゆる低賃金多就業」型ではなく、「家族の働く率が低くなる、いわゆる世帯の低就業率が実現され、しかも働き手の収入が高くなり、これで家計が十分まかなえるといったような方向」［国民生活研究会　一九六一：五〇－五一］をめざす計画の基本的な考え方を反映していた。労働力不足がまだ十分に深刻な問題とは認識されず、女性の労働力化は労働力を過剰に供給する結果をもたらすだけとみられていたのである。

そのような現状認識のもと、労働力の活用と育成にかかわる内容を答申した教育訓練小委員会は、「資料不足のためその実情がつかみがたい」として、女子に対する教育や職業訓練についての検討を先送りにした(3)［経済企画庁編　一九六一：一五三］。この時点では、今後の経済運営に女性労働力の活用が必要であるという合意が得られなかったのである。

これらの点から、この計画においては、日本の経済発展が男性の所得向上と女性の非労働力化とをセットにしたかたちで行われるべきことが、議論の前提に据えられていたことは明らかである。男性の所得向上と女性の不完全就労の払拭こそが、よりよい国民生活をもたらすと考えていたのである。

しかし、このような国民所得倍増計画のスタンスは、一九六三年の経済審議会答申においては一変する。この答申は、「人口の半分を占める婦人の能力を経済社会のすべての分野において活用することは、人的能力政策の重要な課題のひとつ」［経済審議会編　一九六三：三二］として、きわめて明確に女性労働力活用の方向をうちだしたのである。

この答申においては、就業を継続していく女性が出てくることを重視し、女性の職域拡大が進行しているとしながらも、しかし多くの女性は出産を機にいったん就業を辞めることを見込んでいた［経済審議会編 一九六三：一三三一―一三三］。そのうえで、こうした女性労働力を活用する方策として、再雇用やパートタイム制の活用の提案に踏み込んだ。それは女性個人の職業能力・意識の開発をうちだすだけでなく、企業側に対して意識・行動の変革をも提言するという点で、画期的なものであった(4)。

女性労働力を活用する時代へ

女性労働力の活用という論調は、それ以降も引き継がれた。国民所得倍増計画に続く中期経済計画の策定にあたり、一九六四年に発表された経済審議会答申・労働分科会報告は、労働力不足緩和のために女子労働力を活用しなければならないとの認識を示している。そのために政府がとるべき措置としては、女子の適職開発、高等学校における女子職業教育など教育訓練の拡充、託児所の増設、職場に出た母に代わり青少年に対し適切な指導を行う態勢の整備があげられた。また、企業には女子に対する賃金などの待遇改善とパートタイム制の導入を課題として指摘した。

明らかに一九六〇年代に入ってから、女性労働力活用という問題意識が急速に政策課題として浮上し、これをとりあげていくという大きな変化がみられた。「労働力過剰」こそが問題であったという時代が終わり、労働力不足の時代へと劇的な転換を迎えたことを背景として、女性の労働力化が、積極的にとりくむべき課題として据えられるようになった。この答申以降の六〇年代の経済計画においては、女性労働力活用という方向性がつねに提示され続けるところとなったのである。

こうした政策的対応にわずかに後れをとりながら、経営者団体も女性労働力活用の提言を行うようになる。一九六四年には東京商工会議所が「労働力不足に関する経営者への提言」を発表し、経営者に対して中高年および婦人の活用を求め、さらに七一年には労働省に対して主婦労働力の雇用促進を要望していく［東京商工会議所百年史編纂委員会　一九七九：二六四、三五三］。六〇年代半ばから、女性労働力の活用に関する期待は一気に高まっていったのである。

3 「家庭」という問題の浮上

一九六〇年代は「家庭」「家族」が教育政策や労働政策において大きくとりあげられた時期でもある。「女子特性論」が教育界において訴えられ、「家庭教育」が盛んに論じられる。また、「家庭に対して責任を負った女性労働者」という観念が、政策議論のなかに浮上してくる。

しかし、これらは女性の「主婦化」をめざす諸潮流としてはくくることができない。むしろ、それぞれがまったく別の文脈、別の着地点をめざして「家庭」「家族」を論じていた。ここではまず、引き続き経済計画における「家庭」「家族」の位置づけを手がかりとし、そこからこの時期の教育政策が推し進めた「家庭」像の特徴、女性の「家庭」に対する「責任」という議論が政策文書に現れた背景とその意図の違いを論じたい。

女性の「家庭」に対する「責任」という言説

女性労働力の活用という路線が確立するなか、一九六〇年代後半に入ると、経済計画における女性の位置づけには、さらなる変化がみられるようになった。女性労働力の活用という路線が引き継がれつつも、同時に女性の「家庭」に対する「責任」という言説が登場するのである。

そもそも経済計画において「家庭」の意義が語られるのは、一九六七年の経済社会発展計画以降のことである。そこでは、「戦後二〇年の高度成長の結果、経済規模も先進国なみとなり、経済の拡大だけが計画の目標とはならなくなった」〔鹿野　一九六七：一八〕という認識のもと、経済計画は社会問題を含む広範な課題を見据えるようになった。

一九六五年の中期経済計画においても、労働分科会報告内の一か所で、女子の「家庭的役割」という文言が用いられることはあった〔経済企画庁編　一九六五：一九三〕。しかし、「責任」という言葉がもつニュアンスと比べれば、「役割」という表現はけっして重いものではないし、その内容が詳述されることもなかった。

しかし、一九六七年の経済社会発展計画は、「社会開発の推進」を三大重点施策の一つとしてあげ、豊かな地域社会の建設とともに「健全な家庭を中心とする地域社会」の形成を提起する。その目標を達成するための重要政策の一つとして、「健全な家庭の形成と消費生活の近代化」を大きな柱として立てたのである［鹿野　一九六七：一八六、二四〇］。そのなかで、女性が「働く」ということとともに、社会的に重要な多様な役割を担っていること、それゆえに彼女たちの支援体制が必要であることが説かれるようになる。経済社会発展計画は、女性の役割を以下のように表現する。

新しい消費生活に対応しつつ、賢明かつ合理的な家庭管理者としての知識、能力を高めること、また次代を担う青少年、児童に対し、日常生活の面においてその健康を守り、適切な家庭教育を行なうこと、さらに新しい時代の要請に即して積極的に社会活動に参加することなど、婦人の地位と役割に対しては、家庭においても社会的にも新しい評価と期待がよせられている」［鹿野　一九六七：二四二］。

ここで示される女性の役割はきわめて多岐にわたる。ただし、これは「既婚女性は家庭へ」というメッセージではなかった。この文に引き続き述べられたのは、世帯の細分化と人手不足のために、有業婦人が勤労、家事、保育の重複によって過重な負担を負う傾向が強まっているという現状認識である。それゆえに、保育所の増設、婦人に対する社会教育活動の強化、主婦の健康管理を徹底するための定期的健康診断の普及、勤労婦人の職場における環境整備、福祉・厚生施設の拡充、農村における生活改善事業の推進、さらに老人福祉施設・施策が充実されるべきことが訴えられた［鹿野　一九六七：二四一、二四四］。さらには、中高年婦人を労働力として有効活用するならば、彼女たちが「家庭と職場の二重の責任を調和的に果たさなければならない」［鹿野　一九六七：二二九］問題を負っていることを考慮し、職場の条件整備や家事援助等の施策を進めるべきとされた。

一九六六年に婦人少年問題審議会は「職業と家庭の二重責任の調和」を可能にする制度としてパートタイム労働の導入をとりあげた。六七年の経済社会発展計画は、このような流れのなかで「家庭」に対する「責任」をとりあげたのであり、働く既婚女性が念頭におかれていた。けっして就労から撤退する「主婦化」に焦点がおかれていたのではなかった。

教育界における「家庭」像

「家庭」重視とそのための女子への配慮という流れは、当時教育政策が先行していた。高度経済成長期における教育政策は、戦後の方針から大きく転換し、男女の「特性」を強調する方向に展開していった。若い世代を対象とする学校教育において、「性別特性論」が大きな影響力をもっていったことが最も明瞭に現れるのが、一九六〇年代初頭における家庭科教育の変容である。そもそも、第二次大戦直後に新設された家庭科は、新憲法がうたう民主的な家族の形成にとって不可欠だという位置づけが与えられていた。「新教育指針」は「日本の家族制度は封建制度の古い残り」として従来の家族制度に批判をくわえ、「民主的な社会においては、女子が男子に協力しなければならぬとともに、男子も女子に協力しなければならない。そのためには、教育についても男女によって差別があるべきではない」（文部省「新教育指針」一九四六年）とした。このような考えは学習指導要領にも具現化され、「家庭は社会の基礎単位」であるから「家庭生活の重要さを認識するために、第五、六学年において男女共に家庭科を学ぶべき」（文部省「学習指導要領　家庭科編（試案）昭和二十二年度」一九四七年）と定められた。ところが六〇年代に入ると、「女子特性論」を根拠とした女子のみ必修化の動きが登場する。その論拠は、結婚し家庭の主婦となるのが女子の進路の「常態」であり「特性」であるとするものであった。そこから、家庭科は「女子にとって本質的に必要な教科」とされるようになり（中央産業教育審議会の「高等学校家庭科教育の振興方策について」一九六二年）、六三年から高校の「家庭一般」は原則として女子のみ必修（四単位）とされた。さらに七〇年の学習指導要領改訂では、高等学校家庭科について「原則」女子のみ必修から女子必修へと強化されていった［横山　一九九六］。こうした動きは、女性を家庭役割そして主婦役割に特化させようとするものだった。

一方、成人教育においても一九六〇年代には「婦人教育」予算が急増し、担当部署が設置され、「教育」体制が整えられるようになる。六〇年度には文部省の婦人教育予算は前年度の約一四倍に急増し、六一年五月には文部省に婦人教育と家庭教育・純潔教育に関する事業を所管する婦人教育課が新設された。このような婦人教育体制は、婦人問題の解決のための教育という理念を掲げ、婦人運動や社会運動と連携しつつあった五〇年代前半のあり方を否定し、女性の政治運動から距離をおく方向で展開した［西村　一九八二］。

このような流れのなか、一九六〇年代半ばには、次世代育成の問題が強調されて「家庭教育」に大きな予算が投じられるようになった。六二年度から新たに計上された家庭教育振興費は六四年度には大幅に増額され、全国で家庭教育学級が開設されるとともに、文部省は『家庭教育資料第一集　子どもの成長と家庭』（以下、『家庭教育資料』と略記）を発表し、それが教科書として用いられることになる。これは、ある特定の家族像・育児観を唱道した。それは、家庭は男性労働者がもっぱら労働力再生産をはかる場であり、子育ては母によって行われるべきであるとするものだった。

この教科書を検討した相庭和彦は、そこでの家庭像が「高度経済成長の中に自己の生活をからめ取られていく惨めな男性労働者」に「やすらぎと憩いを与える場」であり、女性は「暖かい家庭を提供する主役」として描かれたことを指摘した［相庭 二〇〇一：一二七－一二八］。近代的生産の場では「働く人のエネルギーは残るところなく仕事に吸収され、激しい精神的緊張をしいられ、しかも機械のようになって働かされ」るため、「精神衛生的な治療の機能が新しい家庭の機能として重要視されてくる」という［文部省社会教育局 一九六四：四－五］。また、「朝早くから夕方まで職場にいて家をあけ、また帰宅後も疲れはててひたすら休養をもとめているような父親が、家庭生活においてもまた責任をもち中心となって運営しこどもを教育していくことは、むり」として、その日常的な責務は「家にいる母親」に任されるのである［文部省社会教育局 一九六四：七－八］。また、祖父母による教育も不適切とされた［文部省社会教育局 一九六四：二六］。ほかの誰よりも母が、子どもの面倒をみることを最良の手立てと位置づけたのである。

一九六〇年代に教育界で説かれた性別役割分業論は、男性の家庭内役割を稼得に限定し、妻であり母である女性は家庭において余人をもって代えがたい役割を担っていると定義するという特徴をもったものであった。

こうした方針のなかで、女性は可能なかぎり外に働きに出ずに育児にたずさわることが実際の家庭教育学級においても奨励された。一九六六年に豊島区で行われた家庭教育学級では、結婚後の共働きはやめるべきかを問われた講師が、経済的な問題による共働きは認めつつも、「結婚後は家庭に戻るのがよいと思う。一、二年後には出産、育児の問題が起こるのが大部分である。こどもを施設等にあずけて共働きすることは、こどもの人間形成の面からも、望ましいことではない。母親の愛情に飢えた、冷たいこどもに育てる《ママ》可能性がある。こどもが中学校を卒へる《ママ》頃まで家庭にとどまり、その後、再就職するようにしたらよいのではないか。レジャーのための共働きなどはすすめられない」と答えている［文部省社会教育局　一九六七：一三九－一四〇］。また、六四年度に文部省が主催し、婦人教育関係者を集めて行った婦人教育研究集会においては、出かせぎ・共かせぎと子どもの教育という問題に関する討議のなかで、千葉の参加者は「学習の結果、こどものために出かせぎをやめた例」を、京都の参加者は「働く婦人のグループで報酬の分析をし、家庭のために内職にきりかえた例」を紹介している［文部省社会教育局　一九六五：一六］。既婚女性による稼得が必要だとしても、まずはそのために履行することができない家事・育児による損失とを比較して働き方を選択すること、さらにそれが可能な状況――夫の所得水準の向上――が整った暁には、稼ぐことをやめて家事・育児への専念を選ぶことが促された。教育界はまさに、専業主婦を擁する近代家族の推奨を追求したのである。

労働市場からの一時的な撤退とパートタイム制という戦略

しかし、このような言説ばかりが一九六〇年代の社会において存在していたわけではない。女性が働き続けることによってその社会的地位を向上させようとする女性たちの運動は、それとは異なる戦略をうちだし、主張していた。女性の地位向上に必要なことは女性が働き続けることであり、そのためには社会が共同で育児を担う託児所・保育所等を充実させるべきであり、個々の家庭が全責任を負うべきものではないと主張する動きが強くあったのである。[6]

しかし一九六〇年代初頭、女性労働運動の担い手や女性が働き続けることを支援する知識人の側からも、女性の就労支援を進める一方策として、女性労働者が一時的に就労から撤退する／労働時間を短縮するという選択肢を用意するべきだという主張が出てくる。

その一例が、女性が一時期育児に専念し、その後再就職するライフスタイルに言及した一九六三年経済審議会答申だった。この答申作成に委員として加わった評論家の西清子は、その実現を強く訴えた人物であり、労働省婦人少年局が勤労婦人福祉法施行を受けて七二年に設置した「育児休業に関する研究会議」においても座長を務めている。その意図はどのようなものだったのだろうか。[7]

働く女性を主題に執筆活動を行い、既婚女性が子どもを生み育てながら働くために託児所・保育所の整備が必要なことを訴えていた西が、「働き続ける」以外の女性就労支援を着想し、主張するようになったきっかけは、一九六二年五～八月のアメリカ・ヨーロッパ視察だった。西はここで、欧米では女性が労働市場から一時的に撤退しても資格や能力さえもっていれば再雇用が可能であること、また女性の仕事と家庭生活との両立支援としてパートタイム制の確立が検討されていることを知る［西　一九六三a］。帰国後、「出来るかぎり具体的に謙虚に欧米婦人たちの歩んできた足跡を学ぶことによってのみ、やがて日本の職業婦人の前進も約束される」［西　一九六三a：六〇］との思いから、再雇用やパートタイム制が女性の就労支援に必要だと訴えた。

西が念頭においた「職業婦人」、すなわち都市高学歴女性は、それまで女中の使用によって家事・育児の負担を軽減することができ、血縁関係や地縁関係を頼りながら育児をやりくりすることも可能だった。西自身もそうしてきたのである。ところが、そのようなやりくりの仕方が労働力不足や都市の過密化によって困難になり、娘世代は過重負担に苦しむようになった［西 一九六三b：一六］。労働力過剰の時代には起こりづらかったそのような状況が、逆に都市高学歴女性にとっての就業継続を阻む事態を生み出していく、という認識を西は有していた。だからこそ保育所や託児所の設置にくわえて、さらなる支援策を整備することが必要だと提案したのである。

女性が働き続けることも、育児に専念することも、どちらも自由意思で選択されるべきことであり、その自由選択を保障する社会的な条件整備が重要だというのが西の考えであった［西 一九六六］。政府は育児手当支給などを通じた休業中の生活保障を、企業は年功序列を改めて能力ある女性の再雇用と正当な処遇条件の提示（そのためにも年功によらない職務給的な評価制度や、終身雇用を前提としない雇用慣行の確立）を、行政は中高年女性の能力開発支援を行う。これらの包括的な施策によって、再就職しようとする中高年女性労働者が単なる安価な補助的労働力としてしか扱われない状況が避けられ、育児に専念する際の損失を社会保障の一環として国が補償することにより、家計の状況に制約されない女性の自由選択が可能になる。つまり、一時的な撤退が短期的にも長期的にも不利益を生み出さない施策を、国・企業・行政が徹底的に講ずるべきことを主張したのである。

この動きに先立ち、労働組合運動のなかからも、女性が一時期就労から撤退して育児に専念し、復職できる制度が提案されるようになった。その最も初期のものが、一九六一年に端を発する、全国電気通信労働組合（全電通）による育児休職制度獲得の運動である。六三年には日本教職員組合（日教組）でも育児休職制度が代議員から提案され、検討されはじめた［日本教職員組合婦人部編　一九七七：一七七］。この提案は、それまでの女性労働運動が求めてきた「育児の社会化」という動きと対立するものと解釈され、女性労働運動内部から激しい批判がなされた。しかし、これはもともと男女同一労働同一賃金を実現するために女性を退職させず、勤続年数を伸ばしていくための一方策として生み出されたものだった［萩原　二〇〇八：八六－八八］。

当時、電電公社においては合理化計画が進展し、一万九六〇〇人もの電話交換手が余剰人員となることが見込まれ、退職金の割増などを通じた女性への退職慫慂は激しくなっていった。大都市に勤務する女性は職場託児所ができてもそこまで子どもを連れて行くのが困難な状況となっており、組合としては託児所・保育所の設置要求以外にも手だてを広げ、女性の退職をひきとめる必要性があった。さらに、休職制度をつくればその欠員をもって要員確保の必要性を訴えられる。女性の勤続年数は伸び、年功カーブに沿って高賃金を獲得する女性も増える［萩原　二〇〇八：八五－九〇］。当初そこに込められていたのは、女性たちに対し育児に専念する期間をとらせようという意図ではなく、「育児の社会化」以上の策を講ずることを通じ、働き続ける女性組合員を支援しようとするものだった。このような試みは一九六〇年代において労働組合全体としての理解が得られることはなかったが、新しい社会における新たな「もう一つの手段」として大きなインパクトを与えるものだった。

これらの動向は、次に述べるような国際的な動向ともあいまって、労働省婦人少年局の姿勢を変化させていく。ＩＬＯは一九六四年の総会において「家庭責任をもつ婦人の雇用に関する勧告」の討議を決議し、翌年にこれを採択する。この勧告は、「家庭責任」をもつ女性への差別待遇を禁止し、「家庭と労働とに対する各種の責任」などを調和的に果たすことができるような政策の追求を一般原則としてうたった。ここには、女性の就業継続支援だけではなく、長期にわたって職場を離れ、再訓練が必要な女性に対して訓練や職業紹介を行い、再就職を可能にするような措置を講ずべきことが含まれていた。パートタイム制の整備については相当論議され、最終的に勧告には盛り込まれなかったものの、先進国においては一つの方策として提案され、日本代表もそれを現実的な案として勧告に盛り込むことを主張した［大羽　一九六四、大羽　一九六五］。

一九六〇年代初頭、労働省は女性の一時的撤退やパートタイム制という策を積極的にとりあげることはなかった。しかし、先述した労働組合の動きや他先進国の動向を勘案し、それらを視野に入れるようになる。六六年、婦人少年問題審議会はこの動きを受けて「中高年齢婦人の労働力有効活用に関する建議書」を出し、そのなかでパートタイムの雇用条件適正化に向け、その現状を調査・検討すべきことを提起したのである。

このようにして、「家庭」に対する「責任」を負った女性労働者という観念とそれに対する対応が、一九六〇年代半ばの政策課題として急速に浮上していった。「家庭」は政策的にも介入すべき重要な領域として捉えられていくことになったのである。

4 「家庭」と「女性」が果たす役割

女性は「家庭の経営者」として、稼得役割を果たす男性に代わって家庭のことに責任をもつべきという考え方は、一九六〇年代になってとりわけ強調されるようになった［横山 二〇〇二：三三］。しかし、その重要な領域である「家庭」への期待と、その「家庭」を女性が支えることに対する期待は、他の社会的諸制度や女性以外の構成員に対するそれと比べて、格段に大きかったのだろうか。「家族でなくてはできない」「女性でなければならない」という発想はどれほど強かったのだろうか。

それを検証するため、引き続き経済計画を中心的にとりあげ、当時の議論を検討してみよう。結論を先取りするならば、少なくとも一九六〇年代前半において、そこには「家庭」と「女性」とにさまざまな問題の解決を期待するのではなく、むしろ社会的な解決を求めようとするベクトルが確かに存在していた。また、家庭生活に対する男性の参与への期待は根強く存在し、いまだあきらめられてはいなかった。さらに、より多くの現金収入を必要としている当時の社会的現実からすると、女性も「稼ぐ」ということが求められており、「女性は家庭へ」というメッセージは、とりわけ経済的に脆弱な社会階層に対して期待されてはいなかった。

社会問題を解決する主体としての社会／家庭

一九六三年の「経済発展における人的能力開発の課題と対策」における条件整備分科会報告は、さまざまな社会問題を解決するにあたり、社会制度の充実を重視していた。この報告のうち、以下では児童の健康保持や健全育成、および疎外意識の解決という社会問題に着目しよう。その理由は、このあとに出される六七年の社会経済発展計画における社会／家庭観との違いが明確に出るからである。先に示したとおり、この計画は「健全な家庭を中心とする地域社会」の形成を提起した。健全な家庭こそが、都市化の進展や職場におけるオートメーションの普及につれて強まる人間疎外に対処するものとして必要であり、また青少年、児童を健全に育成するための基本的環境を提供するものだとして位置づけられた［鹿野 一九六七：一八六、二四〇］。その点を念頭におくと、上記の、社会問題の解決を社会制度の充実に求めることを基調とした六三年の報告は、だいぶ異なるスタンスをとっていることがうかがえよう。

この報告が児童対策の第一の課題としてあげたのは、その健康保持、とくに乳児・児童死亡率の改善であった。その解決のためにうちだした方策は、公衆衛生、予防医療の充実、生活環境改善、児童手当の創設、養護施設の設置などであり、一九六七年の社会経済発展計画にみられるような女性や家族への教育・はたらきかけではなかった。むしろ総じて、社会体制の充実がうたわれていたのである。

また、「児童の健全育成」についてもまったく同様である。その具体的な問題である少年非行と事故死（とくに自動車事故による）の抑制への策は、三点あげられた。一つは「家庭と社会の環境を良好にし、社会全体の一層の注意によって、これが防止に努力す」ることであり、家庭の役割に言及したものの、同時に社会全体の努力に力点をおいたことに目を向けるべきである。もう一つは児童遊園や図書館など公共施設の充実、住宅や道路などの整備、さらには都市計画など地域にかかわる施策に児童の健全育成という視点をおくことである。最後には、マスコミが流す報道内容の健全化が提案された〔経済審議会編　一九三六：三二五〕。以上にみるように、家庭だけではなく、社会全体としてのとりくみが相当程度重視されていたのである(8)。

さらに、個人の孤立化と疎外感の増大という問題についても、その解決策を家庭のみに求められることはなく、職場や地域社会といった各々の領域における努力に求められていた。すなわち、職場においては「互いの自己主張を認める雰囲気」の形成と「仕事の単純化から生ずる倦怠感をなくすような努力」をし、また家庭においては「家庭ぐるみの団らんの機会」をもち、さらには図書館、都市公園等々の社会共同施設の増強によって、「ともすれば閉鎖的孤立的になりがちな都市における家庭の社会との結びつきを確保する場」をつくり、「地域社会における新しい共同体意識を培養」することを提起した〔経済審議会編　一九六三：三四二〕。このように、人間疎外の問題を緩和するための策を家庭のみに求め、そこで女性こそが地域や家庭の要であるべきだとする考えが強調されることはなかった。

以上から明らかなように、一九六〇年代前半には社会問題の解決にあたり、行政を中心とした社会的諸機関のはたらきが重要であり、その整備が政策的に必要だとする主強が強くあった。家族の努力にゆだねるべきだという発想には立たない議論が、確かに存在していたのである。

母親以外の家族成員のとるべき役割

もう一つ、注目すべきことは、社会における家庭の役割を重視する立場に立つとしても、その期待は女性のみに向けられてはいなかったことである。当時は家族に期待をよせるとしても、ただちに女性に目を向けるのではなく、むしろ男性が家庭を統率することは可能だと考えられていたとみるべきである。それを示すものとして、国民所得倍増計画があげられる。『一〇年後の国民生活』は、一時間あたりの賃金が上昇すれば労働時間が減少するのは一般的な傾向であり、労働時間短縮の方向は世界的な趨勢になりつつあるとみており、次のような一〇年後の暮らしを描いている〔国民生活研究会 一九六一：八一－八二〕。ホワイトカラー男性は平日に一家揃って楽しい夕食を囲み、休日には家族でのドライブ旅行を楽しむ。また、若いブルーカラー男性も、平日に帰宅したあとは、ダンスパーティーやバスケットの試合、テレビ鑑賞など十分に余暇を楽しんでいる。そこに描かれた男性像は、先述の『家庭教育資料』〔文部省社会教育局 一九六四：七－八〕におけるそれのような、日中の労働によって疲れ果てて妻子に関与する時間がもてない様子とはほど遠いものであった。実際、一九六〇年をピークとして統計上労働時間は減少傾向にあり、それがふたたび上昇を始めるのは七〇年代半ばのことである。

それにもかかわらず、教育関係者が執筆した資料は、父親が家庭にいることを早々にあきらめて母親の役割を強調するという特徴を強くもっていた。この言説自体、当時の社会的現実にはそぐわないイデオロギー性が濃厚な主張であったともいえよう。

さきにあげた家庭教育学級も、実施当初の段階では、その想定対象を母親のみにおいていたわけではなかった。これが多額の予算を投入して実施されたことはさきに述べたが、その設置理由はもともと少年非行問題への対処におかれ、「両親その他両親に代わる年長者等」を対象にしたものであった。初年度参加者における男性の割合は二九・三%に達している。[9] その教材には父親による教育をあてにできないこと、祖父母による子どもの教育を不適切として戒める記述を掲載したものの、家庭教育の実施対象は母親だけではなかった。また、各地の家庭教育学級は地域事情に合わせて編まれており、農山漁村では祖父母向けの学級が開かれる例もあった。[10] 一九六〇年代において三世代同居は着実に減少していたが、そこには大きな地域差があり、東京都では親族世帯のうち三世代世帯が一二・八%しかない一方で、山形県では三九・四%を占めていた(一九六五年「国勢調査」)。『家庭教育資料』は祖父母による子どもの教育を不適切として戒めたが、この点でもその内容は、この当時における社会的現実とは合致していなかった。

一九六〇年代前半に家庭教育や道徳教育の重要性を訴えた池田勇人は、家庭教育とは両親と兄姉からのしつけであると述べており(一九六四年三月四日参議院予算委員会)、この発言からは池田が長幼の序を重んじる家族モデルを念頭においていたことがうかがわれる。男性世帯主を頂点とする、家制度的な家族秩序の再興こそが、その目標だったのではないだろうか。かりに池田のような論調は少数派のものにすぎず、核家族化を念頭におく思考が主流であったとしても、夫=父が妻子に関与する生活は六〇年代初頭にあっては求められておらず、いまだあきらめられてはいなかった。だからこそ、父親の家庭教育学級への参加が追求されたものと考えることができよう。

図8　耐久消費財の普及状況

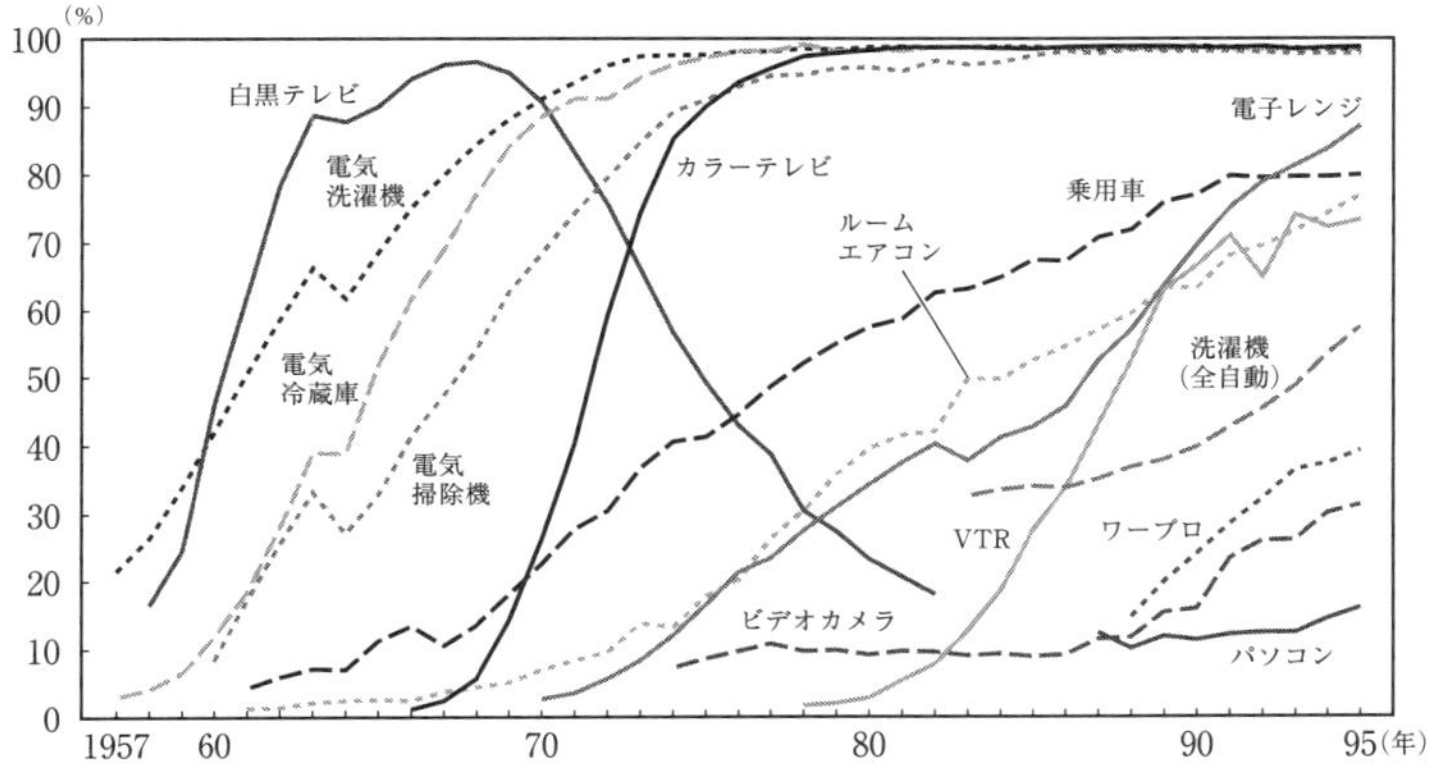

出所）経済企画庁『国民生活白書　平成7年版』1995年，23頁。

女性の稼得役割

また、この時期においては、女性が家族との関係において果たすべき責任として稼得もきわめて重要なものだったことを軽視してはならない[11]。当時の家計は持続的な現金収入を必要としていた。その大きな要因の一つは耐久消費財の購入であり、もう一つは子どもの進学費用の工面である。

まず前者についてみれば、この時期には多くの耐久消費財が購入され、「豊かな消費生活」が実現されていったことは図8からも明らかである。「三種の神器」と呼ばれた白黒テレビ、電気洗濯機、電気冷蔵庫は、この時期に急速に普及したが、その普及率は八〇%台から九〇%台にまでおよんだ。このような高い普及率が示すのは、消費行動における社会階層的差異がここで乗り越えられたということである。

その背景に、幅広い社会階層をターゲットとした販売戦略があったことを見逃してはならない。かつては富裕層のみに限られていた月賦販売は、戦後急速に普及した。松下電器産業など耐久消費財メーカーは、製品を大量販売するため、系列小売店において月賦販売を展開した。また、地域の小売業者も協同組合を組織し、このような月賦販売方式に対応できる体制を整えていった［東京商工会議所　一九五七］。手元にまとまった現金がなくても、長期的に返済を続けていくことにより、耐久消費財を手にすることができるようになったことは重要である。都内小売業調査においては一九五六年下半期の時点でテレビ販売額の六割近く、自転車の約半分、ミシンの三分の一強が割賦にて販売されている［東京商工会議所　一九五七：八三－八四］。割賦販売方式こそが、耐久消費財に囲まれた「豊かな」暮らしを社会階層差を乗り越えて実現させたのであり、それにともなって家計支出の増大を招くことになった。既婚女性の就労による収入は、経済的に脆弱な社会階層ほど求められていたのである。

これにくわえて、この時期には子どもに義務教育以上の教育を与える動きがみられた。「学校基本調査」によれば、一九五一年に男子の高校進学率は三九・七％だったが、六六年には六九・九％にまで達している。女性についても三八・一％から六八・四％におよんでいる。このことは、授業料負担の増大とともに子どもを扶養する期間を長期化させるところとなり、より広い社会階層が着実に現金収入を増大させていく必要性に迫られることになった。ここでもまた、既婚女性の就労化による家計費補充が大きな意味をもつことになり、またそれへの期待もかつてなく高まりをみせた。

耐久消費財を買い揃え、子どもを進学させて人並みの暮らしをさせるために女性が働くことは、女性が家事・育児に専念するよりもはるかに重要なことだったとみるべきであろう。

いずれにせよ、一九六〇年代前半の時点では、女子の「家庭」に対する「責任」を強調する方向性には収斂しない政策指向が明らかに存在したことを看過するべきではない。この時期には、新しく現れてきた社会的問題を、「家庭」だけではなく専門機関・職場・地域で解決していこうとする志向性がみられた。また「家庭」「家族」に対する期待を語るとき、そこで他の家族員を圧倒してとりわけ妻・母を重視しようとする姿勢は、少なくとも経済計画関連文書に現れてはいなかった。さらに経済的に脆弱な階層においては「稼ぐ」こともまた、妻であり母である女性が、家族との関係で果たすべき役割とみなされていたのである。

5　新しい労務管理の模索と女性労働の動向

女性の労働力化が顕著になり、女性の「家庭」役割に関する議論が活発化するなか、女性たちは職場においてどのような処遇を受けたのだろうか。

高度成長期は、活発に展開する技術革新のなか、年功序列を廃し、能力に基づいた賃金制度への転換などの新しい労務管理が模索された時代でもあった。この時期、女性労働者は職場に大量導入され、勤続を重ねる女性も増えていく。結論を先取りすれば、このような状況に対し、職場において女性労働者を職場ハイアラーキーの下位におく制度は、いまだ全般的に確立するにはいたっていなかった。むしろ、産業・企業・職場によって大きな温度差があり、変動の途上にあった。また、今日のように、既婚女性が正社員と差別化されて、低賃金・不安定な待遇にとどめおかれるパートタイム制も同様に確立してはいなかった。

以下では、相対的に低学歴の女性を雇用しつつ高度成長を牽引した製造業と、相対的に高学歴の女性を雇用した都市銀行の事例研究をとりあげ、技術革新のなかでの当時の職場および労務管理の状況を検討したい。また、一九六〇年代の企業はパートタイム制をどのように受け入れており、また労働政策としてはどのように位置づけていたかを確認する。

製造業の事例

製造業は、この時期において最も労働力不足にみまわれた産業の一つであり、求人条件を緩和して労働力の確保に努める傾向が強かった。そのなかで、この時期の女性正社員育成のあり方、パートタイム制の意味、女性たちの要求を、大手電機産業Z社の事例をもとに分析した研究をみよう［木本 二〇〇四b］。

大手電機産業Z社は、一九六〇年代において製造工程における現業職のほぼ半数を女性が占める男女混合職場であった。当時、高度成長のなかで拡大を続けるその生産工程には、多くの女性が配置された。中卒の彼女たちが卒業後ただちに集中的に投入される仕事の内容は単調なものであり、概して離職率は高かった。しかし、そのなかでも勤続年数を重ねる女性、定年まで働く女性は無視できない程度存在し、結婚して働き続ける女性は増加基調にあった。六〇年代後半には女性労働者のなかで既婚女性が多数派になっていたと推測されるほどとなった。

高度成長期に問題化される「結婚退職制」「若年定年制」は、Z社においては慣行としても存在していなかった。若年未婚女性の適度な循環は会社も歓迎していたが、若年労働力不足により、既婚女性を頼みとせざるをえず、勤続年数を伸ばす女性をいたたまれなくさせる職場の雰囲気はなかった。わずかながらも、管理監督職一歩手前のレベルにまで達する者もいた。

女性の勤続年数が伸び、既婚者が増加するなか、各地の職場で育児時間への要望や保育所設置の要望が出はじめた。労働組合は公立保育所新設運動にとりくみ、一九六六年にはこれを実現させた。

またこのZ社では、労働力確保のために、業界のなかでも先駆的に「パートタイム」社員制度をとりいれた。とはいえ、それは実態として短時間勤務を意味せず、一定年齢以上の女性中途入社者を便宜的に「パート」と呼んだだけのものであった。このようななか、組合は彼女たちの組織化にとりくみ、それは一九七〇年の「定時社員制度」創設につながった。これこそが、言葉の正しい意味でのパートタイマーの制度化であり、労働組合がこの創設にからんでいた点で、組織化されたパートタイマーとしてスタートした。この制度は雇用保障と従来の「パート」よりは高賃金であったという点で、彼女たちにメリットをもたらしはした。このことにより、Z社は高い就労動機と勤労意欲をもつ既婚女性を安定して確保できるようになる。しかし、彼女たちの職務は低いレベルにおしとどめられ、賃金面では正社員最下層のさらに下方に位置づけられるところとなった。

一九六〇年代において、長期勤続によって性別職務分離を乗り越える可能性はあり、組合は母親労働者の要求をくみ上げようとしていた。このことから、六〇年代は中高年女子パート以外のより多様な形態で女性労働者が存在し定着を求める余地が存在していたといえる［木本　二〇〇四b］。また、当時は中高年女性を中途入社させるにしても、一般社員として受け入れるほうが普通であった。中高年女性が子育て後再就職するにしても、この時期においてはふたたび正社員に戻る途が存在したのである。

都市銀行の事例

だが、相対的に高学歴の女性が就業していた産業、とりわけホワイトカラー職場では、事態は大きく違っていた。そこでは、性別を問わない労務管理制度をいち早く導入し、判断力を要する職務に女子を大量に投入しながらも、女性の短期勤続化と性別職務分離が強まっていく職場もあった。その典型は、労働力不足の時代においても人材募集に困ることがなかった都市銀行である。以下では、そのような動きを都市銀行における正社員の事例研究からみていこう［駒川 二〇〇七］。

銀行は高度成長期に法人と富裕層を主要顧客とする従来のあり方を改め、幅広い層からの預金の獲得をめざして銀行の大衆化を推し進めた。大量預金・大量貸付という業務態勢への転換をはかったのである。そのようななか、各行は明るく親しみやすいイメージづくりの一途として、高卒女性を正社員として大量採用し、一九六〇年代前半には窓口業務に配置していった。この業務は、店頭における預金獲得の最前線という位置にあるがゆえに、それまでは高卒男性の管理職昇進のステップとされた重要なものであった。彼女たちが就いたのはそのようなポストだった。しかもその職務内容は、機械化にともなう業務プロセスの統合により、事務的能力のみならず「折衝能力」「判断力」をも必要とするものとなっていく。

この過程と並行して、各行が導入した職能資格制度は、性別や学歴に関係なく個人の能力を評価することを理念として掲げていた。男女別建てであった給与体系も一本化された。一九六〇年代半ばまでは二〇代後半以上の女性労働者の比率は高まる傾向にあった。女性労働者の職場への定着化が着々と進展していたのである。

しかし、一九六〇年代半ばから、明確なジェンダー間職務分離が形成される。窓口業務に女性が登用される一方で、高卒男性は同学歴の女性たちのキャリアから分化するようになり、彼らは得意先係を中心とするキャリアにシフトするようになったのである。このような変化は、当時女性労働者にとって否定されるべき動きではなかった。産業界と教育界で「性別特性論」が台頭するという一般的状況のなか、女性労働者自身も「女性の特性」をいかした「女性活用」をアピールすることは、自らの存在意義を高める戦略だったからである。「『男性は外（融資・得意先）で稼ぎ、女性が内（内部業務）を守る』という職場文化」［駒川二〇〇七：四二］が、このようにして形成された。

しかし、職能資格制度のもと、ここで分離した「男性の仕事」と「女性の仕事」との間には、大きく評価に差が設けられた。すなわち、女性が集中する窓口業務は、「定型的」で「女性向き」業務であるとされて低い評価を、男性が担う融資審査や渉外活動は「判断業務」とされて高い評価を獲得するようになったのである。そもそも、窓口業務は単純化するどころか、複雑化し、判断力を要する仕事になっていたことはさきに述べた。それが単純軽易なものと評価された背景には、一九六〇年代頃に盛んになった「女性は単純軽易な仕事であるがゆえに登用される」とする論調があった。それを援用するかたちで、窓口業務は女性が就くがゆえに単純軽易なものであるとみなされるようになった。「同一学歴である高卒男女間の処遇格差は強まり、職位と資格はジェンダーによって分断されるようになった」［駒川　二〇〇七：四三］

のである。

その結果、女性労働者にとって職場での昇進見通しは厳しく閉ざされた。職能資格制度の導入をはさんだ一九五八年と六八年のX行従業員組合意識調査によれば、職能資格制度のもとで高卒男性の昇進意欲は高まり、かつては想像すらしなかった「部長・重役級」への昇進を見通す者さえ現れた。一方、高卒女性に関してみれば、五八年に係長以上に昇進すると考える高卒女性は皆無であり、六八年には「係長」「課長・副支店長級」への昇進を見通す者が出てくる変化がみられたものの、九割以上が「役職にはつけない」と考えていた。女性の残業時間が長い割に昇進の見通しはなくなり、さらに結婚退職規定や結婚退職時の退職金優遇措置が、長期勤続女性を受け入れる職場ではないことを示していた。こうして「一九六〇年代中頃に、『判断業務』を担い組織へのコミットメントを深めながら昇進・昇格する男性と、短期勤続を前提に『定型的』な『女性向き』業務を担い低位の職位・資格に滞留する女性というジェンダー関係が構築された」［駒川　二〇〇七：四五］のである。

この都市銀行の事例では、女性の定着化にともなう窓口業務への登用がきっかけとなって、かえって、同一学歴の高卒男女間の処遇格差が拡大し、ジェンダーによる職務の分断化が進行している。一九六〇年代のうちに性別職務分離は確立し、女性は短期勤続の相対的に低位な労働者という位置づけを与えられるようになったのである。

この両事例ともにみられるように、一九六〇年代には女性の職場への大量進出が起き、定着化する方向が生まれてきた。しかし、相対的高学歴層が雇用されるホワイトカラー職場においては、六〇年代半ば頃には女性の職位の低位固定化、短期勤続化の動きができあがっていった。女性にとっての昇進見通しも不透明なものとなっていくなかで、結婚退職規定や結婚退職時の退職金優遇措置が、女性を退職へと誘っていったのである。高学歴女性の職場にあっては、「女子特性論」や「女性が働くのは結婚まで」という規範が大きな力をもつようになっていき、高学歴女性がむしろ早期に退職に向かうという独特の状況がつくられたのはこの時期だったのではないかと考えられる。この時代の「主婦化」は、この層を中心に担われたのではないだろうか。

しかしながらさきの事例にみるように、高度成長を牽引した製造業にあっては現業職には中卒者が多数雇用されており、折からの若年労働力不足のあおりを受けて、中卒の既婚女性のなかで働き続ける条件がある者は拒まれることなく、むしろ歓迎された。中卒既婚女性自身にとっても、耐久消費財の購入および子どもの高校進学によって膨張する家計費支出に対応するためにも、働き続けることは必要なことであった。またかりに彼女たちがいったん職を中断しても、正社員としての雇用の道が閉ざされてはいなかった。こうした層が、この時代の既婚女性の賃労働者化の勢いを形成したものと考えられる。

一九六〇年代の女性労働にとって、パートタイム化が中心的トレンドでなかったことは、以下のデータからも確認することができる。六五年に労働省婦人少年局が実施したパートタイム実態調査は、この時点になっても女子パートタイム雇用を好まない企業が多数であったことを明らかにしている。女子パートタイマーを実際に雇用している事業者は一割にすぎなかった。しかも、当時女子パートタイマーを雇用していなかった事業所（全体の九割を占める）のうち、女子パートを今後雇用する予定があると答えたのは全体の三・九％ときわめて少数派であり、八四・六％の企業はこの時点で「雇用の予定なし」と答えていた［労働省婦人少年局　一九六七：六、三一、四一－四二］。七〇年代に入っても、高度成長が続くなかでの企業の意図としては、パートタイマーではなくフルタイマーとしての雇用を原則としたいとする意向が強かった［雇用促進事業団婦人雇用調査室　一九七一：二九－三〇、大森　二〇〇八：xi］。

このような企業の姿勢をベースとして、実際に雇用労働に就く既婚女性のうち、短時間勤務に就く者は一部であった。一九六〇年に一三三万人であった女性雇用者中、短時間雇用者は八・九％でしかなく、七〇年になってもその割合は一二・二％にとどまっていた。七〇年上半期における女子入職者のうち、パートタイム労働者として入職した者は全体の六・八％であり、三五歳以上の層だけをみても、七割以上が一般労働者として就職している［労働省婦人少年局　一九七一：三七－三八］。労働力不足が深刻化する六〇年代に入り、パートタイム勤務の導入に踏み切る企業も増加した。ただし、この時期において、企業は女子パートタイマーの導入を積極的に望んでいたわけではなかった。むしろ、一般社員として充足できない部分を、やむをえずパートタイマーで補うという色彩が強かったのである。何よりも労働力の確保が最優先だったのであり、既婚女性であっても、社員としての入社は可能であった。既婚女子がパートタイム労働者として大量に雇われていくのは、低成長期以降の現象とみるべきである。

パートタイム雇用に対する懸念

なお、一九六〇年代末までパートタイム労働が労働政策においても積極的に扱われることがなかったことは、すでに指摘されている［高梨　一九九五、井上　二〇〇一］。それは、この時期の労働力政策全体の基本視点が、不安定で低賃金の労働者群をなくすことにあったためである。そのため、女子の短時間雇用すなわちパートタイム雇用支援が労働力供給を増加させるために必要だと訴えられるが、その労働条件に関しては正社員と比べて不当に引き下げられないよう、またその引き下げが正社員を脅かすものにならないよう留意すべきとする議論が根強かった。

パートタイム制に対する政策提言においてこの時期に必ずつけられた、臨時的で一時的な仕事によって「正規のフルタイムの仕事についている男女雇用者の労働条件が引き下げられることのないよう」に、という留保を軽視してはならない。そのような事態を生み出さないためには啓蒙指導を行い、必要な規制措置を検討するべき（一九六三年の経済審議会答申）であり、「通常雇用との関連に十分留意」すべき（六四年の婦人少年問題審議会婦人労働部会「婦人労働力の有効活用についての中間報告」）として、必ず留保されたのである。一九六七年に労働省が設置した「女子パートタイム雇用に関する専門家会議」は、一九六九年に「女子パートタイム雇用の現状と当面の諸対策について」を発表し、女子パートタイム雇用に対する職業紹介や求人・求職指導などの公的諸施策が開始される。しかしここでも「パートタイム雇用の労働諸条件は、労働経済全般のあり方と密接に関連する」と述べて、社会保険の原則適用を基本とし、正社員と異なる差別的処遇を戒めていた。パートタイム労働を公的職業紹介の枠組みのなかで取り扱うようになったものの、労働政策の原則はパートタイム労働が正社員と同等の待遇を得ることにおかれていた。

このような政府方針に対し、経営者団体は女子中高年パートを正規雇用とは差別化すべきだと主張するスタンスをとった。一九七〇年、日経連はパートタイム雇用制度に対する提言を発表している。日経連は「パートタイマーの雇用に関する行政指導」「厚生年金と健康保険の適用除外および保育所の増設」「税金控除対象配偶者となる家庭主婦などの短期就労者にたいする所得限度額の引上げ」を労働省等に提出し、「一般労働者と切離した管理体系の確立」を訴えた〔内藤　一九七〇：九一〕。主婦パートは「これまでの臨時・日雇いとは別個の存在」であり、「家庭生活の主柱たる男子」と違うのだから、社会保険の適用除外となっても社会問題を引き起こさないと主張した〔日本経営者団体連盟　一九七〇〕。既婚女性は被扶養者であることを強調し、社会政策上の問題は起こらないのだから、待遇を低く抑えた労働者の一群を認めてもよいことを訴えた。六〇年代はパートタイム雇用が、「不安定就労の再現」に結びつくという懸念がむしろ社会的に強かったため、長期的な労働力不足を憂慮していた経営者団体は、家庭の主婦という視点を強調するかたちでパートタイムの容認を求めざるをえなかった。

6　変革の一九六〇年代からオイルショックへの対応

高度成長期における女性の労働権確立に向けた動き

これまでみてきたように、一九六〇年代は女性労働力の活用が政策的にも意識されるようになった画期であり、女性の就労継続と「家庭」に対する「責任」をめぐって大きな転回がみられるようになったという意味で、エポックメイキングな時代であったということができよう。確かに教育界では性別特性論に基づき、父の役割を稼得に特化させ、女性＝母の代替不能な家庭役割を強調する家庭像が唱道される時代でもあった。教育界におけるそうした言説に基づく諸実践が、同時代の社会と人々に影響力を与え続けていくことになったであろうことを、軽視することはできない。だがそれは、六〇年代において対抗的言説が存在するなかでの一つの言説にすぎなかったという点にも目を向けなければならない。当時の政策的議論においても、女性労働を必要とした社会的現実に照らし合わせても、また女性たちがおかれた家族の現実においても、それは、少なくとも六〇年代には支配的な唯一の言説とはなりえなかった[12]。

一九六〇年代とはまさに、労働現場においても女性が必要とされていき、その就労継続のために女性の「家庭」に対する「責任」が大きくとりあげられていく時期であった。同時に、年功序列や終身雇用といった労働慣行に対する批判や、育児手当などの社会保障制度に関する要求が出されるとともに、保育所設置運動が盛んとなり、「女性が働き続けるためには何が必要か」ということが問われていった時代でもあったのである。

こうしたなかで、女性が結婚・出産をへて働き続けるためにも、一時的な撤退や短時間勤務という選択肢を用意することが必要だと主張されはじめた。しかし、それは労働市場からの一時的な撤退による機会費用を公的に補い、再訓練を施すことによって中高年女性を安価な労働力とはさせないという諸政策と一体化させてうちだされたものだった。ただし、一九六〇年代において、労働運動の担い手側にとってこうした主張はいまだ全面的に支持されてはいなかった。総評全体で、いくつかの単産の慎重論をおして育児休暇問題にとりくむべきという運動方針を決定したのは、ようやく七〇年のことであった［日本教職員組合婦人部編 一九七七：一八〇－一八二］。母親が休職して育児に専念することを制度化する育児休職制度に対する女性運動側の疑念が強くあったのである。また、政策的にみても、パートタイム労働が日雇い・臨時工等と同様の不安定就業問題を再現させてしまうのではないかという観点から、強い抵抗感が存在した。

教育界を中心として「女性は主婦へ」という動きが与えたインパクトを看過することはできない。しかし一方では、一九六〇年代は女性の就労継続と労働権の確立をめぐって前進をみた時代であり、それが、労働力不足問題ともからみあいながら、七〇年代後半をピークとする賃金格差縮小という大きな変化へと結実したとみるべきであろう。

オイルショックへの対応

しかし、このような女性の労働権確立に向けた動きは、一九七〇年代半ば以降には潰えていく。もちろん日本ではじめての育児求職協約（一九六五年）を獲得した全電通の運動をへて、「女子教員および看護婦、保母などに関する育児休業に関する法律」（一九七五年）を導いた日教組婦人部の成果を看過することはできない。しかし周知のように少子化に対する危機意識に直面しての育児休業法（一九九一年）にいたるまで、きわめて限られた職種においてのみこれが認められていたにすぎないという点にこそ、注意を払う必要がある。民間企業における女性労働者は、女性の労働権の一部をなす育児休業というかたちで出産期をのりきる権利を掌中におさめえないまま、七〇年代を、そして八〇年代を過ごさなければならなかったのである。そして七〇年代半ば以降、女性のパートタイマー化は急速に推進されていった。七〇年時点で女性雇用者中一二・二%にとどまっていたパートタイマーは、七五年には一七・四%に、八五年には二二・二%に、そして九五年にはついに三〇%を突破し（三一・六%）、二〇〇九年には四三・一%にもおよんでいる（「労働力調査」）。こうした展開に目を向けるならば、多様な現実的動向と多様な言説を有していた六〇年代とは一線を画する時代が、七〇年代以降つくりだされたとみるべきであろう。

その大きな契機となったのは、オイルショック以降、高度成長がもはや望めない環境のなかでの、職場の変化であり、政策転換であった。

減量経営下の職場

まず、日本企業がオイルショックに遭遇していわゆる「減量経営」を推進したこと自体が、日本の家族およびジェンダー関係に大きなインパクトを与えていった。減量経営のもとでも、男性正社員の首切りはなされず、配置転換、転籍、出向というかたちでの異動が強いられたが、企業がこうした激しい異動に対して企業福祉を手厚く構築したことによって、企業忠誠心が高められさえした。職場では、新規学卒の採用が手控えられ、配置要員数が絞り込まれ、平均労働時間はふたたび上昇をみせはじめる。『家庭教育資料』（一九六四年）において描かれた「朝早くから夕方まで職場にいて家をあけ、また帰宅後も疲れはててひたすら休養をもとめているような父親」像は、この時期にこそリアリティをもって重く受けとめられたのではないだろうか。高度成長期のように、この状態は経済発展を遂げれば将来的には変わるはずだという期待をいだくことがなくなったからである。一九六〇年代に構想された、夫が妻子にかかわりつつ、余暇生活を楽しむ暮らしは、オイルショック以降の減量経営下において挫折する。家族生活の犠牲をも辞さず、会社への貢献のために邁進する「会社人間」という呼称が七〇年代後半の男性正社員に向けられたのも、減量経営がもたらした職場の現実にみごとに合致している［木本 二〇〇四a］。

一方、女性は正社員として長期勤続を重ね、キャリアを積んでいくものとみなされなくなる。むしろ結婚・出産を契機としていったんは退職後、育児という母親役割を担ったのちにパートタイマーとして、正社員処遇から低位に差別化された条件のもとで働くことが基本パターンとして設定されたのである。前節でみたようにホワイトカラー職場では、早くも一九六〇年代の半ばには性別職務分離状態が明確に設定されるようになっていたのに対して、大手製造業ではそれとは異なる動きをみせていた。だが七〇年代後半には女性労働者に依存していた上述の大手電機産業では、労働密度の高まりにより勤続年数の短期化が生じ、現場では雇用形態別・性別職務分離が明確化し、女子パートタイマーは最底辺層に位置づけられるようになる［木本 二〇〇四b：一一五］。七〇年代以降、減量経営による人員削減を補う労働力群として主婦パートタイマーが大量に雇用され、しかも主婦に軸足をおいているがゆえに低位の処遇を当然視する体制に、大きく転換していったのである。もちろん製造業にとどまらず、サービス経済化の進展による第三次産業においても、主婦パートタイマーの投入が増大していくようになった。

政策転換

さらには、政策の方向性も大きく転換していった。一九六〇年代の構想においては、日本が経済発展を遂げていけば、いずれは欧米と同じく余暇時間が増大し、職務に応じた給与体系の確立がなされる社会となるはずとされ、その方向性こそが追求された。それが七〇年代後半には、男性労働者の正社員雇用を最大限に確保することこそが重要であり、追求すべきあり方だと考えられるようになる。女性労働者を何よりもまずは「主婦」であり被扶養者であるがゆえに低い待遇で処遇されてもよいとする雇用体制が、女性の役割は第一に主婦であるとする家族像を下支えしていくところとなった。女性をまずもって主婦として規定し、無償のケアワークを担わせつつパート労働へと誘導する体制が決定づけられたのである。

オイルショック後はじめて策定された経済計画である一九七六年の昭和五〇年代前期経済計画は、「完全雇用の確保」を政策目標の第一の柱に掲げた。七九年の新経済社会七ヵ年計画はこの目標を継承しつつ、その対象をより限定して「国民生活安定の見地から、家計の主たる担い手である世帯主の雇用安定が特に重要」［喜多村 一九七九：四八］とした。同時に社会福祉に関する政策的方向性についても、新経済社会七ヵ年計画は、家族のつながりをいかした日本型福祉社会への志向をみせるようになる。公的な福祉の充実を求める志向性は六〇年代に追求されていったものの、七三年年頭の「福祉元年」宣言をピークにして、その後は減退していく。社会問題の社会的解決をめざす志向性は修正され、むしろ家族における女性の無償労働をあてにするようになる。

高度成長をへて、日本社会は貧困問題を抱えた「おくれた社会」から、欧米社会とは異なるタイプの社会であり、「一億総中流」を達成した平準的な社会とみる見方が確立する。[13]このような日本社会に対する自己認識の転換により、すでに貧困がごく限られたものであり、男性を扶養者として、その雇用を手厚く保障すれば女性を不安定就労者として活用しても社会政策上の問題は起きないとする発想が広く支持されるようになったと考えられようか。また、それは財政支出を抑えながら一定の福祉システムをつくりあげるうえでも効率的なあり方として構想された。さらに一九八〇年代の一連の主婦優遇策[14]は、その総仕上げという性格をもっており、これらの諸制度によって、現段階においても女性は税や年金をめぐる制度的制約を受け続けている。

主体の変容に関する分析の必要性

本章では一九六〇年代には、「主婦化」の言説が教育界を中心に次々に繰り出され、一方では実態的にも専業主婦化に向かう動きが急速に展開したが、しかし他方では女性の労働権の確立を求める運動もまた巻き起こっており、「主婦化」への対抗言説もつくりだされていた点を重視しつつ、六〇年代の深層に迫ろうとしてきた。政策的にも、専業主婦への期待のまなざしのみが女性に注がれたのではなく、労働力としての期待が六〇年代をつらぬいて訴えられていた。そして何よりも、既婚女性の雇用労働者化の動きが、「主婦化」を上回るものであったことを考慮すれば、六〇年代は独特な位置にあったことが知られよう。その後七〇年代、そして八〇年代には、六〇年代に底流としてつくられていた「主婦化」への誘因が強化され、このトレンドが制度化というかたちで明確な姿を現すことになった。もちろん冒頭でみたように、この時期にも既婚女性の雇用労働者化はよりいっそうの展開を遂げるが、結婚・出産までの就労ののちのキャリア中断、そしてパートタイマーとしての再就職という基本形は今日まで引き継がれている。九〇年代以降幾多の変容をへつつも、日本の女性労働の現状、ひいてはジェンダー秩序の現状は、この延長線上にあるとみなければならない[15]。

以上のように一九六〇年代は、「主婦化」への動きを底流に抱えつつも、他のオルタナティヴな展開への可能性を秘めた重要な時代であったことが明らかである。こうした時代を、人々はどのように生き抜いたのか。われわれに残された課題は、そこに迫ることであろう。六〇年代の経験をへた人々は、各々の社会階層差や地域差に応じて、この時代の変化をどのように受けとめたのか。そしてなぜ、女性の労働権を確立しようとする動きが頓挫し、パート化体制に動員されることになったのか。こうした動きを受容する心性を培っていたということはなかったのか。その点を明らかにしなければ七〇年代以降に本格化し、今日にも影響力をもっている、男性を稼ぎ手として女性を被扶養者とする戦後日本版の近代家族体制確立の全体像を解明することはできない。

そのためにも、一九六〇年代の動きを現実の人々によって生きられた経験自体に迫っていく必要がある。たとえば、高度成長期において「母性」認識は大きく変化した。全電通における育児休業制度の制定過程を検討した萩原久美子は、女性たちがこの制度を要求し、実践していくなかで、子どもは母親の手で育てられるべきという考えが彼女たち自身にも浸透していったことを指摘している［萩原　二〇〇八］。六〇年代の動きが七〇年代の転換を準備する下地となっていたのである。教育界では早期にこうした言説が強固なかたちでつくりだされていたことが、教育現場の実践を通じて、どのように当時の若い世代に影響を与えていったのかについても、実態に分け入って把握する必要があろう。このようなジェンダー観、家族観、社会観とその変容の問題を、事実にそくして明らかにしていくことは、今後に残された重要な課題となる。

〔注〕

(1)なお、雇用労働だけではなく、家庭にいながら「稼ぐ」という家庭内職もまた、この時期に増大した。労働省の推算では、一九五八年から七二年の間に家内労働従事者は三倍近くに増加したといわれており、七三年のピーク時における女子家内従事者数は一七〇万七八〇〇人を数えた(家内労働概況調査)。戦争直後にみられたような「内職したいけれど口がない」という嘆きは消え、町の風景のなかに電柱に貼られた内職募集のチラシがごくあたりまえのように入り込み、雇用労働者化が困難な中高年女性が、低賃金ながらも比較的容易に稼得しうるルートとして、家庭内職は普及し、拡大していった。

(2)この作業にあたっては、経済企画庁の出版物、同庁総合計画局長が編んだ解説書、経済企画庁所蔵資料を集成した総合研究開発機構(NIRA)戦後経済政策資料研究会『国民所得倍増計画資料』(日本経済評論社刊、一九九九~二〇〇二)を参考にした。

(3)審議経過記録によると、教育訓練小委員会は第一回から女子労働力活用に関して随時議論を行ってきたが、ついに結論を得ることができなかった［総合研究開発機構(NIRA)戦後経済政策資料研究会　二〇〇〇a:二二五］。

(4)委員会での審議が進むなか、「社会的、制度的な女子雇用の特徴、差別問題も看過し得ない」［総合研究開発機構（ＮＩＲＡ）戦後経済政策資料研究会　二〇〇一：三四四］として、女子労働問題の専門家や労働省婦人少年局などからのヒアリングも行うべきだという課題が提示された。最終答申では「差別」という直截な表現は消去されたが、若年短期就労を前提として女子に対して訓練をほどこそうとはしない企業行動を問題視する文言は残った。

(5)一九六四年の家庭教育学級開設に対する補助金は全国小学校区三一％分にあたる八一三四学級を計上しており、当時の社会教育行政による力の入れ方がうかがわれる。

(6)子どもをもつ母親が働き続けるために保育所の設置を進め、既婚女性に対する職場の圧迫をはねかえすことなどを目的とした「働く母の会」は、一九五四年末に結成され、六三年には八〇〇名を超える会員数のピークを迎えた［働く母の会　一九九〇］。

(7)西は一九六三年の答申の作成過程において、最終的な文面には採用されずに終わったものの、その実現に向けた具体的方策——国営再訓練所や職業安定所の改善、保育所増設など——を盛り込むことを提案した［西　一九六六：一一七－一一八］。

(8)なお、小山静子によると、一九五〇年代においては青少年非行の問題が家族と関係あるものとみなされておらず、公的文書においてそれを家族の問題と結びつけるという認識の転換がみられたのは、六〇年の中央児童福祉審議会答申においてのことであった［小山　二〇〇九：一九五－一九六］。しかし同時に、それまでの青少年非行問題を社会的に解決していく認識も、しばらくは並存していたことに注意を払いつつ、この時期の論調を慎重に読み解いていく必要があるだろう。たとえば、この答申でうたわれた主要な対策は、家庭基盤の強化というよりも、むしろ専門家を配置した専門施設の整備のほうに重点がおかれていた。

確かに、「民主主義社会の基礎は健全な家庭」「最近の要養護児、非行児の激増は、家庭の崩壊が各階層を通じて増大しつつある証左」として家庭対策の必要性が提起された。しかし、「健全な家庭をきずくためには、その背景となる地域社会の組織化が行われるべきであり、またその基盤となる計画的な家族構成が行なわれるように家族計画の徹底をはかる必要がある」とも述べ、ここでも社会・行政のとりくみが重要だという議論へとつながっていたことに留意しなくてはならない［総合研究開発機構（ＮＩＲＡ）戦後経済政策資料研究会　二〇〇〇ｂ：六六－八〇］。必要なことは地域社会の体制整備と貧困対策であり、かりに「家庭」が問題だとしても、それは親の努力によって改善できると期待されてはいなかった。六〇年までは、そのような認識が支配的だったと考えるべきであろう。しかし、小山が明らかにしたとおり、六一年からは非行と家族とを結びつけ、家庭教育の振興を訴える論調が盛んに行われるようになった［小山二〇〇九：一九六－一九八］。この大きな違いが生まれた背景を探ることは、この時期における「家庭」観を解明するうえでもきわめて重要な課題である。

（9）家庭教育学級の予算増額にあたって、国会では従来の母親学級や婦人学級との違い、父親参加を確保する具体的方策についての質問が与野党問わず女性議員から出され、それに対して総理、文部大臣、文部省担当者はこぞって対象を両親に広げることにその意義があることを強調した（一九六四年三月四日参議院予算委員会、三月一九日同委員会、三月二五日同委員会第四分科会）。このような経緯から、家庭教育学級の開設者側が、男性への参加を訴える努力を重ねた結果、三分の一の男性参加が得られたものと推測される。

（10）文部省社会教育局が発行する『家庭教育に関する施策の現状（昭和三九年度）』および『家庭教育学級の現状（昭和四〇～四二年度）』には各地での教育事例が掲載されている。

(11)公的に「家庭責任」という用語が使われていく一九六〇年代半ばにおいて、その言葉はけっして育児や家事を遂行していく役割だけをさすのに用いられたわけではなかったことを看過してはならない。ＩＬＯにおいてこの「家庭責任」のさす内容を定義することはせず、その解釈はおのおのの国・地域にゆだねられていた。労働省婦人少年局は国内の状況を把握するにあたり、「家庭責任」を家庭全般の管理、家事労働、育児、看護、家計を主たる担い手となって支持することの五点をさすものと定義した［婦人少年協会　一九六五・二一－二二、萩原　二〇〇八：二九］。この定義が当時一般的に通用したかは定かではないが、以下に述べるように、とりわけ経済的に脆弱な社会階層において実際に女性が「稼ぐ」責任を負っていたことは認識されていたと思われる。

(12)小山静子は、一九五〇年代から六〇年代にかけての教育界を中心とした「家庭づくり」政策の詳細な言説分析を行っている［小山　二〇〇九］。本章でみてきたように、多様な言説が六〇年代に生み出されているにもかかわらず、なぜ教育界では女性を家庭・主婦役割に閉じ込める言説が、早い時期から繰り返しうちだされたのかを、時代の全体像に位置づけて考察する必要があろう。

(13)橋本健二によれば、一九七〇年代の後半に登場する「一億総中流」論は、七〇年代の半ばまでに生じた社会階層間格差の縮小傾向を反映したものであるとしても、大企業労働者と中小零細企業労働者間に厳然として存在していた企業規模間格差を見落とす議論であった。しかも七〇年代後半以降、規模間格差は拡大に転じている［橋本　二〇〇九］。

(14)民法が改正され、配偶者の法定相続分が引き上げられた一九八〇年を皮切りとして、八四年以降、配偶者控除の限度額が三次にわたって引き上げられた。さらにパート所得の特別減税（一九八四年）、年金改革における主婦の基礎年金の創設（八五年）、所得税の配偶者特別控除の創設（八七年）等があいついだ。

これらは、「主婦の座」にある女性の無償労働を「内助の功」として評価し、税制度や年金制度において特典を与えるものであった。

(15) 一九七〇年代以降の企業社会の構築とジェンダー秩序の形成過程、および現時点にいたる変容過程について詳しくは、木本喜美子［二〇〇四ａ、二〇一〇］を参照されたい。

〔文献一覧〕

相庭和彦「戦後日本社会の『高度ジェンダー化』と社会教育政策——一九六〇年代における家庭教育学級を中心として」日本社会教育学会編『日本の社会教育45　ジェンダーと社会教育』東洋館出版社、二〇〇一

井上信宏「戦後日本の労働市場政策の展開とジェンダー」竹中恵美子編『叢書現代の経済・社会とジェンダー2　労働とジェンダー』明石書店、二〇〇一

大羽綾子「家庭に責任を持つ婦人の雇用に関するＩＬＯ勧告案をめぐって——四八回ＩＬＯ総会報告」『婦人と年少者』一二（八）、一九六四

大羽綾子「家庭責任をもつ婦人の雇用に関するＩＬＯ勧告（一九六五年）について」『婦人と年少者』一三（八）、一九六五

大森眞紀編『戦後女性雇用資料集成第Ⅰ期　1　婦人雇用調査資料　一—八』日本図書センター、二〇〇八

落合恵美子『二一世紀家族へ——家族の戦後体制の見かた・超えかた』有斐閣、一九九四

落合恵美子『世界のなかの戦後日本家族』歴史学研究会・日本史研究会編『日本史講座10　戦後日本論』東京大学出版会、二〇〇五

喜多村治雄『日本経済の活路——新経済社会七ヵ年計画の解説』ぎょうせい、一九七九

木本喜美子「現代日本の女性」後藤道夫編『日本の時代史28　岐路に立つ日本』吉川弘文館、二〇〇四a
木本喜美子「企業社会の形成とジェンダー秩序──日本の一九六〇年代」『歴史学研究』七九四号、二〇〇四b
木本喜美子「企業社会の変容とジェンダー秩序」木本喜美子・大森真紀・室住眞麻子編著『講座現代の社会政策4　社会政策のなかのジェンダー』明石書店、二〇一〇
経済企画庁編『国民所得倍増計画（付経済審議会答申）』大蔵省印刷局、一九六一（総合研究開発機構（NIRA）戦後経済政策資料研究会編『国民所得倍増計画資料19』日本経済評論社、二〇〇〇、所収）
経済企画庁編『中期経済計画（付経済審議会答申）』大蔵省印刷局、一九六五
経済審議会編『経済発展における人的能力開発の課題と対策』大蔵省印刷局、一九六三（寺崎昌男責任編集『日本現代教育基本文献叢書　戦後教育改革構想1期8』日本図書センター、二〇〇〇、所収）
国民生活研究会『一〇年後の国民生活』東洋経済新報社、一九六一
駒川智子「女性事務職のキャリア形成と『女性活用』──ジェンダー間職務分離の歴史的形成・変容過程の考察」『大原社会問題研究所雑誌』五八二、二〇〇七
小山静子『戦後教育のジェンダー秩序』勁草書房、二〇〇九
雇用促進事業団婦人雇用調査室『婦人の労働時間管理──女子雇用管理共同研究　婦人雇用調査資料二五』一九七一（大森眞紀解説『戦後女性雇用資料集成5　婦人雇用調査資料二一－二五』日本図書センター、二〇〇八、所収）。
鹿野義夫『経済社会発展計画の解説──四〇年代への挑戦』日本経済新聞社、一九六七
総合研究開発機構（NIRA）戦後経済政策資料研究会『国民所得倍増計画資料35　教育訓練小委員会：小委

員会審議経過・部会資料』日本経済評論社、二〇〇〇a
総合研究開発機構（ＮＩＲＡ）戦後経済政策資料研究会『国民所得倍増計画資料36　社会保障小委員会：小委員会審議経過・部会資料』日本経済評論社、二〇〇〇b
総合研究開発機構（ＮＩＲＡ）戦後経済政策資料研究会『国民所得倍増計画資料60　アフターケア前期人的能力部会−養成訓練分科会①』日本経済評論社、二〇〇一
髙梨昌『改訂版　新たな雇用政策の展開』労務行政研究所、一九九五
東京商工会議所『割賦販売に関する実態調査』東京商工会議所、一九五七
東京商工会議所百年史編纂委員会『東京商工会議所百年史』東京商工会議所、一九七九
内藤和子「婦人の『能力開発』と婦人労働者」嶋津千利世編『婦人と労働』新日本出版社、一九七〇
西清子「欧米の有職婦人」『ユネスコ資料』一一、一九六三a
西清子「婦人労働者の当面する問題点——欧米と日本との比較において」『世界の労働』一三（四）、一九六三b
西清子『女が働くということ——技術革新下の婦人労働問題入門』生活科学調査会、一九六六
西村由美子「戦後婦人教育政策の成立——婦人教育課設置の意義をめぐって」室俊司編『婦人問題と社会教育』東洋館出版社、一九八二
日本教職員組合婦人部編『日教組婦人部三十年史』労働教育センター、一九七七
日本経営者団体連盟『日経連タイムス』一九七〇年三月二六日号
萩原久美子『「育児休職」協約の成立——高度成長期と家族的責任』勁草書房、二〇〇八
橋本健二『「格差」の戦後史——階級社会　日本の履歴書』河出書房新社、二〇〇九

働く母の会『働きつつ育てつつ――保育所をつくった母たちの軌跡』ドメス出版、一九九〇
婦人少年協会『婦人と年少者』一三（八）、一九六五
文部省社会教育局『家庭教育資料第一集　子どもの成長と家庭』一九六四
文部省社会教育局『婦人教育の現状　昭和三九年度』一九六五
文部省社会教育局『家庭教育学級の現状　昭和四一年度』一九六七
山田昌弘『近代家族のゆくえ――家族と愛情のパラドックス』新曜社、一九九四
横山文野『家庭科教育政策の変遷――教育課程における女性観の視角から』東京大学都市行政研究会研究叢書一五、東京大学都市行政研究会、一九九六
横山文野『戦後日本の女性政策』勁草書房、二〇〇二
労働省婦人少年局『婦人労働の実情　一九六三年』一九六四
労働省婦人少年局『パートタイム雇用の実情――実態調査報告』一九六七
労働省婦人少年局『婦人労働の実情　昭和四五年』一九七一

第6章

高度成長期の社会保障

制度の体系化と労働市場への誘導性

大竹晴佳

1　高度成長期への視角

「社会保障成立の前提条件」を欠いた一九五〇年代

日本の社会保障は戦後体制のなかで形成されてきたが、高度成長期はその体系的な整備が進められた時期である。その制度体系は、現在にいたるまで基本的な枠組みとして保持されてきたが、二〇〇〇年代に入った頃から雇用状況が悪化するなかで、社会保障がそのリスクをカバーしきれず、機能不全の様相が多方面でみられている。本稿では、高度成長期を通じた社会保障制度の体系化を振り返るなかで、現在そのどこに問題が生じており、どのような方向性での再構築が求められているかについての示唆を得ることを目的としたい。

高度成長始動期である一九五〇年代の社会保障をめぐる議論をみてみると、氏原正治郎は、労働者の生活状況について、「典型としての社会保障」が成立する余地のない状況として捉えていた。ここでいう「典型としての社会保障」とは、「事故の予防と脱落者の救済を両翼」［氏原　一九六六：二一四］とし、これによって貧困線より上の生活をしている労働者を、貧困線以下に落とさないようにする制度をさす。老齢や病気、失業等の不測の所得中断に対して、保険または扶助により貧困に陥ることのないようにすることとは、社会保障の基本的な機能であるが、それが成立する余地がなかったとはどういうことだろうか。

一九五六年版『経済白書』が「もはや戦後ではない」と述べたように、五〇年代半ばになると戦後からの復興も終わりを遂げようとしていたが、その一方で国民生活の貧困問題は取り残されつつあった。「厚生行政基礎調査報告」によれば、五五年時点で〝生活保護基準と同じかまたは同様の水準にあるにもかかわらず、生活保護を受けていない者〟の数は、九七二万人にのぼり、世帯数では一九二万世帯であった(1)。五〇年代半ばにおける日本社会には、防貧の対象となる前に、すでに貧困の状態にある膨大な数の人々が存在していたのであった。

そしてこうした貧困の背景には、たんに「低所得の人々の問題」として切り分けることのできない、当時の労働市場の構造的な問題があった。一九五七年の労働力人口は四一八〇万人であり、完全失業者は六八万人であった。就業者に対する完全失業者の比率は一・六％となり、数字だけみれば完全雇用に近い状態といえる(2)。確かに大規模企業は政府による手厚い保護のもとに成長しつつあり、その従業員はよりよい労働条件を享受することができるようになっていた。しかし大規模企業の雇用は伸びず、労働力を吸収していたのは、賃金が低く労働条件も劣る中小零細企業であった。したがって、経済成長によって雇用拡大が進んでも、企業規模間の賃金および労働条件格差は開く一方であった[3]。

一九五〇年代半ばの雇用構造をみてみると、農業や中小の自営業者、臨時日雇労働者、または家族従業者が、就業者全体のおよそ半分を占めていた。これらの就業者たちのなかには、失業と雇用の境目が曖昧である者が多く、また雇用はされていても極端な低賃金しか受け取っていないなど、潜在的な失業状態にある者も多かった。このような潜在失業の実態は、失業率という数字には現れてこないところにあった。

『厚生白書』は先にあげた〝生活保護基準と同じかまたは同様の水準にあるにもかかわらず、生活保護を受けていない者〟を低所得階層と呼んだが、その構成をみてみると約半数が、自営業世帯、正規雇用労働者世帯、日雇労働者世帯、家内労働者世帯で占められていた。一九五〇年代半ばの日本社会では、働いていてもなお、生活保護基準と同様の生活水準にとどまるワーキングプアが多かったのである。

氏原によれば、戦後復興をへて高度成長が始動していく一九五〇年代の日本は、「大衆の貧困を地盤とした」社会であった。つまり労働者世帯のなかには、老齢や病気、失業といった不測のリスクに陥る以前に、通常の生活それ自体が、貧困の状態にある者が多かった。労働者の生活が全体的に貧困線以下の水準にある社会において、上述のような社会保障制度の機能は成立しない。老齢や病気、失業といったリスクに陥った場合に、社会的に保障されるべき水準がどの程度かを検討しようとしても、リスクに陥る以前から労働者層の生活が貧困の状態にあるとすれば、その妥当性を検討する余地がないからである。氏原は次のようにいう。「貧困の原因である失業・疾病・傷害・老廃等の事故に対する社会的保障より前に、労働者階級全体の生活の保障が先行しなければならない。ここでは、労働者は事故が発生する前に貧困であり要保護者なのである」〔氏原　一九六六：二一八〕。氏原はその結果、社会保障が「福利施設化」と「救貧政策化」してしまっており、この克服が急務だとしたのであった。

最低生活水準の低さと軍事・経済へのプライオリティ

一九五〇年代を通して、稼働している労働者世帯においてもなお生活していくうえで満たされるべき社会的標準が未確立であったなかで、社会保障の体系化は進められた。そうした状況のもとで生活保護基準は、「最も低い肉体的再生産基準」〔岩田　一九九五：三一一〕、あるいは著しく不十分な「絶対的最低生活費」〔平田　一九七四：一〇四〕にとどまっていた。たとえばその低さは、当時生活保護行政にたずさわっていた厚生官僚の次のような回顧の言からうかがい知ることができる。

新法の施行当時保護基準は一般国民の消費水準の五割程度であった。しかし、一般国民の消費水準は戦前水準の六割程度で、それ自体が饑餓的水準といえなくもない。その饑餓的水準の更に二分の一程度なのである。だからこれだけみても当時の保護基準による最低生活が如何に厳しい内容のものであるかは改めていうまでもないであろう〔木村孜　一九八一：六六〕。

発言のなかでいわれる「新法の施行当時」とは、新生活保護法施行の一九五〇年をさしているが、その後五〇年代を通して、生活保護基準額は低いままにとどめおかれた。五七年度の生活保護基準額は月約八二〇〇円であったが、これは製造業のうち従業員一〜四人規模の事業所における就業者の平均賃金とほとんど一致する額であった。そしてこれは、製造業の平均賃金（一万六七〇〇円）の四九％、従業員数五〇〇人以上の製造業の平均賃金（二万五六〇〇円）の三二％ほどの額であったという(4)。零細企業で働く労働者の所得と、生活保護受給額とが、どちらも同じように、肉体的再生産を可能にするだけの生存ギリギリの水準におかれていたのであった。すなわち、社会保障によって「救済されるべき」貧困問題は、この生存ギリギリの貧困線以下にのみ発生するものとして限定され、それ以外の多くの人々は「生活を自力再建すべき」対象とみなされ、労働市場に押し出されていくという状況であった。

このように、総貧困のなかで「救済されるべき対象」が限定され続けたわけだが、それは政策的に行われたという点に注意が必要である。一九五〇年代半ばにおける社会保障抑制基調の背景には、朝鮮戦争による軍事特需が沈静化したのちに再軍備を進めていくための財源問題があった。五四年三月のＭＳＡ（相互安全保障法）関係四協定調印を前に示された五四年度予算案は、防衛力増強を前面に掲げ、社会保障関係予算の大幅削減をその内容とするものであった。

一九五三年には、保護人員の増加を押し上げていた医療扶助人員の増加を背景として、医療扶助の引き締めが行われ、同時に、保護の「適正実施」という名のもとに「監査の強化徹底」がうちだされた。また五四年から五六年まで、貧困線の基準となる扶助基準の改定がまったく行われなかった。すなわち「救済されるべき」とみなされる程度を、社会的標準にまで引き上げるよりも、逆に低くとめおくことによって、その対象は政策的に限定され続けた。同時に、最低賃金制が未確立のままにおかれたことは、社会的標準の設定が政策的な課題にもなっていなかったことを示すといえる。その結果、稼働能力がありながらも低消費水準にある世帯の数が膨大であることが指摘される一方で、五〇年代半ばまで増加傾向にあった生活保護受給者数は、減少傾向に転じていった。

本章の課題

一九五〇年代の労働者の生活が、老齢や病気、失業といった不測のリスクに陥る以前にすでに総貧困の状態にあり、そのために社会保障よりも労働市場における所得分配の改善がまず先行しなければならないという認識は、社会保障の給付水準改善よりも、経済成長を通した「社会保障成立の前提条件」確保を急がせることとなった。では、六〇年代に入り高度成長のなかで雇用の拡大と賃金上昇が進んでいくが、「典型としての社会保障」は成立していったのであろうか。そしてこれによって、「福利施設化」と「救貧政策化」という二つの傾向の克服は可能となったのだろうか。六〇年代の社会保障制度の展開にそくしながら、とくに後者の「救貧政策化」という点についてこの動向を検証することを、本章の課題としたい(5)。

以下、第2節では、高度成長始動期において「社会保障成立の前提条件」が欠けているなかにおいても、労働市場のあり方に一方的に規定されるだけでなく、むしろそれを規定し返すような社会保障の確立を求めた動きに注目する。そのなかで、生存権を具体化する労働市場と社会保障の関係が問われていたことについて検討する。

第3節では、一九六〇年代に入り、本節でみたような「社会保障成立の前提条件」欠如といわれる労働市場の状況が変容していく様子について考察していく。同時に、高度成長のなかでも取り残されつつあった低所得者層に対する社会保障の充実が政策課題となったことにふれ、救貧と防貧の制度体系のなかで、低所得の問題がどのように位置づけられたのかについて検討する。

第4節では、低所得階層の救貧からの排除、および、防貧の仕組みへの包摂について、それぞれ生活保護の動向と、国民年金制度の二つをとりあげて検討する。

第5節では、高度成長期に形成された社会保障とはどのようなものであったのか、とくに防貧と救貧の間にみられた日本的な特徴についてまとめる。最後にそれが現在どのような矛盾を呈しており、どのような再構築が求められているのかについて、高度成長期を振り返るなかから得られる示唆を探ってみたい。

2 生存権を具体化する社会保障の追求

社会保障制度要綱

日本国憲法第二五条において国の義務として社会保障の実施が定められたことを受けて、戦後復興期から一九五〇年代を通して、条文でうたわれた生存権を具体化するためにはどのような制度が、どのような体系で整備されなければならないかについて、厚生省を中心に検討が行われていった。ここではどのような社会保障が望ましいのか、また憲法第二五条を具体化する社会保障とはどのようなものなのかについての検討が、「社会保障成立の前提条件」が欠如しているなかにおいても、真摯に追求されていたことに注目してみたい。

その代表的なものが、一九四七年一〇月に厚生省社会保険制度調査会[6]によって策定された「社会保障制度要綱」である。[7]この構想は、既存の各種社会保険を整理・統合して全国民を対象とする社会保険制度体系を確立し、社会保障の中心とするとともに、その補完として生活保護制度を位置づけることによって国民の生活窮乏に対処しようとしたものであり、この点では五〇年に社会保障制度審議会によって出された勧告に重なる内容をもつものであった。しかし他方で、完全雇用や医療公共化などを強力に推進することが前提とされ、そのうえで、給付は均一、拠出は所得比例の社会保険制度や、給付期間が無期限の失業手当、自営業者にも被用者と同様の傷病手当金を支給するなどの提案を含む構想であり、ベヴァリッジの「イギリス案以上に近代的」(〔平田　一九七四：一〇三、末高　一九六一：二五〕参照)と評されるものであった。

「社会保障制度要綱」は、その構想する社会保障体系化の実現を、六つの段階に分けて順次実施することを示していた。その第一段階では、傷病手当金、障害年金および出産手当金の支給や六か月間の失業手当金の支給、さらにはミーンズテストを行って貧窮者のみに与えられる児童手当と老齢年金などの給付を行うことがあげられていた。つまり社会保険の網の目から漏れている生活困窮者を、無拠出の給付によってまず漏れなく救済するところから始めるという提案であった。[8]

すでに困窮に陥っている貧困層をまず無拠出の給付によって救済するという計画をそなえた「社会保障制度要綱」は、その救済すべき貧困層の数が膨大であったために、財政面で実現不可能な「夢物語」と受けとめられた。たとえばこれを実施しようとした場合、当時の貨幣価値で約三三〇〇億円が必要と見込まれていたが、これは一九四七年の国民所得の三六％に相当するといわれた［平田　一九七四：一〇三－一〇四］。

生活保護法の「自立の助長」をめぐる解釈

生存権を具体化する社会保障の追求は、個別の法解釈をめぐってもみることができた。たとえば生活保護法の第一条には、生活保護の目的として、「最低限度の生活を保障すること」と同時に、「自立を助長すること」という二つが定められている。後者の「自立」支援という目的は、他の社会福祉諸法にもみられた。たとえば身体障害者福祉法の目的は、一九四九年の法制定時には、「障害のために職業能力が損傷されている面を補ってその自立による更生を援助する」こととあった。そしてその意図は、たとえば次のように説明される。当時、厚生官僚であった木村忠二郎の説明によれば、社会福祉の目的は、「援護、育成、更生の措置を要する者が、その独立心をそこなうことなく正常な社会人として生活できるように援助すること」［木村忠二郎　一九五五：一一九］であり、「惰民」を許容するようなものではないと強調されていた。すなわちこれらの社会福祉関係諸法のなかで規定された「自立」とは、それぞれの属性に応じてその「欠損」を緩和・軽減し、日常的な生活機能を補完するとともに稼働能力を回復させることであり、それを援助することが社会福祉の目標として掲げられていた。

その一方で、同じ厚生官僚であるが、生活保護法制定において厚生省社会局保護課長として直接かかわった小山進次郎の説明は、憲法第二五条の理念に基づく社会保障を具体化する理想あふれるものであった。少し長いが以下に引用してみる。

最低生活の保障と共に、自立の助長ということを目的の中に含めたのは、「人をして人たるに値する存在」たらしめるには単に最低生活を維持させるというだけでは十分ではない。およそ人はすべてその中に何等かの自主独立の意味において可能性を包蔵している。この内容的可能性を発見し、これを助長育成し、而して、その人をしてその能力に相応しい状態において社会生活に適応させることこそ、真実の意味において生存権を保障する所以である。社会保障の制度であると共に、社会福祉の制度である生活保護制度としては、当然此処迄を目的とすべきであるとする考えに出でるものである。従って、兎角誤解され易いように惰民防止ということは、この制度がその目的に従って最も効果的に運用された結果として起ることではあろうが、少なくとも「自立の助長」という表現で第一義的に意図されている所ではない。自立の助長を目的に謳った趣旨は、そのような調子の低いものではないのである［小山　二〇〇四＝一九五一：九二－九三］。

小山はここで、「自立」とは、すべての人がそのうちにもっているはずの可能性を伸ばしながら、その人の能力に応じたかたちで社会に適応させることだと述べている。このような意味での「自立」を助長することが「人たるに値する存在」を認める生存権保障の内容であり、保護受給に依存する「惰民」の増加を防止するための規定ではないとはっきりと示したのであった。ここには、「自立」という概念を、たんに稼働能力を回復させ経済的自立を促すといった、ある一元的な「正常な」状態をめざすものではなく、人間に本来そなわっているはずの多元的な可能性を拓いていこうとする目標概念として読み替える契機を、見て取ることができる。

ベヴァリッジ案以上に近代的といわれた「社会保障制度要綱」は「夢物語」としての扱いに終わったし、「自立の助長」に関する小山の見解は、実際の法制度上に十分に反映されたとはいえない。しかしこれら二つの例は、終戦から高度成長始動期にいたるまでの時期において、憲法第二五条で規定された生存権を具体化する社会保障の方向性が、労働市場のあり方に一方的に規定されるものとしてではなく、逆に労働市場をも規定し返すものとして追求されたことを示している。

そして、一九五〇年代半ばから六〇年代にかけて、社会保障のこのようなあるべき方向性を追求するべく、実際に訴訟を通じて争われたのが、次にみる朝日訴訟であった。

朝日訴訟とは

朝日訴訟とは、一九五七年に、結核で療養中の朝日茂が原告となり、憲法第二五条で定められた「健康で文化的な最低生活水準」の内容が争点となった訴訟である。具体的には、入院患者に対する生活扶助として給付される「入院患者日用品費」が六〇〇円という額であることが、最低生活水準として十分か否かを問う訴訟であった[9]。

訴訟の経緯は次のとおりである。一九六〇年に第一審判決で原告勝訴したが、厚生省が控訴し、六三年東京高裁は逆転判決を出した。その後、六四年に原告朝日が逝去し、養子となった朝日健二によって訴訟が続けられたが、最高裁判決で保護受給権は相続できないという判断が示されたことで、六七年に上告人死亡という理由で訴訟は終了となった。

裁判の結果こそ、二審の逆転敗訴で終わったものの、第一審判決では、原告である朝日の訴えがほぼすべて認められ、訴訟の期間を通して生活保護基準の改善が実現していくなど、大きなインパクトをもった訴訟であった。以下ここでは、第一審判決で認められた朝日の訴えの内容から、一九五〇年代に追求された社会保障の内容について確認してみたい。

生存の保障か、人間としての生活の保障か

生活保護基準が憲法第二五条で定められた「健康で文化的な最低生活水準」を満たしているか否かをめぐって、朝日訴訟において争点となったのは、「最低生活水準」をどのように考えるかということについてであった。生活保護の制度上、入院患者の場合は食事は病院の給食があるために、生活保護給付のなかから基本的な食費を支払う必要はないということになっていた。しかし原告の朝日のように重症の結核患者の場合、集団給食によって出される食事を、体調その他によって決められた時間にすべて食べることができないために、栄養を補うための補食を、生活保護給付からまかなわなければならない場合があった。

こうした事情により、人間が生きていくうえで最低限必要な額の妥当性をめぐっては、まず、補食の必要性を認めるか否かが公判の論点となった。しかし、朝日訴訟で問われた「健康で文化的な最低生活水準」は、補食による栄養補給といった生存を可能にするレベルにとどまらず、人間らしい生活を可能とす

るレベルを、生活保護を受けていても当然の権利として享受できるはずだということを求めたところに大きな意味があった。

原告側は「健康で文化的な最低生活保障」の水準に対する要求のなかには、文化活動を楽しんだり、教養を身につけたり、娯楽を享受したりすることも、人間が生きていく力になるという意味で、当然含まれるのだと主張した。たとえば日用品費を算定する際には、衣類や足りない栄養を補うための補食だけでなく、新聞や書物、ペンやインクやノート、かみそりやクリーム、そして文化サークルに参加するための費用なども含むべきだとした。それは長い療養生活において、精神的支柱を見出すため、また、社会復帰に向けた知識教養を身につけるためにも必要不可欠で、これが生きる力につながるのだとした[10]［朝日　二〇〇四：九三、一二七、河合　一九九八：一四－一五］。

一九六〇年一〇月一九日、東京地裁（浅沼武裁判長）が出した第一審判決は、この原告の訴えを、全面的に認めたものであった。そのなかで「人間としての生活」とは何かについては、次のように述べられた。

国が保障している現行基準は、「健康で文化的な生活水準」を維持するのに可能なものであるかについては、日用品費六〇〇円の品目を順次検討し、いちおう必要な費用を網羅しているとはいえ、原告証人の認めている長期患者の闘病に精神的、心理的安定を確保するための修養娯楽費等は、療養の実情からみて決してぜいたくなものではなく、必要不可欠なものである。したがって、この費目を認めていないのは不当である（判決文より抜粋）。

さらに、憲法第二五条で定める「健康で文化的な生活水準」とは「国民が単に辛うじて生物としての生存を維持できるという程度のものであるはずはなく、必ずや国民に『人間に値する生存』あるいは『人間としての生活』といいうるものを可能ならしめるような程度のものでなければならないことはいうまでもない」と述べ、生活保護が保障する最低生活水準も、「人間としての生活」を保障するレベルでなければならないとしたのであった。

最低生活水準と労働市場

厚生省側は、低所得の状況にあっても生活保護を受けていない膨大な労働者層の存在を論拠として、現行生活保護基準の妥当性を主張した。そのなかでは、一〇〇〇万人にのぼるともいわれる生活保護基準ギリギリの所得状況におかれた労働者がいかに自助努力での生活を維持しようとしているかが主張された。また厚生省側は「生活保護基準を引き上げると、生活保護費を基準として算出している失対事業就労者の賃金、社会保険関係の給付金、身体障害者、児童、母子等の要保護者に適用される社会福祉制度による各種措置費、各種公的年金等についても影響がある」という公文書を裁判所に提出した［朝日訴訟運動史編纂委員会編　一九八二：三〇］。厚生省側は生活保護基準を引き上げると、生活保護受給者の急増を招くと同時に、上記の各種給付の水準に跳ね返ることに懸念を表明したのであった。

これに対し原告側は、「日雇あるいは貧農の生活に見合うような生活保護基準というものは、日雇や貧農の生活水準自体が非常に変則的なゆがめられた、健康で文化的な生活とは全く逆のものである」［朝日訴訟運動史編纂委員会編　一九八二：一五九］と反論した。

この争点は次のことを意味していた。すなわち厚生省側は、全額税を財源とする無拠出の生活保護基準の水準は、労働市場に参加して得られる稼得水準よりも低くあるべきだという劣等処遇の原則に立っていた。一方原告側は、生活保護基準は国が保障する最低生活水準を意味するのであって、その設定が労働市場に参加して得られるべき稼得水準、すなわち最低賃金にも影響を与えるものと主張した。つまり生活保護基準の設定は、たんに生活保護受給者の問題にとどまるものではなく、国が保障すべき最低生活水準を労働市場の全体構造のなかでいかに実現していくかをめぐる問題を提起していたのである。

「低い賃金は生活保護基準引き上げの足をひっぱっており、低い保護基準は労働者の賃金引き上げの足をひっぱることになる」［朝日訴訟運動史編纂委員会編 一九八二：一六四］こと、そして「貧困層や底辺労働者の生活ないし雇用や賃金が改善上昇されないと、労働者全般の生活条件や賃金も上昇しない」ということが徐々に広まることによって、重症結核患者であった朝日が始めた訴訟は、労働者層も大幅に巻き込んだ大きな国民運動となっていった。朝日訴訟の支援運動は、最低賃金制を求める動きと重なっていき、組織労働者による朝日訴訟支援の動きが活発になっていった。[11] すでに結成されていた「社会保障を守る会」が、「社会保障推進協議会」に発展し、約四〇の労働組合および社会保障団体が加わった。「社会保障成立の前提」が欠如しているといわれた状況のもとで、むしろその「前提」を積極的に確保していくことを求めた動きとしてみることができよう。[12]

第一審判決は、この点についても、次のように述べて原告側の主張を明確に認めた。

最低限度の生活水準を判定するについて注意すべきことの一は、現実の国内における最低所得層、たとえば低賃金の日雇労働者、零細農漁業者等いわゆるボーダーラインに位する人々が現実に維持している生活水準をもって直ちに生活保護法の保障する「健康で文化的な生活水準」に当たると解してはならないということである（判決文より抜粋）。

労働市場に参加してもなお生活困窮の状態にある低所得者層の生活水準を、そのまま適用すべきものではないとして、厚生省側の主張を退けたのである。

朝日訴訟の結果と本節の小括

第一審判決はまた、以上の論点に関する判決の大前提として、憲法第二五条の効力について、「生活保護法は、憲法第二五条の規定する理念にもとづいて、国に国民の最低生活を具体的に保障する法律上の義務を負わしたものであり、たんなる訓示的・方針的な規定でなく具体的な効力規定である」と述べて、プログラム規定説を否定した。同時に、「最低限度の水準は決して予算の有無によって決められるのではなく、むしろこれを指導支配すべきものである」として、国が保障する義務を負う最低生活水準の程度は、その時々の財政状況をも前提とすべきでないとしたのである。

こうした内容を含む第一審判決は、第二審判決および最高裁判決によって、覆されることとなった。たとえば憲法第二五条の効力について、最高裁判決ではその傍論で次のように述べて、プログラム規定説を支持した。「この規定は、すべての国民が健康で文化的な最低限度の生活を営み得るように、国政を運営すべきことを国の責務として宣言したにとどまり、直接個々の国民にたいして具体的権利を賦与したものではない」とあるように、第二審判決を追認するものであった。

前節でみたように一九五〇年代における労働者の所得水準は、非常に低い程度にとどまっており、社会保障によって保障すべき水準は、さらにその下におかれていた。社会保障の水準を引き上げ、救済の対象とすべき労働者を増やすための財源的余裕はないものとされ、それよりもむしろ、経済成長を通して所得を増加させることが優先された。本節でみてきた内容は、こうした状況のなかにあってもなお、社会保障によって保障されるべき水準とはどのようなものなのかについて、憲法第二五条の生存権規定に基づいて追求していこうとした動きであった。

注目しておきたいのは、生存権の具体化を追求するこれらの動きが、社会保障の側から労働市場のあり方をも問うものとして進められようとしていたという点である。一九四七年の「社会保障制度要綱」では完全雇用を強力に推進していくことを求めつつも、いま現在困窮に陥っている者はすべて無拠出の給付により救済すべきことが書かれており、労働市場の不備を社会保障がカバーするという関係が構想されていた。そして、生活保護法における「自立の助長」についての小山進次郎による解釈、および朝日訴訟が訴えたことは、社会保障がカバーするべき水準や内容について、次のようなことを示唆している。すなわち社会的に保障されるべき水準とは、生存を可能にするギリギリの水準にとどまる程度のものではなく、文化的な余裕も含めた人間としての生活を可能にする水準であり、どんな状況にあってもその人が包蔵する可能性を存分にいかした生き方を可能にする水準であった。こうした保障が行われるべきだという点に立脚して、福祉受給者と労働者とが一体的となって、社会保障確立の前提を積極的に確保していくことを求めたのが一九五〇年代であったといえよう。

3　一九六〇年代における「前提条件」の変容

所得水準の上昇と生活保護基準の改善

一九六〇年代以降、池田内閣によって所得倍増計画が進められていくなかで、労働者の所得水準および雇用状況は全般的に改善傾向をみせていった。六二年に求人数が求職者数を上回り、日本経済は、労働力過剰から不足へと転換した。高度成長による経済規模の拡大によって、大企業の雇用吸収力も増大し、それまで中小企業の労働市場であった労働力までも吸収しはじめるようになると、中小企業は労働力確保のために、賃金上昇を余儀なくされるようになった。このなかで、五〇年代には経済成長とともに大きくなる一方であったさまざまな格差が、六〇年代には縮小傾向をみせていった[13]。男女間賃金格差、ブルーカラーとホワイトカラーの賃金格差、農家と被雇用者の格差についても、その格差は縮小していった。新規学卒の労働力需要も増大し、若年労働者の賃金が上昇するとともに、若年労働者間の賃金格差も縮小した。

このような多方面にわたる所得水準の上昇および所得格差の縮小は、国内の消費需要を喚起していった。国民の消費水準は、一九五四年に第二次世界大戦前の水準に回復していたが、その後も次第に増加し、六五年には都市で戦前の一・八倍、農村で二・二倍に上昇した。五〇年代後半から普及が始まった「三種の神器」、すなわち洗濯機、冷蔵庫、白黒テレビなどの耐久消費財は、六〇年代を通して普及し、七〇年代半ばにはほぼ一〇〇％に近づいた。

ただし格差は縮小はしたが、なくなったわけではないし、貧困が解消されたのでもなかった。企業規模別にみた労働者の収入格差は、引き続き明確であった[14]。また従業員規模が一～二九人という小零細企業で働く労働者の二〇・七％、自営業者層の一三・四％、農民層の二四・二％が貧困といってよい生活水準にあった[15]［橋本 二〇〇九：一二三・図表5－3］。しかしながら厚生省は、「低消費水準世帯」の推計および公表を六五年で打ち切っている。高度成長によって、所得水準を示すさまざまな指標が上向きの変化をみせるなかで、貧困は解消しつつあるという認識が先行したのだが、このことはあとでふれるように、貧困をむしろ不可視化するようにはたらいたといえる。

こうしたなかで、一九六〇年代に入ると、生活保護基準の引き上げが進んでいった。六一年四月に行われた基準額の改定（第一六次改定）では、保護基準のうち大きな比重を占めている生活扶助の額が、対前年度一八％と大幅に引き上げられた。また朝日訴訟で問われた入院患者の生活費として支給される「入院患者日用品費」は、四七％の引き上げが行われた。六〇年代初頭にはこのように生活保護制度だけでなく、国家予算に占める厚生省予算の比率が一一・九％と、それまでの比率を大きく上回って最高となった。

また一九六一年の改定では、基準額の引き上げだけでなく、生活保護基準が示す最低生活水準の考え方自体に変更がみられた。そこでは、生活保護給付額のうち生活費の額を示す生活扶助基準の算定方式が、それ以前のマーケット・バスケット方式から、エンゲル方式へと変わった。エンゲル方式では一般世帯の生計の実態をもとに最低生活費を算定するため、一般世帯の生活水準上昇に応じて、最低生活費が上昇していくことになる。また六五年の改定でさらに格差縮小方式がとられるようになったことで、一般世帯の生活水準上昇への連動が確実なものとなり、「相対的貧困」概念に基づく算定方式へと改められていった。労働者の所得水準および消費水準が向上し、最低生活水準を示す生活保護基準も改善されていったのが高度成長期であるとすれば、そのなかで氏原のいうところの「典型としての社会保障」が確立していったとみることができるのだろうか。次に、高度成長のなかで取り残されつつあった貧困・低所得の問題に対する政策的な対応の方向性について確認しておこう。

社会保障体系化の方向性——一九六二年総合調整勧告

さきに述べたように、一九四七年に「社会保障制度要綱」が出されたのち、五〇年には社会保障制度審議会によって「社会保障制度に関する勧告」が出され、五〇年代を通してこの勧告の内容に沿った社会保障の整備が進められていった。このなかでは「社会保障制度要綱」にみられたような、無拠出制を大胆に用いた貧困救済や、拠出と給付の関係をゆるめた再分配の構想などは盛り込まれず、すべての国民を社会保険へ包摂し、拠出制の社会保険中心の社会保障体系化を進めていくことが明確に示された。また、給付水準等も当時の社会状況にそくした現実的なレベルで盛り込まれた。

だが一九五〇年代末頃になると、戦後復興を遂げたはずにもかかわらず、まだなお残る貧困層および低所得階層の存在に目が向けられるようになっていく。六二年に社会保障制度審議会によって出された「社会保障制度の総合調整に関する基本方策についての答申および社会保障制度の推進に関する勧告」は、この問題を明確に意識したものであった[16]。

この勧告では、国民を所得階層別に次の三つに分け、貧困層、低所得階層、一般所得階層という順に、国庫負担を優先的に投入するなど、とくに貧困層と低所得階層への施策に重点をおいたことが注目された（表1）。一九五〇年勧告では社会保険の補完として位置づけられた公的扶助や社会福祉に改めて重点をおいたのであり、このことは六〇年代に入ってもなお残る貧困・低所得の問題が、本格的に政策課題となったことを示していた。

しかしその後の展開をふまえて振り返ってみるならば、この三区分とそれに対応した社会保障の体系化は、次の二つの論点を含んでいた。

第一に、公的扶助によって対応されるべき貧困階層と、防貧施策が講じられるべき低所得階層を、はっきり区別した点である。すなわち一九六〇年代に入ってもなお膨大に残る生活困窮者に対し、貧困階層とみなして公的扶助の対象とするのではなく、低所得階層というカテゴリーを設定することによって、労働市場への参加を通した生活再建に向かわせ、一般所得階層へと引き上げる「防貧の施策」によって対応していこうとしたのである。そのため、狭義の社会保障そのものによってではなく、失業対策に「半失業、潜在失業」を解消するための政策を盛り込むこと、また負担能力の乏しい所得階層のための公営住宅を中心とした低家賃住宅を重点的に進めることなどの、社会保障の関連政策の充実によって対応していくことが構想されていた[17]。

そして第二に、「低所得階層」として対象とする階層についてである。「低所得階層」として想定されて

表１　1962年総合調整勧告における階層別施策

３区分	対象とする階層	階層別に対応する施策
一般所得階層	低所得階層より上の所得水準にある階層	生活不安定の原因となる事故が起こり，現在可能となっている自力での生活が営めなくなった場合にそなえて，社会保険で対応する
低所得階層	「最低生活水準以下ではないが，その生活程度においてこれと大差のないいわゆるボーダーライン階層」と「老齢，廃疾，失業等の理由でいつ貧困階層に落ちるかわからない不安定所得層」を合わせた階層	社会保険への加入を容易にするよう公的負担を行うことと，公的な社会福祉を主軸とした対応を行う
貧困階層	その生活程度が最低生活水準以下である階層	救貧を目的とした公的扶助で対応する

出所）勧告本文をもとに筆者作成。

いたのは、具体的には、老齢者、身体障害者、知的障害者、母子世帯の母、内職者、日雇労働者、失業者等であったが、「老齢であったり障害を持っていたりするために特別な援助を要する人々」と、「労働市場に参加しつつも充分な所得が得られないワーキングプア」とを一括して押し込めたのである。このように、本来まったく異なるニーズをもつ人たちをいずれも「低所得階層」としてひとまとめにしたのは、一九六二年勧告が、障害者や母子世帯の母、老齢者のニーズを、身体的・知的機能の欠損による稼働能力の欠如、そしてその結果としての貧困問題として捉えていたからである。社会福祉による援助を必要とする人々にとっては、本来、経済的保障の充実は数あるニーズのうち、重要であるが部分的なニーズの一つである。必要とされるのは、ケアを受けながら自分らしく過ごせる住居であり、自らのさまざまな能力を伸ばすことのできる教育機会であり、自分のペースでの社会参加を可能とする職場であり、周囲の理解である。しかし稼働能力の見込みがないことを条件として与えられるにもかかわらず、労働市場への参加を通して生活を自力再建すべき人々と同様にカテゴライズされることで、社会福祉給付の内容は、稼働による経済的自立へのインセンティヴが色濃いものとなってしまう。このことは社会福祉の援助を必要とする人々がもっているはずのさまざまなニーズを、「労働市場への参加を通じた生活の再建」という目的に一元化してしまうことになっていったといえよう(18)。

以下、次節では、労働者の全般的な雇用状況、所得および消費水準が改善していくなかで、社会保障がどのようなものとして確立していったのかについて、本節でみた「低所得階層」への社会保障に注目しつつ検討してみる。具体的には第一に、一九六〇年代以降の生活保護制度の展開をみていくなかから、「低所得階層」を「救済すべき対象」から排除していくこととなった過程について検討する。あわせて第二に、国民皆年金実現のあり方を通して、低所得階層を「生活を自力再建すべき対象」として位置づけ、防貧の仕組みに包摂していく過程についてみていく。

4 「豊かな社会」における救貧と防貧

救貧からの排除──資産保有限度額を中心に

一九五〇年代の議論のなかでは、労働者の多くが低い消費水準にある状況下で生活保護基準を改善すれば、たちまち保護受給者の増加を招くといわれていた。ところが生活保護の受給者数は、六三年を境に減少に転じた。また、受給世帯の多くを占めていた稼働世帯の保護率が減少しはじめ、六五年には稼働世帯の保護率が、非稼働世帯（世帯のなかで働いている人が一人もいない世帯）の保護率と逆転して下回るにいたった。七〇年代には稼働世帯と、非稼働世帯の比率が、三対七と開いていった。こうした稼働世帯における保護率減少は、たとえば大都市部においては、日雇労働者の受給減少が大きな要因となっていた。東京都における日雇労働者の保護率は、五九年に一三・五％であったが、六〇年には九・六％に減少しており、[19] 日雇労働者の著しい保護率の減少により、東京都の保護率は、六〇年以降、全国の保護率より低下した。[20]

生活困窮の状態にある人に対し、「救済すべき対象」とみなすか否かを判定するのは、直接的には生活保護受給の可否を決定するミーンズテスト（資力調査）[21]による。ミーンズテストは「資産の活用」「能力の活用」「扶養義務の優先」「他法他政策の優先」という四つの観点から行われるが、ここでは、「資産の活用」に関する一九六〇年代における動きに注目し、前述のように保護受給が推移した背景について考えてみたい。

日本では現在でも、生活保護受給者の資産保有限度が低く設定されている。資産保有限度額が低いということは、保護受給開始以降、多くの資産をもつことができないということを意味するだけではない。それと同時に、保護受給の可否にあたって、どこまで資産を使い切らなければならないかという上限の意味もあわせてもっているのである。一九六〇年代におけるイギリスや西ドイツの公的扶助は、この資産の保有限度が高いため、資産を使い切らなくても、そのときの収入が基準以下に低下すると保護が開始されるという制度となっていた。日本のように資産保有限度が低い場合は、稼働収入が低下しても、資産を使い切って「生活困窮」にまでいたらないと保護は開始されない[22]。そうではなく、保護の開始を生活困窮にいたるまで待たずに、最低限度の生活を維持することができない状態をもって行うのであれば、生活保護給付は低所得に対する補助金のような機能をあわせもつことになる〔篭山・江口・田中 一九六八：一五一〕[23]。六三年には、（旧）社会党議員を中心として、現有資産が自立の助長のために必要であるならばその保有を認めるべきという内容の生活保護法改正の議員立法が提案された[24]。

一九六七年に、資産保有限度の改定が行われた。それ以前は、テレビや電気洗濯機等それぞれについて、保有を認めるかどうかが個別に検討されていたのに対し、六七年頃からは、居住地域において全世帯の七割程度の普及率であれば保有してよいものを列挙する、という取扱い方針となったのである。その後、周囲の七割程度という「普及率による判断」に任される品目が徐々に増えていき、六〇年代末以降は、電話やカラーテレビ、通勤用自動車の保有などがその対象となっていった（表2）。

ところがこうした資産保有限度の詳細について定めている『生活保護手帳』をよく読むと、その対象は生活保護世帯のなかでも、高齢者や障害者がいる世帯に限られていた。つまりその他の世帯、とくに稼働能力のある人がいる世帯にとっては、資産を使い切ってはじめて保護が受けられるという状況に大きな変化はなかったのである。資産保有限度の緩和措置の対象は、稼働能力の見込めない高齢者や身体障害者に限定され、その他の稼働世帯にとって保護を受けやすくするまでの意味をもつにはいたらなかったとみることができる。

このことから高度成長期の生活保護制度について、次のようにいえる。生活保護基準の上昇にもかかわ

表2　生活保護制度における，資産保有の限度および資産活用の取扱いに関する「生活用品」についての規定

1958年	電話，テレビ，自動車（単車等を含む），電蓄，貴金属は認めない。自転車は収益を上げるためか，または通勤，通学用のために真に必要なものに限る。ミシンは収益を上げるためか，または現に有効に利用されている場合に限る。
1963年	身体障害者，60歳以上の者，義務教育修了前の者いずれかがいる世帯に，テレビを認める。多子世帯または母子世帯，身体障害者世帯に電気洗濯機を認める。
1965年	白黒テレビを認める（カラーテレビは認めない）。
1967年	電話，カラーテレビ，自動車は，保有を認めない。 ラジオ，テレビ，自転車，ミシンは，保有を認める。 その他は「処分価値の小さいもの」，「利用の必要がありその保有を認めても当該地域の一般世帯との均衡を失することにならないと認められるもの」については保有を認める。 電気冷蔵庫は保有を認めない取扱いとすることが妥当だが，普及が著しい地域については保有を容認する。
1969年	寝たきり老人と重度障害者について電話の保有容認。
1972年	老人世帯等，「要看護世帯」に普及率にかかわりなくカラーテレビの保有を容認。保護開始時に生命保険の解約を必要としない。
1973年	身体障害者に通勤用自動車の保有を容認。老人，心身障害者，長期療養者，児童のいる世帯について，普及率が70％未満でも，電話，カラーテレビの保有を容認。
1995年	寝たきり老人，身体障害者等のいる世帯が，身体状況または病状からルームエアコンを利用している場合であって，その保有が社会的に適当であると認められる場合は，当該地域の普及率が低い場合でも保有を認める。

出所）厚生省社会局保護課監修・全国社会福祉協議会編集『生活保護手帳』各年度版より，筆者作成。

らず、生活保護世帯にとって一般世帯との格差が縮小したという実感は乏しかった。急速な経済成長のもと、一般世帯の賃金水準および個人消費支出の上昇は急速であった。テレビ、冷蔵庫、洗濯機、掃除機等の家電製品の普及、家計におけるレジャー費の増大のなかで、資産を使い切ることの剝奪感はいっそう増していったことが想像できる。一九六〇年代を通した資産保有限度に関する改定は、とくに働く人が一人でもいる世帯にとって、ほとんど意味をなさなかった。むしろこのなかで、保護受給にあたってのスティグマを増大させていったといえる。

生活保護行政の担当者向けマニュアルである『生活保護百問百答第十輯』（一九六五年版）では、「個人の尊厳が認められている現代社会では、人は、自分で自分の生活を維持するために凡ゆる努力をつくさなければならない。それこそが個人の尊厳を自ら貫徹する所以なのだ」と述べられていた。生活保護基準の引き上げが進む一方で、さきにみたように、稼働世帯に対する資産保有限度額が低いレベルに据え置かれたことにより、ミーンズテストは依然として厳しいものとしてあった。生活保護制度の対象となる「救済すべき対象」とは、稼働能力がなく資産保有も少ない生活困窮者をさし、ワーキングプアは保護の対象から外されていった。世帯のなかに稼働能力者がいるかぎり、労働市場への参加を通した生活の自力再建は可能だと考えられるようになっていったのであった。[25]

防貧への包摂——国民年金の創設を中心に

以上、貧困層と低所得階層が区別され、稼働能力をもつ低所得階層が労働市場へと押し戻されていく様子について、生活保護の展開に焦点をあててみてきた。では、その低所得者層の社会保険への包摂については、どのように進められたのだろうか。ここでは国民年金制度への低所得者の包摂ということに焦点をあててみる。そもそも無職の人や低所得者も含めて全国民を、医療保険だけでなく公的な年金保険の適用対象とするのは、先進資本主義国の間ではまれな例であり、現在でも「実現不可能」と判断する国も多い[ILO　2000＝二〇〇一：一〇七]。膨大な数の低所得者層の存在が認識されていたなかで、拠出制の年金保険として実現するにあたって、どのような対応がなされたのか、以下でみてみたい。

すべての国民を社会保険に包摂するという考え方は、戦後すぐの頃から示されており、一九五〇年勧告にも盛り込まれていたが[26]、被用者を対象とする厚生年金の再編・確立が公的年金における政策課題として優先され、皆年金化は後回しとされていた。一九五〇年代後半以降、厚生年金が制度的な基盤を取り戻すなかで、被用者年金の対象とならない人々への公的年金適用が政策課題となり、六二年に国民年金が実施されるにいたった。

一九五七年三月時点で、全就業人口三九一五万人に対し、厚生年金など既存の年金制度が適用されていたのは三一・八%であった［厚生省年金局・社会保険庁年金保険部編 一九六八：一八二］。被用者をみても、従業員五人未満の事業所で働く者や、日雇労働者、そして自営業者が未適用の状態にあった。とりわけ常用勤労者世帯と日雇労働者世帯における老齢保障の必要性は大きかった。五六年八月に行われた社会保障生活実態調査によると、老齢保障を必要と答えている者は、常用勤労者世帯で七四・一%、日雇労働者世帯で六七・〇%にのぼった。また無保険者のうち多くの割合を占めたのが農業従事者であったが、上記と同じ調査において老後保障を必要と答えているのは、耕地面積三反以上の世帯（すなわち農家世帯）が五七・一%、三反未満の世帯が七〇・三%であり、耕地面積の少ない専業農家以外の世帯のほうがより高かったことがわかる。さらに老齢保障の必要がないと答えていたものをみても、農家世帯では一五・二%であるのに対して、農家世帯以外では七・五%となっており、なかでも常用勤労者世帯と日雇労働者世帯とは七%未満と少ない[27]。公的年金による老後所得保障を求める声は、農家世帯よりも、無年金の状態にあった労働者世帯で強かったことがわかる[28]。

こうした人々を包摂した拠出制の国民年金を創設するにあたって、問題はその拠出能力であった。国民年金創設を推進してきた自民党のなかにも、拠出能力の低い人々から保険料をとるよりも、むしろ無拠出年金に包摂することを主張する声はあったが、実際は、拠出能力の低い人々をはじめから制度の適用外におくのではなく、拠出能力が十分でない者も包含できる制度的な仕組みを組み込んだかたちで、国民年金が創設された。

まず保険料が非常に低い水準におかれることとなり、三五歳未満の被保険者が月額一〇〇円、三五歳以上が一五〇円と決められた[29]。だがこの水準でも保険料を納入できない人が少なくなかった。厚生省第一次案策定のために作成された資料によれば、国民年金制度の適用対象三五〇〇万人のうち、保険料の納入を期待しがたい者が七五〇万人という数にのぼっていた〔厚生省年金局編　一九六二〕。

そこでさらに、保険料免除の仕組みをもつものとして国民年金制度がスタートした。免除基準は、生活保護費と同程度かやや高い水準に設定された。拠出能力の低い人々ははじめから制度の適用外におくべきという意見も聞かれたが、次のような四つの理由から適用のうえで免除という方法がとられた。

一、一般に拠出能力が低いといわれている人々こそ年金による所得保障を最も必要としていること。

二、年金は長期保険であるために、相当長い期間にわたって保険料を拠出することが要求されるが、たまたま一時期において保険料を拠出することができなくても、長い被保険者期間中に資力を回復し、保険料を拠出することができる時期もありうるため、一時期において保険料を拠出することができないからといって、ただちに制度の適用外におくのは早計である。

三、二〇歳から五九歳におよぶ四〇年間を通じて拠出能力がまったくないということは、いかに低所得階層の多いわが国といえども異例中の異例に属するものであろうから、すべての者に必ず拠出能力のある期間があるはずである。

四、拠出能力が十分である者＝所得税納付者とすると、現行公的年金の未適用者のうち一九％強にあたるにすぎず、これのみ対象とした制度となってしまう。

以上四つの理由から読み取ることができるのは、現在保険料拠出能力が低く、免除の対象になっている人々も、その状態にあるのは「たまたま一時期」のことであり、これから老齢保障が必要になるまでの間ずっとその状態にあることは「異例中の異例」と考えられているということである。つまり、保険料拠出能力の低い膨大な人たちの状況も、彼らが労働市場に参加し続けるかぎり、低所得の状態はやがて解消される、といった考え方のうえに立って制度が構築されたといえる。

また国民年金創設当時、すでに生活困難をきたしている者をカバーするための経過措置として無拠出制の福祉年金があわせて実施された。無拠出制の年金を併用することについては、七〇歳以上は誰でも一〇〇〇円の無拠出年金を受給できるようにするといった案（社会保障制度審議会）や、拠出制でカバーできない人を、無拠出制でカバーするといった案（国民年金委員会）[30]が出されていたが、結果的にその対象となったのは、稼働能力を喪失または制限された世帯として認識された老齢世帯、身体障害者世帯、死別母子世帯[31]の三者であった。公的扶助と同様に、年金制度においても、無拠出の給付対象から稼働能力のある者は一切排除されたのである。

一方、拠出制の国民年金の給付水準は、制度創設当初から、拠出水準の低さに見合った低いレベルにおかれ、この給付のみで老後生活を保障されることは当初から目的とされていなかった。加入者の老後生活は、労働市場への参加を通して得られる稼得のほか、資産または家族による扶養等を合わせて成り立たせることが期待されていたといえる。

5 労働市場へと誘導する社会保障の構築

高度成長期に何が形成されたのか

第3節でみたように、一九六〇年代に入ると、労働者の所得水準が上昇するとともに、所得格差も縮小し、日本は「大衆の貧困を地盤とした」社会から離陸した。これにより六〇年代の日本では、「社会保障が確立するための前提条件」を確保しつつあるようにみえたが、こうした労働市場の動向と並行して形成されていった社会保障は、たとえば国が保障すべき最低生活水準というラインが設定され、その上にいる人々には防貧の仕組みが、その下にいる人々には救貧の仕組みが提供されるといった、氏原のいうところの「典型としての社会保障」とは異なるものだった。第3節後半および第4節でみてきたように、日本で形成された社会保障において、防貧の仕組みに包摂されるか、救貧の制度の対象となるかの区別は、稼働能力があるか否かということに基づいて行われた。稼働能力がある人々に対する社会保障は、労働市場に参加してさえいれば、将来的に経済的自立ができるのだという可能性のもとに構築され、彼らの現時点で

の所得水準、およびその結果としての将来の社会保障給付が妥当かどうかが、政策的に問われることはなかった。(32)

こうして体系化された日本の社会保障制度は、労働市場参加へと向かわせる誘導性が非常に強いものとしてできあがった。ここには稼働能力をもつ多数の受給者による社会保障給付への長期的な依存が発生する余地はほとんどなく、後述する「労働参加を最大化する貧困救済システム」が、高度成長期以降の日本で確立していったといえる。

ただしこのような、労働市場参加を通した経済的自立の確立へと誘導する生活保障の体系は、他方で、日本に特徴的な雇用・労働市場のありように支えられていた。日本の生活保障における社会保障と雇用・労働市場のこのような関係は、多くの先行研究が明らかにしてきたことである。たとえば日本の生活保障体系の特質を財政面から分析した林［一九九二］は、過疎対策等の補助金、中小企業や農業への保護政策、公共事業等がもたらす雇用維持の効果を、「公的扶助や社会保険の周囲に二重、三重の代替装置ないし補助装置」［林一九九二：一五五］をもつものとみていたし、渋谷［二〇〇一］はこれを、社会保障というかたちでの所得移転ではなく「労働に対する報酬という性格の強い所得移転」［渋谷 二〇〇一b：三六］が重視されていたとみなした。また埋橋［一九九七］は、社会保障支出が低いのみならず、失業率も低水準で推移してきた一九八〇年代末までの日本の状況を、「雇用・労働市場の良好なビヘイビアが社会保障＝国家福祉の機能を代替している関係」と特徴づけた。同様に、宮本［二〇〇〇］は「大企業の長期的雇用慣行と福利厚生」という特徴を考慮にくわえ、これと「地方の利益誘導政治」を両輪として職域に根づかせつつ所得保障を行うシステムを、雇用政策そのものに社会保障的機能がビルトインされた代替構造として見出した。

しかしながら、生活保障を、社会保障という集合的な枠組みで行うのか、労働市場への参加を通して享受するものとするのかといった方法の相違は、たんなる蛇口の違いとしてみることができるだろうか。最後に、こうした違いが人々を何に駆り立て、どのように排除を生み出すのかということを考えるなかから、高度成長期の社会保障形成のありようが現在に示唆することを考察してみたい。

現在への示唆

齋藤［二〇〇八］は、近年、国民すべてに生活保障を確保するという福祉国家的な合意が揺らぎはじめたなかで、「社会的排除」が生じる契機をワークフェア政策導入のなかにみている。「ワークフェア」とは、「何らかの方法を通して各種社会保障・福祉給付（失業給付や公的扶助、あるいは障害給付、老齢給付、ひとり親手当てなど）を受ける人びとの労働・社会参加を促進しようとする一連の政策」［埋橋　二〇〇七：一八］という政策的概念である。このようなワークフェア政策は、たとえば、福祉給付の条件として就労を義務づけたり、あるいは失業給付に職業訓練を義務づけるなどを通して、給付を受ける側に「能動性」を示すことを求めるものである。重要なのは、「能動性」が生活保障を享受する条件となるという点である。「自らを有効な『人的資本』として証しえない人びとは、規律的な統治の埒外に放逐される」［齋藤　二〇〇八：一四六］のであり、「能動的でなければ十全な生活保障を構築することはできない」［齋藤　二〇〇八：一四二］。すなわちここに社会保障制度の適用対象ともされず、失業状態から脱するための教育訓練も行われず、「能動的な自己統治」［齋藤　二〇〇八：一四〇］の能力を欠いた者としてただただ放置されるという、「社会的排除」の契機が生じるのである。

ワークフェア政策は、多数の受給者による社会保障給付への長期的な依存が問題となった国々で導入されていった。一方、日本でこれまで、社会保障給付への依存が大きな問題となったことはほとんどなく、近年よくいわれるワークフェア政策を導入するまでもなく、非常に高い労働参加が実現している。ペックはワークフェアの本質を、「貧困救済システムが労働参加を最大化するように転換すること」［Peck 2001］だといいあてたが[33]、本章でみてきたように、高度成長期の日本では、労働市場へと誘導する性格が非常に強い社会保障が形成され、現在にいたっている。だとするならば、日本で現在すでに現れてきている「社会的排除」の契機は、どこに生じうるのだろうか。

本章の検討に基づけば、日本が現在およびこれから直面する排除の契機は、ワークフェアへの変化によってではなく、高度成長期に形成された社会保障体系における労働市場への強い誘導性の上に現れるのではないかと考えられる。「能動的でなければ十全な生活保障を構築することはできない」という近年のワークフェアは、貧困線の下の人々を労働市場へと引き上げようとするものであった。しかし日本では、稼働能力をもつ人々が「救済されるべき人々」とみなされることがまず制限されるため、労働市場のなかに「生活を再建すべき人々」として押し戻されてしまう。つまり日本では「能動的な自己統治」を求めるワークフェアが福祉受給以前の段階で発生し、労働市場において能動的であろうとしなかったり、能動的でありえない人々は、救済されるべき立場を経由することなく「余計者」としてカテゴライズされ、排除されていくメカニズムをなしているとみることができる。救済されるべき立場から労働市場参加へと引き上げようとする通常のワークフェア政策と、日本で福祉受給以前の段階で生じうるワークフェア的な誘引との大きな違いは、日本ではその対象が救済されるべき立場を一度も経由しないがために、社会的排除の発生が誰の目にもふれることなく、不可視化されやすいということにあるのではないだろうか。

そしてここにこそ、雇用・労働市場を通じて供与される生活保障と、社会保障とを、完全には代替しえない機能を見出すことができる。日本では雇用を通じた生活保障の獲得へと向かう人々に対し、「大企業の長期的雇用慣行と福利厚生」と「地方の利益誘導政治」のような「二重、三重の代替装置ないし補助装置」を用意することによって、雇用機会を確保してきた。これは先行研究が「代替」構造として解明してきたところである。その「代替」構造が生み出したのは、労働市場への過剰な誘導性ともいえる機能であり、それは近年みられるように、これらの「代替装置ないし補助装置」が縮小するなかでもなお、作用している。その能動性への志向が強ければ強いほど、社会的排除の契機が生じる。ここに、社会保障を「代替」する生活保障システムにおける機能的な限界があるといえる。

こうしたなかでいま私たちは、高度成長期に周辺におかれた人々の声から学ぶことが多いように思う。「救済されるべき人々」と「生活を自力再建すべき人々」を、稼働能力の有無で一元的に分けてしまわないということ、同時に、両者を包括する概念として「自立」を多元的な意味で用いることなどを含みつつ、社会保障を雇用・労働市場を通して獲得できる生活保障に、もう一度接続し直していくことが、いま求められているだろう。

〔注〕

(1)『厚生白書』一九五六(昭和三一)年版、第一章第一節、参照。当時の保護基準は、都市勤労者世帯の平均生活水準の約四割程度であった。また同白書によれば、一般勤労者世帯における肉・卵・乳類のための支出は月額平均一四八三円であるのに対して、低所得世帯ではわずかに二八二円(一九%)にすぎず、また菓子・果物・茶飲料のための支出は一三八〇円に対して三五七円(二五%)にすぎなかった(東京都民生局昭和三〇年度「被保護者生活実態調査報告」に基づく記述である)。

(2)『厚生白書』一九五七(昭和三二)年版、第一章第一節参照。

(3)橋本[二〇〇九]によれば、一九五五年時点で従業員数一～二九人の小零細企業で働く労働者の個人年収は一二・二万円、三〇～九九九人の中企業で一八・一万円、大企業・官公庁で二二・九万円の差があった。また同年の貧困率を、年収五・二五万円以下として算出すると、従業員数一～二九人の小零細企業で働く労働者の二一・六%、自営業者層の一九・一%、農民層の三四・一%がこれに該当したといい、貧困層の大部分はワーキングプアだったと述べられている[橋本 二〇〇九:一〇五－一〇九]。

(4)「厚生行政長期計画基本構想」(一九六一年七月発表)第二章第二節第三表参照。

(5)前者の点、すなわち「福利施設化」を克服しえたか否かについては、大竹[二〇〇一]で若干の検討を行った。

(6)社会保険制度調査会は、戦後の混乱に対する経済政策(物価統制等)と同時に社会保障の面から国民生活の安定をはかろうとする目的で、一九四六年三月に設けられた。社会保障制度要綱の構想は、調査会のメンバーを含むが、調査会とは別個に設けられた社会保障研究会が出した草案が参考にされた。そのメンバーとは、大河内一男、近藤文二、末高信、園乾治、平田冨太郎の各氏である［平田　一九七四：一〇三］。

(7)以下、「社会保障制度要綱」については、末高［一九六一：一五－二五］、平田［一九七四：一〇二－一〇五］参照。

(8)具体的には、傷病手当金、廃疾年金および出産手当金の支給や六か月間の失業手当金の支給、さらには児童手当と老齢年金などの給付を行うことで社会保障体系に包摂するということがあげられていた。

(9)直接的な訴訟のきっかけは以下のようなことである。入院患者日用品費というかたちで支給されていた六〇〇円という額が低すぎるために、それを補うために兄から送られた一五〇〇円の仕送りを使っていた。しかしその仕送りが朝日の収入として認定され、それまで給付されていた六〇〇円の入院患者日用品費の支給が停止され、仕送りを代わりの六〇〇円に充てたうえに、残りの九〇〇円を入院費用として支払わなければならないこととなった。朝日はこれを不服とし、そもそも入院患者日用品費としての六〇〇円という額が低すぎるとして訴訟を起こしたのである。

(10)天達忠雄氏および児島美都子氏の証言でも主張されていた［朝日訴訟運動史編纂委員会編　一九八二：一四〇］。

(11)総評が生活保護の問題について関心を深めていった別の理由として、炭鉱「合理化」のなかで北九州における大量失業が生じていたことがあげられる。

(12)氏原正治郎は、第二審の第一一回公判において、朝日側の証人として出廷している［朝日訴訟運動史編纂委員会編　一九八二：三九九］。

(13)一九六〇年代の格差縮小傾向については、橋本［二〇〇九：一一七－一二四］参照。

(14)橋本［二〇〇九］によれば、一九六五年時点で従業員数一～二九人の小零細企業で働く労働者の個人年収は三九・八万円、三〇～九九人の中企業で四三・〇万円、大企業・官公庁で五四・八万円という差があった［橋本　二〇〇九：一二三］。

(15)ここでは等価所得中央値の二分の一が貧困線として設定されている。

(16)当初、諮問に対する答申のみが出される予定であったが、「たまたま日本経済の未曾有な成長に際会《ママ》し、国民所得階層の格差が拡大したため、わが国の社会問題もあらたに多くの解決すべき問題をもつにいたった」という理由から、勧告と一緒に提出されたものである。（以上、勧告の前文を参照）。

(17)たとえば一九五五年の「世帯更生資金貸付制度」など、低所得者を対象として種々の貸付制度が創設され、それが「低所得階層」対策であるとされてきた。

(18)三浦［一九七三］は、一九六〇年代を通してもなおかつ社会福祉が救貧的な性格から脱却できなかったことを指摘し、生活保護と社会福祉の分化が七〇年代に課せられた課題であると述べた。

(19)東京都労働局「日雇労働者生活実態調査結果報告書（労働調査資料〈第57〉）」一九六二年。

(20)東京都社会福祉会館「被保護階層の量と質の推移に関する研究」一九六二年、六〇頁。

(21)生活保護法の第四条は、保護の補足性について定めている。その第一項では、保護実施の要件として、もっている資産と能力を活用することが、第二項では、保護実施よりも扶養義務者による扶養および、他の法律による給付が優先されることが規定されており、これに基づいて、資産の活用、能力の活用、扶養の優先、他法他施策の優先の四つの観点から保護受給の可否を判定する資力調査が行われる。

(22)一九六六年の『生活保護手帳』には、「ステレオ、電気冷蔵庫の保有は認められるか」という問い合わせに対し、「現在の国民生活における普及状況からみて、保有を認められないものとして取り扱われたい」

との答えが掲載されている。その同年には、大阪府八尾市で、保護申請にあたって冷蔵庫処分を求められた母子世帯が自殺したという事件が起こっている。

(23)なお同書では、出版当時における「わが国の公的扶助制度への提言」として、扶助基準を引き上げて最低生活水準を押し上げていくことよりも、資産の保有限度を引き上げて現金収入の補助としての意味あいを強めていくことが低所得層の生活安定には不可欠だと明確に示されている［篭山・江口・田中　一九六八：二二三－二二六］。

(24)藤原豊次郎ほか「生活保護法の一部を改正する法律案」一九六三年三月一二日。

(25)篭山［二〇〇一］第六章では、一九六一年と六四年および六五年における被保護世帯の職業階層を比較して次のような考察が行われている。六〇年代半ば以降、低所得層のなかに階層分化が起こっており、低所得層上層と一般所得階層の格差は縮小した一方で、低所得層下層と一般所得階層の格差は拡大した。そして六〇年頃までは階層転落によって保護受給開始される世帯が多かったが、六〇年代半ばになると、以前から低所得層下層すなわち貧困層にいたものが多くなる。しかしこの貧困層すべてが保護を受けているわけではなく、そのなかで老齢・傷病・死亡・生別などによる主要な労働力の喪失によってはじめて保護受給が開始され、貧困層でも労働力があって稼働が可能だと適用にはならない。このことを篭山は「稼働者の喪失による家族崩壊」と呼び、これが保護の要件となっていると結論づけている［篭山　二〇〇一：二四〇－二八七］。

(26)ただし医療保険の皆保険化が緊急の課題であったのに対して、皆年金化の推進は「できれば、すべての国民を対象とすることが望ましい」としながらも、その実現は当時の経済状況では時期尚早と考えられていた。第一六回衆議院予算委員会一九号（一九五三年七月九日）における山縣厚生大臣の発言などにこれが表れている。

(27)それぞれ六・九%、六・七%。

(28)農民の反対を受けて、自民党内部には、拠出制年金に対する強い反対もあった。河野一郎ら農政議員は拠出年金を見送り、無拠出年金だけを実施しようと主張して党内で議論となり、この反対は国民年金法が成立したのちの一九六〇年にも、河野派が拠出制年金廃止を党幹事長に申し入れるという動きとして現れていた。

(29)その後、一九六七年一月に三五歳未満二〇〇円、三五歳以上二五〇円に、六九年にそれぞれ二五〇円、三〇〇円に引き上げられた。七〇年には三五歳という年齢区分がなくなり、均一で四五〇円となり、七四年には九〇〇円に、七九年には三三〇〇円へと引き上げられた[日本国民年金協会広報部 一九八〇:二三〇]。

(30)厚生省内に設置された国民年金創設のための準備委員会で、長沼弘毅、三好重夫、伊藤半弥、川井三郎、原安三郎の五氏が任命された。

(31)「年金目当ての離婚防止のため」という理由で、生別離婚母子世帯には適用されなかった。

(32)なお本稿で十分にふれることはできないが、稼働能力がないとみなされた人への福祉がけっして手厚いものとして給付されたわけではない。日本の社会保障体系がもつ労働参加へのインセンティヴは、稼働能力がないとみなされ、「救済されるべき対象」であった福祉の受け手たちにまで浸透していたのではないかと思われる。稼働能力があるかないかによって区分された制度体系下で、福祉による支援を必要としていた人が本来的にもつ多元的なニーズも、封じ込められていったといえる。

(33)ペックはワークフェアの意味として、次の二つをあげている。第一に、雇用強制的な福祉改革、第二に、職業訓練やエンプロイヤビリティ政策・能動的給付政策などである。そしてその本質は、貧困救済システムが労働参加を最大化するように転換することだとしている［Peck 2001：9–10］。

〔文献一覧〕

朝日茂著・朝日訴訟記念事業実行委員会編『人間裁判――朝日茂の手記』大月書店、二〇〇四
朝日訴訟運動史編纂委員会編『朝日訴訟運動史』草土文化、一九八二
岩田正美『戦後社会福祉の展開と大都市最底辺』ミネルヴァ書房、一九九五
氏原正治郎『日本労働問題研究』東京大学出版会、一九六六
埋橋孝文『現代福祉国家の国際比較――日本モデルの位置づけと展望』日本評論社、一九九七
埋橋孝文「ワークフェアの国際的席捲――その論理と問題点」埋橋孝文編著『ワークフェア：排除から包摂へ？』法律文化社、二〇〇七
大竹晴佳「日本型ワークフェア体制の形成――一九六〇年代後半以降の老後生活保障の展開」『一橋研究』二六巻一号、二〇〇一
籠山京『低所得層と被保護層』日本図書センター、二〇〇一（一九七〇年の復刻版）
篭山京・江口英一・田中寿『公的扶助制度比較研究』光生館、一九六八
河合幸尾『社会福祉と自立――河合幸尾論集』かもがわ出版、一九九八
岸勇『公的扶助とケースワーク――公的扶助批判』風媒社、一九六五
岸勇著・野本三吉編『公的扶助の戦後史』明石書店、二〇〇一
木村忠二郎『生活保護法の解説』時事通信社、一九五五

木村孜『生活保護行政回顧』社会福祉調査会、一九八一
厚生省年金局編『国民年金の歩み――昭和三四－三六年度』厚生省年金局、一九六二
厚生省年金局・社会保険庁年金保険部編『厚生年金保険二十五年史』厚生団、一九六八
後藤道夫「日本型社会保障の構造――その形成と転換」渡辺治編『日本の時代史27　高度成長と企業社会』吉川弘文館、二〇〇四
小山進次郎『改訂増補　生活保護法の解釈と運用』全国社会福祉協議会、二〇〇四（一九五一年の復刻版）
齋藤純一「社会の分断とセキュリティの再編」齋藤純一『政治と複数性――民主的な公共性にむけて』岩波書店、二〇〇八（初出は『思想』九二五号、二〇〇一）
渋谷博史「日米福祉国家における市場論理と国際的枠組を分析するための視角設定」渋谷博史・内山昭・立岩寿一編『福祉国家システムの構造変化――日米における再編と国際的枠組み』東京大学出版会、二〇〇一a
渋谷博史「基軸国アメリカの軍事財政と日米福祉国家の枠組み」渋谷博史・内山昭・立岩寿一編『福祉国家システムの構造変化――日米における再編と国際的枠組み』東京大学出版会、二〇〇一b
社会保険庁年金保険部編集『国民年金二十年のあゆみ』ぎょうせい、一九八〇
末高信「戦後における社会保障の芽生え」大内兵衛編『戦後における社会保障の展開』至誠堂、一九六一
副田義也『生活保護制度の社会史』東京大学出版会、一九九五
玉井金五・久本憲夫編著『高度成長のなかの社会政策――日本における労働家族システムの誕生』ミネルヴァ書房、二〇〇四
日本国民年金協会広報部『日本年金叢書8　国民年金二十年秘史』一九八〇

「年報日本現代史」編集委員会編『戦後体制の形成——一九五〇年代の歴史像再考』現代史料出版、二〇〇八
橋本健二『「格差」の戦後史——階級社会 日本の履歴書』河出書房新社、二〇〇九
橋本秀一「社会政策学における賃金問題研究の視角と課題」社会政策学会編『社会政策学と賃金問題』法律文化社、二〇〇四
林健久『福祉国家の財政学』有斐閣、一九九二
平田冨太郎『社会保障——その理論と実際』日本労働協会、一九七四
三浦文夫「社会福祉行政の一動向——最近の動きを中心に」『季刊社会保障研究』第九巻第一号、一九七三
宮本太郎「研究動向 日本型福祉国家の構造と転換——最近の福祉国家論の動向から」『総合社会福祉研究』第一六号、二〇〇〇
宮本太郎『福祉政治——日本の生活保障とデモクラシー』有斐閣、二〇〇八
横山和彦・田多英範編著『日本社会保障の歴史』学文社、一九九一
ILO, *Social security pensions: Development and reform*, 2000（C・ギリオン／J・ターナー／C・ベイリー／D・ラテュリッペ編『社会保障年金制度——発展と改革』上、渡部記安訳、法研、二〇〇一）
Jamie Peck, *Workfare States*, Guilford Press, New York, 2001

第7章 高度成長期の国家の構造

進藤　兵

1　歴史的前提——資本主義国家としての近代天皇制国家

本章は、高度経済成長期の日本の政治を、国家構造論の視角から素描する。具体的には、資本主義国家[1]としての「戦後型開発主義国民国家」の形成・確立・限界について論じる。ただし、この時期の政治過程を丹念にたどるというよりも、国家の構造（型）を明確にするような仕方で、論じることとしたい。また、一次史料の発見・再解釈に基づいて実証するというよりも、既存の研究成果に依拠してパノラマ的にこの時期の日本政治を展望するかたちで、論じることとしたい。

まず本節では、高度成長期の日本政治の歴史的前提[2]である、第二次世界大戦以前の国家構造について、簡単にふれることにする。

近代日本の資本主義国家＝近代天皇制国家

近代日本の国家について安田［一九八七］は、明治憲法が定める国家（「近代天皇制国家」）の形態を「外見的立憲制」と規定し、それが「日本資本主義の政治的上部構造に他ならない」とし、明治維新から明治憲法制定にかけて形態として成立した近代天皇制国家が、日清・日露戦争期に階級的基礎を得て資本主義類型の国家として確立すると述べる。

経済構造と経済政策

ここでいう近代日本の資本主義経済は、①地主制や農民的小商品生産、「出稼ぎ型賃労働」という前資本主義的生産様式を接合しつつ、国家主導・軍事優位で産業資本主義が形成される時期（日清戦争期まで）→②「資本主義確立＝後進的帝国主義への転化」期（日清戦争後から韓国併合まで）→③第一次世界大戦以後における国家資本・財閥資本・私的資本の重化学工業化による「独占＝金融資本」確立期→④世界大恐慌以後の「国家独占資本主義への移行」期→⑤日中全面戦争以後の「戦時国家独占資本主義」（戦時統制経済）という独特な形態での「国家独占資本主義」の確立→⑥敗戦による「戦時国家独占資本主義」の崩壊という構造的変化をみている［大石編　一九八五〜一九九四］。

ある時期における資本主義経済の構造が、どのような経済政策によって国家と接合されたのか、そしてそのような接合を可能したのはどのような政治主体のいかなるヘゲモニー構想であったのか――この点を高度成長期にそくして、第3節（三五〇頁以下）でみることにしたい。

社会編成（societalisation）と社会政策

「近代天皇制国家の権威的秩序を基礎づける社会秩序」である「基礎的社会関係」として、安田は中小寄生地主（＝商人資本＝地方名望家）－小作関係をあげ、副次的な社会関係として、ムラ共同体（自然村）、家父長制によるイエ制度（日露戦後に本格的に形成された）、華士族制度を指摘している。もちろんのちには資本－賃労働関係が形成される。

この地主－小作関係を創出するために、明治期には自由民権運動という形成途上にあった市民社会を抑圧するべく、一連の結社規制がなされた（集会条例→集会及結社法→治安警察法）。ついでこの「基礎的社会関係」を維持するために、①地方自治制（行政町村の設置）、②職能団体制度（産業組合・農会）、③公共事業と補助金、④体制政党（政友会）という国家的諸装置が整備されるとともに、上からの農村組織化の実践が行われた（地方改良運動→民力涵養運動→農村経済更正運動）。日露戦後に大衆的政治運動が登場し、一九二〇年代になって自発的結社が活発に結成されるようになると、治安維持法によって共産主義者・無政府主義者を集中的に規制する国家政策が行われ、三〇年代には同法による全面的な市民社会抑圧がなされるようになる。

このように社会を権威的に秩序づけする諸制度・諸実践が一定の構造をもっているとき、それを社会編成と呼ぼう。そして、ある社会編成がどのような社会政策によって国家に接合されるのか、その接合を可能にしたヘゲモニー構想はどのようなものであったのかについて、高度経済成長期にそくして、第3節(三五四頁以下)で検討する。

文化の次元と国民統合政策

安田［二〇〇二：四七以下］は、近代日本では「ほとんどの思想は何らかのナショナリズム的要素を帯びざるをえない」と述べ、近代日本のナショナリズムを、「欧化主義」(福沢諭吉の「文明開化」など)、「伝統主義」(「国体」「家族国家観」＝皇国史観と「儒教主義」の二類型)、「民権・国権」の三つに分類したうえで、「欧化主義」が当初から支配的思想でありつつ、自由民権→国体論→民本主義→東亜共同体論という歴史的変動があったとする［『年報日本現代史』二〇〇七］。

その間、日本の民衆が自らを「国民」として実感したのは、言い換えれば国家(state)による国民(nation)統合が確立したのは、日清・日露戦争前後であったが［牧原　二〇〇九］、近代日本の国民は「近代国家の臣民」「東洋(アジア)の一員」「多民族帝国における主導民族」といった重層的なアイデンティティをもっていたともいわれる［酒井　二〇〇七］。

イデオロギー・思想・文化・知・道徳・言説・国民意識などのレベルを一括して文化の次元と呼ぶことにしよう。そして、高度成長期にはどのような国民意識が存立し、その時期の文化の次元がどのような国民統合政策によって国家へと接合されたのか、その接合を可能にしたヘゲモニー構想はどのようなものであったのかについては、第2節（三四七頁以下）で考察する。

統治形態・政治レジーム・国家装置と国家統合構想

安田［一九八七］は、近代天皇制国家の統治形態を、君主の個人専制（絶対主義）ではなく、「君主大権に正当性の根拠をもつ優越した執行権力」と議会権力との二元的構造からなる「外見的立憲制」とし、それは一九四五年まで基本的に同一であったと述べる。そのうえで、「国家の社会的・階級的内容」が国家装置の編成を通して現れた形態＝政治レジームとして、以下の六つを時期区分する（時期区分については、進藤［一九九五a］も参照）。

①有司専制（明治憲法体制以前。君主制的官僚専制体制下での寡頭制支配のシステム）

②外見的立憲制の安定期（体制政党〔政友会〕による天皇制官僚集団と議会勢力の妥協の成立と、元老集団による「国家意思決定メカニズム」の存在。明治憲法制定から日露戦争後まで）

③不安定期（日露戦後から第一次世界大戦期まで）

④政党内閣期（二大政党と内務省・大蔵省が「中軸的国家装置」化するとともに、外交が外務省英米派へと一元化される一方、軍部は「副次的国家装置」へ格下げとなる。「国家意思決定メカニズム」は内閣に集中した。一九一八〜三二年）

⑤軍部ファシズムへの傾斜期（軍部の「中軸的国家装置」化。革新官僚の登場。陸軍「国策大綱」策定＝一九三三年から政党解散・大政翼賛会結成＝一九四〇年まで）

⑥軍部ファシズム期（外見的立憲制の極小化。一九四〇〜四五年[3]）

ここで、経済構造・社会編成・文化の次元・国際関係（後述）をそれぞれ経済政策・社会秩序政策・国民統合政策・外交安全保障政策によって国家へと接合しながら、これらが相互に矛盾しないように、ある政治レジームや統治形態に一貫性を保たせるような政治諸主体の実践を、国家統合構想と呼んでおこう。近代天皇制国家の場合、近代天皇制（という形態をとった執行権力の優越性・専制性）こそ国家統合構想であったのだが、それでは高度成長期の国家はどのような国家統合構想を構築したのか。この点は第4節で考えたい。

国家間システムと外交・安全保障政策

安田［一九八七］は、近代日本の国家が上記の独特の諸構造をもつのは、「国際関係」のなかでの「後発資本主義国」という位置に主として規定されているとしつつ、この点を詳しく述べていない。そこで世界システム理論[4]を援用して、このことを考えてみよう。

開国以前の日本周辺では、中華帝国は経済的・政治的・文化的に一個の世界をかたちづくる「世界帝国」であり、朝鮮半島や琉球諸島を含む中華帝国圏が存在していた。日本はその周辺に位置していた。他方、北海道を含むオホーツク海地域には、アイヌなどからなる「地域社会」が存在していた［モーリス－スズキ　二〇〇九］。一九世紀前半、英国を「覇権国」とし、西欧列強を「中核国群」とする資本主義的「世界経済」は、アフリカ大陸からインドシナ半島までを「半周辺」および「周辺」（＝植民地）地域として編入したが、アヘン戦争によって中華帝国圏と衝突し、これを解体し「半周辺」「周辺」として組み込んでいった。

開国により「半周辺」に組み込まれた日本の支配的社会諸勢力は、「周辺」への転落を避けつつ、「中核国」をめざして、強力な資本主義国家を形成し（明治維新・琉球処分・北海道植民・明治憲法体制）、国家主導で産業資本主義を創出するべく、国民を強権的に形成し動員した。明治維新以後＝一九世紀後半以後の国家間システムは「非公式（自由貿易）帝国主義」局面から「帝国主義」局面に移行しており、日本も侵略戦争を通して台湾・朝鮮半島などを「周辺」（植民地）化する帝国主義国家へと転化した。第一次世界大戦後、日本は国際連盟常任理事国＝「中核国」に上昇し、欧州とともに東アジアは「中核国」間の勢力均衡による相対的平和状態となった（ヴェルサイユ＝ワシントン体制）。しかし、一九三〇年代に英国の覇権が衰退するなか、欧州ではドイツが、東アジアでは日本が、それぞれ「世界経済」に代わる「世界帝国」戦略を実行し（軍部ファシズムによるアジア太平洋戦争）、それが敗北に終わり、戦後には「アメリカの覇権」が形成された（[倉沢ほか編　二〇〇五〜〇六、歴史教育研究会・歴史教科書研究会編　二〇〇七、川島・服部編　二〇〇七、『思想』　二〇一〇、『歴史学研究』　二〇一〇］参照）。

他方、日露戦争後の敗戦帝国主義国ロシアでは「半周辺」化の危機のなか、「世界経済」に対抗する「反システム運動」としての社会主義運動が国家権力を掌握した（ロシア革命）。第二次世界大戦後、資本主義的「覇権国」「中核国」に搾取されてきた「半周辺」「周辺」地域（東欧、中国、インドシナ半島など）で社会主義運動が国家権力を掌握し、いわゆる東西対立が形成されていった。

戦後の「アメリカの覇権」および東西対立という国家間システムは、どのような外交・安全保障政策によって戦後日本の国家に接合されたのか、そしてその接合を可能にしたのはどのような政治主体によるいかなるヘゲモニー構想であったのかは、次節で検討する。

2 戦後の統治形態の制度的成立と外交・国民統合

上記のような資本主義経済、社会編成、文化の次元、国家間システムと接合され、外見的立憲制という統治形態を保った近代日本の資本主義国家を、端的に近代天皇制国家と呼ぶとすると、それでは一九四五年八月以後から高度経済成長期にかけてどのような資本主義国家が形成されていったのか。第2節以下ではこの点を考えよう。

戦後改革（一九四五〜四八年）——戦後憲法体制の形成

敗戦後、アメリカなどの占領軍権力は、非軍事化・民主化という初期占領方針に基づいて、近代天皇制国家の諸装置をほぼ全面的に破壊した。あらためて詳しく述べることはしないが、新憲法（一九四七年五月施行）に現れているような、国民主権原理、市民的自由の保障、国会を「国権の最高機関」とし新たに地方自治も加味した自由民主主義的政治体制、天皇制の象徴君主制化、日本軍の解体と特徴づけられる統治形態を、ここでは戦後憲法体制と呼んでおこう（多くの研究があるが、まずは渡辺［一九八七］、石田［一〇〇九」参照)。間接統治による不徹底が国家装置(官僚機構)と国家介入形態(行財政・金融など)の一部には残ったとしても、近代天皇制国家とは断絶された新しい統治形態が戦後憲法体制として成立した点が、重要である。

当時、中軸的国家装置は外務省であった(幣原・吉田両政権がその現れである)が、国家意思決定メカニズムはGHQ=政党内閣の軸に集中した。日本社会党・日本共産党を含む政党諸勢力が復活し、農地改革による地主階級の解体、財閥解体、労働組合の公認によって古い社会編成が破壊され、文化の次元では多様なかたちで天皇制国家批判・市民社会論が開花した。そうした情勢は国家権力のあり方に影響を与えたのであって、占領軍による二・一スト中止により、「統一戦線」形成から「人民民主主義革命」にいたるような情勢は出現しなかったものの、社会党などによる中道左派政権への政権交代が起き(一九四七年六月〜四八年一〇月)、福祉国家的諸政策が採用されたことは注目すべきことだろう。(5)

アメリカ帝国主義の世界秩序への包摂——占領後期(一九四九〜五二年)

①「覇権国」アメリカによる世界経済支配と核軍事同盟

「世界経済」では、戦後、アメリカの覇権が確立する。ブレトン・ウッズ体制(IMF、世界銀行、GATTなど:一九四五年一二月発効)により国際自由貿易体制が成立したが、当初ケインズが構想した新世界通貨・本格的世界銀行・国際貿易機構という案は退けられ、アメリカドルを基軸通貨とする自由貿易体制となった。マーシャル・プランによって、東欧圏を除外してドルの大量援助が行われ、西欧諸国が「中核国群」として経済復興を果たすことになる（多くの研究があるが、まずは石見［一九九九］、猪木［二〇〇九］）。

国家間システムでは、国際連合憲章（一九四五年）に基づく集団安全保障体制が制度的には形成されたが、実質化しなかった。アメリカは、一九四七～四八年を境に冷戦政策を採用し、西欧でのNATOなど軍事同盟を各地域で形成した。そして米英仏陣営とソビエト（と、のちに中華人民共和国）陣営との間で核軍拡競争が繰り広げられた［最上　二〇〇五、Raggie 1996］。

②日本の経済復興

アメリカを「覇権国」とする冷戦型の国際関係は、東アジアにも中国内戦・朝鮮半島南北分断（一九四八年）を機に形成された。そして日本を非軍事化＝「半周辺」化するのではなく、反共親米の「中核国」（自由貿易体制内の工業国）として経済的に復興させる政策が採用された。あらためて詳述しないが、ドッジ・ライン（四九年）と吉田政権（四八～五四年）の経済統制撤廃政策がそれであった。この政策では、韓国・台湾・東南アジアは日本経済に食料・工業資源を供給する「半周辺国」として「世界経済」のなかに統合されることが予定されていた［Dower 1979, Cummings 1993］。朝鮮戦争（五〇～五三年）は、一般市民を含む約三〇〇万人が戦死する一九四五年以後最悪の戦争となり、日本は後方支援基地として機能したが、これにより大量のドルが日本に流入し、日本経済の復興を後押しすることとなった。

なお、経済復興に際して戦時国家独占資本主義期の工場設備や社会資本が再整備・転用されたことも見逃せない（本巻第2章第2節参照）。

③沖縄の「周辺」化

アメリカを覇権国とする資本主義経済秩序は、日本本土を「中核国」化していくが、他方で、サンフランシスコ講和条約（一九五二年四月発効）の第三条によって、沖縄をアメリカの植民地＝「周辺」として位置づけることにもなった。沖縄では米軍政が、土地の強制接収によって広大な軍事基地を建設し、軍用地料の引き上げなどによって民衆を分断した。一九五〇年代を通して米軍基地は、日本本土では四分の一に減少したが、沖縄では二倍に増強された。沖縄には核兵器も配備され、のちのベトナム戦争では沖縄の基地が後方支援の役割を果たした。これに対しては、五〇年代の「島ぐるみ闘争」、六〇安保当時の「平和憲法下への復帰」運動、ベトナム戦争時の「反戦復帰」運動など、民族独立運動が形成された。ただし、これらは本土の安保闘争とは実質的な連携をなしえなかった（さしあたり新崎［二〇〇五］参照）。

日本の外交政策――不十分で経済進出優先の脱植民地化

こうした国際関係のなかで、講和条約以後、外交政策が展開していくが、戦後初の『外交青書』（一九五七年）は、日本外交の柱を「国際連合中心」（↓五六年国連加盟）、「自由主義諸国との協調」（第4節）、「アジアの一員」の三原則としてまとめている。ここではこのうちの「アジアの一員」について、脱植民地化という視角から手短に検討しよう［田中　一九九三、原　一九九三、五百旗頭　二〇〇六：二章四節］。

敗戦帝国主義国家は普通、講和条約で、①旧植民地の独立承認と、②戦争相手国への戦後賠償を行い、③各種の戦後責任を遂行するというかたちで植民地問題を清算する（脱植民地化）。日本の場合は、旧植民

表 1　日本の対外支払い一覧　　（単位：億円）

国名（協定等の調印年）		賠　償	準賠償	各種請求権	合　計
1．ビルマ	（1954, 63）	720	612		1332
2．スイス	（1955）			12	12
3．平和条約16条	（1955）			45	45
4．タイ	（1955, 62）		96	54	150
5．デンマーク	（1955, 59）			7.23	7.23
6．オランダ	（1955）			36	36
7．フィリピン	（1956）	1980			1980
8．スペイン	（1957）			19.8	19.8
9．フランス	（1957）			16.728	16.728
10．スウェーデン	（1957）			5.05	5.05
11．インドネシア	（1958）	803.088	636.876		1439.964
12．ラオス	（1958）		10		10
13．カンボジア	（1959）		15		15
14．南ベトナム	（1959）	140.4			140.4
15．イタリア	（1959, 72）			8.3305	8.3305
16．英国	（1960）			5	5
17．カナダ	（1961）			0.063	0.063
18．インド	（1963）			0.09	0.09
19．韓国	（1965）		1080		1080
20．ギリシャ	（1966）			0.5823	0.5823
21．オーストリア	（1966）			0.0601	0.0601
22．マレーシア	（1967）		29.4		29.4
23．シンガポール	（1967）		29.4		29.4
24．ミクロネシア	（1969）		18		18
25．北ベトナム	（1975）		85		85
26．ベトナム	（1976）		50		50

出所）田中［1993：199］より作成。

地の独立はアメリカの対日占領によって自動的になされたため、日本自身が深く反省を迫られることはなかった。戦後賠償については、講和条約時にアメリカによる無賠償原則がうちだされ、これにアジア諸国が反発し、その後の外交交渉の課題とされた。その結果一覧を示すと表1のとおりである。

賠償完了（一九七六年）まで二一年を要したこと、戦争被害に比べて賠償が少額であること、準賠償（無償経済協力、工場・発電所の建設など）の比率が高いこと、そして表にはないが最大の被害国・中華人民共和国との間では七二年国交正常化の際に賠償が放棄され、七八年の平和友好条約締結後に政府開発援助（ＯＤＡ）が毎年なされていること、また朝鮮民主主義人民共和国（以下、北朝鮮）とはいまなお国交すら正常化されておらず賠償も未払いであること、という特徴がみられる。全体として自覚的な脱植民地化が不十分であり、アジア諸国への日本の経済進出の観点が優位している。その一つの背景は、賠償問題を担当したのが大蔵省であったことである。

なお韓国との間では、日本側の侵略への反省不足にくわえて、李承晩《イスンマン》政権が先述したアメリカの日本「中核国」化＝韓国「半周辺国」化政策に強く反発したため、日韓条約締結が李政権崩壊後の一九六五年にまでずれこみ、そのため日朝国交正常化交渉はそれよりもさらに遅れることとなった。これも日本の自覚的な脱植民地化を困難にした一因であろう。

文化の次元――弱いナショナリズム

外交・安保政策に続けて、戦後の国民意識をみておこう。まず、戦争観については、一九五〇年代には、

「帝国意識」からの脱却が不十分ではあったものの芽生えはじめ、アメリカに対する戦争責任が次第に共有される一方、アジアの戦争での加害責任は不問に付されるというダブルスタンダードが確立した。その路線上に、六三年に開始された政府主催の全国戦没者追悼式で戦没者＝「今日の繁栄」（高度成長）の礎という論理が登場してくる。この戦争観は、七〇年代の各地「空襲を記録する会」による草の根の戦争被害の掘り起こし、八二年の教科書問題、八九年の昭和天皇の死と「天皇の戦争責任」論議をへて、見直されていくこととなる［吉田　二〇〇五］。

しかし最も重要なことは、国家が直接国民を捉える、逆にいえば国民が国家に直接強い帰属意識をもつという意味でのナショナリズム・イデオロギーが、「公（おおやけ）の弱さ」とか「私民社会」とか揶揄されたように、戦後日本では一貫して弱かったという点である。確かに戦後ナショナリズムとして、安田［二〇〇二：五〇以下］がいうように「対米協調ナショナリズム」（吉田路線）、「対米自立ナショナリズム」（鳩山・岸路線）、「革新ナショナリズム」などを識別できるとしても、これらのいずれもが文化的ヘゲモニーを確立しえなかったのである。[6]

代替的な強い国民統合政策

①国家主導の日本人統合

他方で、戦後日本国民の中に日本人と外国人を区別するかなり強い意識が定着していたことも事実であろう。こうした国民意識を支えたのは、国家による国民統合政策だったと考えられる。

たとえば、軍人恩給は戦後改革によって廃止されたが、講和条約後、一九五三年に復活し、以後「国と特別な関係にあった者」に対する国家補償が広範に――戦犯・引揚者・未帰還者を含めて――、しかし国との距離に応じて金額差を設けながら、実施された。九〇年までの補償総額は三一兆円にのぼった。しかし講和条約によって日本国籍を喪失した者に対する補償は行われず、台湾人元日本兵の傷病者・遺族への見舞金制度が創設されたのは実に八七年になってからであった。また「国と特別な関係」になかった一般民衆、つまり沖縄戦、空襲、原爆などの被害者への国家補償はいまなお拒絶されている［田中 一九九三］。原爆被爆者援護法（一九九四年成立）だけがようやく前文で「国の責任」をうたったものの、日本政府は「国家補償」を一貫して拒んでいる。

②外国人抑圧・排除の国家政策

くわえて外国人を抑圧し排除する国家政策も進められた。在日コリアン・台湾人は、一九四六年の総選挙時に選挙権が停止され、四七年の新憲法施行と同時に外国人登録令により「外国人」とされた。講和条約発効によって日本国籍を選択の余地なく剥奪され、同時に施行された外国人登録法によって指紋押捺制度が創設された（実際には五五年から実施）。八〇年に指紋押捺拒否が社会的に報じられ、制度の緩和が八二年にようやく始まるまで、在日外国籍の人々への帰化圧力は強かった（そもそも指紋押捺は、二四年、中国・撫順炭鉱で日本企業が労働者管理のために始めた［杉原 二〇〇五］）。また、五五年頃に始まった外務省などによる国際交渉をへて、在日朝鮮籍の人々の北朝鮮への「帰国事業」が五九年一二月から開始され、九万人を超える人々が国外へ移住した（八四年終了、［モーリス－スズキ 二〇〇七］）。日本国家は同化か、無国籍・無権利状態か、国外移住かという三つの選択肢しか用意しなかったのであり、日本を多民族国家化する実践が登場するのは、のちのことであった。

ナショナリズムの弱さを代替する、国家による国民統合政策[7]は一九五〇年代から八〇年代までおおよそ持続したと考えられる。

3 「環太平洋トヨタ主義経済」「企業社会」と開発主義的経済・社会政策

環大西洋フォード主義と環太平洋トヨタ主義

一九三〇年代後半から七〇年代末までの北米西欧という空間での資本主義経済は、

A素材供給型産業（製鉄・石油化学など）および加工組立型機械工業（自動車など）を基軸とする重化学
　工業への産業構造の移行
B重化学工業の巨大企業（独占資本）による国民経済の支配
C資本集約型の大規模工場での大衆消費財の画一的大量生産
D大量の半熟練労働者による画一的作業（ベルトコンベアー方式の労働過程）
E産業別労働組合と経営側との団体交渉による賃金の持続的上昇→労働者の消費生活水準の向上→社会
　全体での大量消費

という特徴をもっており、巨大自動車企業フォードの名をとって「環大西洋フォード主義経済」と呼ばれる。[8] これとの対比でいえば、五〇年代後半から成立する日本の資本主義経済は、以下のような特殊性をもっていた（農業・中小自営業の非資本主義的経済部門については省略する）。

①重化学工業の最新式の大量生産技術は、日本生産性本部設立（一九五五年）に前後して、アメリカから日本の大企業にあいついで導入されていった。ただし、大規模工場は、直接金融によってではなく、日本独自の銀行による間接金融方式で建設された。

②大企業経営層は、この最新鋭の大規模工場で働く労働者を、多品種大量生産でありながら生産効率も追求するという経営戦略のもとへと、経営主導の人事考課制度によって馴化した。

③産業別ではなく、企業別の、そして経営に従順な労働組合は、一九四九年東芝、五〇年日立、五二年電気産業、五三年日産、五四年日本製鋼室蘭、五六年銀行産業、五七年鉄鋼産業、五九〜六〇年三井三池炭鉱など、基幹産業やその中心的大企業でのあいつぐ大規模争議をへて、最終的に六〇年代半ばに左派労働運動が敗北し、企業協調型の右派労働運動がヘゲモニーを確立することによって、はじめて可能になった。企業協調路線は、ホワイトカラー・ブルーカラーを通じる正社員の終身雇用・定期昇給・企業内昇進・手厚い福利厚生と制度的に組み合わされ（日本的経営）、労働者の消費生活水準を押し上げた。

④生産効率追求のために、日本独自の大企業（親会社）－下請関係が形成された。

⑤こうした日本独自の蓄積様式を外資から守るため、系列企業同士の株式持合いが行われた。この結果、六大企業集団（三井、三菱、住友、富士、三和、第一勧銀）が確立した［宮崎　一九七六］。

⑥大量生産された製品は、国内での大量消費のほか、アメリカ市場に大量に輸出された。この経済構造は、その後一九七三年の石油危機を乗り切ったことで世界的に注目され、八〇年代末まで「経済大国日本」を支えたが、その最も代表的な企業はトヨタであった。そこでこの型の資本主義経済を、熟さない概念だが環太平洋トヨタ主義経済と呼ぶことにする[大野　一九七八、Abegglen 1958, Commissariat general du plan 1990, 伊藤　一九九四、武田　二〇〇八]。

開発主義的経済政策

北米西欧のフォード主義経済はケインズ主義的経済政策によって支持されたが、日本のトヨタ主義経済を支えたのは、新リスト主義あるいは開発主義的経済政策であった（一九世紀ドイツの経済学者F・リスト〔一七八九〜一八四六年〕の経済思想・経済政策を一個の理論体系として捉え直したものをリスト主義と呼ぶことにする。リスト主義については、進藤［二〇〇五］参照。戦後日本経済を「開発主義」概念で捉えたものとして、村上［一九九二］、東京大学社会科学研究所編［一九九八］、池尾［二〇〇五］があるが、本章が依拠するのは後藤［二〇〇二］）。

スミス主義（一九世紀英国など）やリカードウ主義（香港など）、のちのハイエク主義（新自由主義）やシュムペーター主義（「創造的破壊」型産業構造政策）と区別される、元来のリスト主義は、「国民間の産業競争」という前提に立ち、国民経済の自立論と単線的な経済発展史観をもち、建国期のアメリカ合衆国をモデルとして、反自由放任主義・反自由貿易、国民的「生産諸力」のフルセット装備、国内製造業の育成を目的とする介入主義的国家（保護関税、鉄道などの産業基盤整備、国民教育制度、科学技術政策など）、反官僚主義と自由主義的立憲政治・効率的行政制度、農地改革による中農層創出、植民地経営といった諸政策を展開するが、同時に、労働者階級の貧困への無関心と労働者の組織化への警戒、「正常な国民」と弱小民族・黒人奴隷・植民地とを差別化するナショナリズムをあわせもっている。

戦後日本における自由主義的立憲政治と農地改革、および国民統合については前節で述べたとおりであり、貧困への無関心は後述する。ここでは、元来のリスト主義を現代日本の諸条件に合わせて修正した——つまり、官僚主義的中央集権と脱植民地化とアメリカの覇権に結びつけられた——経済政策を新リスト主義と呼び、とくに経済成長（development）優先の面を強調して開発主義（developmentalism）と呼ぶことにするが、その内容は以下のようなものであった。

- 郵便貯金や企業厚生年金などを通じた国民貨幣の集中と生産的資本への投入
- 大蔵省による企業向け租税特別措置＝大型減税（一九五一年〜）、運輸省・建設省（四八年設置）とその外郭団体（道路公団、住宅公団＝五六年設置）による道路・港湾・電源開発・臨海工業用地埋立・工業用水道・ベッドタウン開発などへの公共投資
- 日本開発銀行（一九五一年設置）、長期信用銀行（五二年）による企業向け政府融資
- 新長期経済計画（一九五七年、岸内閣）→国民所得倍増計画（六〇年、池田内閣）という経済計画
- 通商産業省（一九四八年設置）による石油化学育成五カ年計画・合成樹脂育成五カ年計画・機械工業振興臨時措置法（五六年）、電子工業振興臨時措置法（五七年）などの個別産業育成政策と行政指導を通じ

ての、経済界・官僚制の密接な連携関係

- 首都圏整備計画（一九五七年）、全国総合開発計画・新産業都市建設促進法（六二年）などの地域開発政策。

これらにより、日本経済は一九五五年下期以降、高度経済成長軌道に乗ることになった。

社会編成――「市民社会」ではなく「企業社会」へ

戦前の基礎的社会関係であった地主－小作関係の解体、新憲法によるイエ制度・華士族制度の解体と市民的自由の保障＝市民社会形成への動き、経済成長によるムラ共同体の破壊（過疎化）、文化的ヘゲモニー不在という情勢のなか、一九五〇年代中盤まで社会編成は不安定であったが、高度経済成長下の都市への労働力移動（都市化）と賃労働者の大量形成（大衆社会化）、農地の工場への転用によって、資本－賃労働関係が戦後の基礎的社会関係として確立した。そして生産点での資本家支配がそのまま社会の権威的秩序であるような新たな社会編成が確立していった。それが「企業社会」である。

「企業社会」は、生産面では、画一的大量生産（フォード主義）ではなく、多品種大量生産を達成しながらなおかつ生産効率も追求するという経営戦略のもとで、労働者たちを企業という枠内で相互に競争させせる人事考課制度を導入していった。これが労働者に、企業に尽くすことで自身の生活を向上させるという「会社人間」意識を植えつけていった。

消費面では、合衆国型の「豊かな生活」をモデルとして、都市新中間層・労働者階級上層とその家族は、大卒、民間大企業正社員への就職、終身雇用と定期昇給、大都市郊外のマイホーム、核家族、男性稼ぎ手・専業主婦という性別役割分業、洗濯機・冷蔵庫・テレビに象徴される大量消費（一九六〇年代にはカラーテレビ・マイカー・エアコン）という要素からなる生活様式へと包摂されていった。この生活様式は実際には全国民の一割程度しか包摂していないが、農民層や都市旧中間層、労働者下層にとっても「標準」と考えられ、「生活革命」と呼ばれたように、高度成長期の日本社会を編成する独特な力となった。このような民間大企業を中心とする社会編成を、本章では「企業社会」と呼ぶことにする（「企業社会」については宮本［一九八三］、性別役割分業については岩上［二〇〇七］、落合［二〇〇四］、消費については国立歴史民俗博物館編［二〇一〇］参照）。

「企業社会」は、市民が公共圏を形成する市民社会ではなく、社会政策の力で社会編成を行う福祉国家でもない。それゆえ「企業社会」に強く包摂されている階層は政治への関心を低下させ、「私生活主義」「政治的無関心」という様相を呈した。警察官職務執行法改定問題では「デートもできない警職法」への反対が広がったものの、安保闘争（後述）では民間大企業労組（全労系）が反安保の立場に立たず、また一九五九年六月二五日の一〇万人行動の同時刻に、後楽園スタジアムで一万余の観衆が野球を楽しみ、その一〇〇倍の人々がテレビで野球中継をみていた［日高　一九六〇］。

ただし、市民社会が副次的社会関係として形成されたことは、軽視できない。たとえば三島市のコンビナート建設反対運動（一九六四年）では、農民による四日市公害の現地視察、市民による四日市市職員労働組合作成パンフレットの地域学習会、日本母親大会での双方の女性たちの交流が重要な意味をもったように、生活世界におけるコミュニケーション的行為も確かに存立していた（本巻第2章第3節参照）。

開発主義的・就労重視（workfare）型社会政策

同時代の北米西欧は、資本家と賃労働者という二つの階級の妥協・和解による「一つの国民」への統合とでも呼ぶべき社会編成が、福祉国家的社会政策によって支えられていたが、それとの対比でいえば、戦後日本の「企業社会」を支えた社会政策は「開発主義的社会政策」とでも呼ぶべき独特のかたちをとった［後藤　二〇〇四］。

一九五〇年代には「企業社会」に包摂されない戦災被災者家族、傷痍軍人、失業者、中小零細企業における低所得・不完全就業者が多数存在しており、経済・社会の「二重構造」がもたらす「社会的緊張」を政府は懸念していた。社会保障制度審議会の五〇年勧告は、社会保険・各種社会福祉・公的扶助からなる包括的な社会政策体系を提起し、これに基づいて国民健康保険法（一九五八年）、国民年金法（五九年）が成立し、国民皆保険が実現した。岸政権の時代に外形的には福祉国家化が進んだのである（後述）。しかし政策の内実をみると、潤沢な財政をもつ企業別健康保険組合・年金基金と公務員共済組合を、中小企業労働者、その他一般国民から分立させる制度設計がなされた。これは大企業の社会保険料負担を軽減させ、経済成長を優先するためであった。児童福祉（保育・児童手当など）・高齢者福祉・母子福祉なども公的支出が抑制され、低水準の給付に終始した。また、教育や住宅についても公的支出は抑制された。とりわけ、最低賃金（五九年制度開始）が生活保護基準以下であり、生計費原則を否定していたこと、生活保護制度が勤労者世帯を事実上排除する運用をしていたこと、そして厚生省が「低消費水準世帯」推計（いわゆる貧困調査）を六五年を最後に打ち切ったことは、六〇年代前半に「企業社会」が確立するのと反比例して、国家が勤労者の貧困に無関心となり、勤労者が福祉（welfare）国家に依存できず、就労による所得保障で自己責任原理にしたがって生活せざるをえない社会政策が確立していったことをよく現している。北米西欧では九〇年代に登場するこのような「就労重視（workfare）」型社会政策（［Peck 2001］参照）が、日本では高度成長期に採用されていたのである。

4　六〇年安保と「非帝国主義」「開発主義国家」型へゲモニーの確立

戦後型の国際関係と国民統合、トヨタ主義経済および「企業社会」が一九五〇年代末頃から六〇年代半ばにかけてあいついで成立するなか、狭義の政治舞台でも戦後型のへゲモニーが六〇年安保を通して確立することになる（この時期の政治史については、後藤・内田・石川［一九八二］、松井［一九八五］、三宅［一九八九］、佐々木隆爾［一九九〇］、渡辺［一九九六：一三五－一五五］、中村［二〇〇五：一章七］、Gordon［2003＝二〇〇六：一五章］、同時代史学会編［二〇〇七］、Stockwin［2008］、荒川［二〇〇九］、『年報日本現代史』［二〇一〇］、進藤［一九九五ｂ］参照）。

移行期――旧安保条約下での二つのヘゲモニー構想の競合（一九五二～六〇年）

占領期（一九四五～五二年）には、アメリカ軍はその極東軍事戦略の拠点として日本の基地を自由に使用していた。一九五二年に発効した日米安全保障条約（旧安保条約）は、日本の主権回復後も「極東における国際の平和と安全」のための在日米軍の駐留と基地使用を日本全土で認めていたが、日本が攻撃を受けた場合の米軍の防衛義務が規定されていない、「大規模の内乱および騒じょう」（社会主義革命を想定している）を鎮圧するための米軍の出動を認める、条約の有効期限が明記されていないといった不平等性があった。この第一次安保体制を、対米協調（従属）による軽工業主導の貿易立国（香港のようなリカードゥ主義経済）というヘゲモニー構想によって支持したのが、吉田政権であった。

しかし、日本本土でも沖縄でも反基地闘争が激化していった。それは、東西冷戦下で日本が中立化するかもしれないという危機感をアメリカ政府にいだかせた。

これに対し、戦前の日本帝国をモデルとした対米自立型の日本帝国主義復活というヘゲモニー構想を掲げたのが、鳩山一郎政権（一九五四～五六年）と岸信介政権（五七～六〇年）であった。このヘゲモニー構想では、新リスト主義（開発主義）的経済政策による重化学工業化と福祉国家型の社会政策（前節「開発主義的・就労重視（workfare）型社会政策」参照）が、帝国主義復活の基盤と考えられた。

岸は、戦前、東条内閣の閣僚であり、戦犯指定解除・政界復帰後も日本帝国主義復活、とりわけ憲法改定による天皇の元首化、日本軍の再建を追求していた。そのために、反社会主義統一戦線とでもいうべき保守合同を実現し（一九五五年自由民主党の結成）、治安立法による大衆運動の規制（五八年の警察官職務執行法改定案など)、小選挙区制による国会での自民党の三分の二の議席獲得という国家統合構想を掲げた。しかし、アメリカの圧倒的な軍事・経済覇権という国際政治のなかでは、対米自立型の日本帝国主義復活(日本の「覇権国」化)は不可能であったから、岸は、親米反共路線=日米軍事同盟の枠内にある従属的な「中核国」の地位に甘んじながら、同盟を対等化しつつ改憲による日本軍の再建・増強=帝国主義復活をはかる構想を選択した。ここから、旧安保条約の改定が重要な課題として浮上した。

新安保条約

こうして日米両政府間の思惑が一致し、安保条約改定交渉が開始された(一九五七年六月)。合意された新安保条約では、米軍の日本領土防衛義務、内乱条項の削除、一〇年の条約期限(一方の申し出による条約の改廃)が明記された。しかし、第六条で「極東における国際の平和と安全」のための在日米軍の駐留を認め、第五条で在日米軍基地への武力攻撃に対して自衛隊が米軍と共同作戦に入ると規定していた(六〇年一月調印)。当時の東アジア冷戦(朝鮮半島、台湾海峡、ベトナム)を考えると、在日米軍基地からこれら地域への米軍派兵→在日米軍基地への報復攻撃→自衛隊の交戦というかたちで、日本がふたたび戦争に巻き込まれる(と同時にアメリカの戦争に加担する)恐れがあった。核戦争の可能性も存在していた(キューバ危機は六二年一〇月)。

確かに新安保条約には、米軍の配備の重要な変更(核兵器の配備・貯蔵)や海外での戦闘で日本の基地を使用する場合の日米両政府間の事前協議制が新設され、公式には歯止めが制度化された。しかし、①朝鮮半島で再度、戦争があった場合の米軍の出動について日本政府は黙認する、②在日米軍基地内への核兵器の寄港・通過について日本政府は黙認するという「密約」が存在していたのである（近年、日本政府によっても公式に認められた［外務省　二〇一〇］）。

六〇年安保闘争

これに対して、安保改定反対の国民運動が高揚した（六〇年安保の政治過程と革新側の総括については、井出［一九六〇］、日高［一九六〇］、信夫［一九六一］、清水［一九六六］、清水編著［一九六八］、水口［一九六九］、NHK取材班［一九九五］参照）。その背景としては、第一に、国民の多数に、ふたたび戦争に巻き込まれたくないという平和意識、そして帝国日本の復活＝戦前の軍国主義の復活への不安が強く存在していたことである（別の言い方をすれば、国民多数の意識は社会主義革命をめざすものでも、独立＝反米ナショナリズムでもなかった）。

第二に、岸内閣の反民主主義的姿勢への国民の強い反発があったことである。新条約には以上の諸点から野党が強く反対し、国会審議は難航していたが、日米対等化の象徴としてアメリカのアイゼンハワー大統領が六月一九日に来日し、天皇と会見する予定が組まれており、そこから逆算すると岸政権は五月一九日までに衆議院本会議で条約批准を終えなければならなかった。そこで岸は、同日深夜、強行採決に踏み切ったのである。これ以降、日本史上未曾有の大衆運動の高揚がみられ、「岸政権打倒」「民主主義擁護」がその焦点となった。岸らは自衛隊を治安出動させてデモを鎮圧する計画さえもっていたが、六月一五日事件によってアメリカ政府は大統領訪日を中止し、自民党内でも岸政権は窮地に陥った。

第三に、主体の側についていえば、(最も急進的であったのは学生運動〔全学連主流派〕であったとしても)主導力が、労働運動のナショナル・センターとして一九五〇年代以来反基地闘争・平和運動・警職法反対運動にとりくんできた総評であったことである。そのうえ総評は、三井三池炭鉱の労使紛争を「総資本と総労働の対決」として闘っていた(一九五九年一二月会社側による指名解雇通告→六〇年八月中央労働委員会斡旋案提示)。そのため、幅広い組織労働者が安保闘争に参加する基盤をつくることができた。

第四に、幅広い国民諸階層の「平和」「民主主義」エネルギーの受け皿として、安保改定阻止国民会議が形成されたことである(一九五九年三月)。国民会議では総評(労働組合)・原水協(平和運動)・革新政党(社会党・共産党)・知識人・市民運動などが統一行動をとり、地方では二〇〇〇を超える共闘組織が結成された。これが、保守のヘゲモニー・ブロックに対する対抗ヘゲモニー・ブロックとなった。

結局、六月一九日に条約が国会で自然承認され、岸が退陣を表明すると、自民党は総裁選挙に突入し、七月一四日に池田勇人を選出し、翌一五日池田内閣が発足した。こうしたなか安保反対運動は急速に収束した。

六〇年安保の保守勢力にとっての意義――「非帝国主義」「開発主義国家」型へゲモニー構想

安保闘争は保守政権に対して重大な衝撃を与えた。自民党内では、岸のような帝国主義復活派は主流の座から追われた。池田内閣は、国民の間に憲法が定着していることを理由として、憲法改定を当面の政治課題からはずした(「在任中に改憲しない」という公式の発言は一九六三年一一月総選挙前)。憲法第九条を維持し、天皇元首化を明示的には追求せず、国民の市民的自由も大きくは規制できなかった。この方針はその後の自民党政権にも引き継がれた。

安全保障政策について自民党政権は、第九条を政治的宣言としてゆるく解釈して再軍備＝自衛隊増強を行うが、軽武装にとどめた。安保条約を維持しつつ、したがって「密約」のもとで「アメリカの核の傘」に守られながら、しかし日米の共同作戦指針(いわゆるガイドライン)を策定せず、日米共同軍事演習も行わなかった(指針策定はベトナム戦争後の一九七八年)。本土の在日米軍基地は縮小され、韓国と違って、ベトナム戦争でも後方支援という関与にとどまった。こうしたありようを第二次安保体制と呼ぶことにしたい。一九六〇年代の保守政権が平和主義を採用したのではなかった。しかしそれは「非帝国主義」というるものであった。

かわって保守政治の中心課題は、かねてから「月給二倍論」という政策を準備していた池田のブレーンたちによって、経済成長＝開発に切り替えられ、それが保守政権に安定をもたらした(一九六〇年七月「GNP二倍」構想→一一月総選挙で自民党議席増→一二月「所得倍増計画」発表)。

非帝国主義と経済成長を基軸として民間大企業と下請中小零細企業群、地方農民層、自民党組織、官僚制から構成されるヘゲモニー・ブロックとでも呼ぶべき政治勢力が確立することになった。大企業正社員層＝都市新中間層は、一九五〇年代には労働組合に組織されて革新側に立っていたが、「企業社会」が強化されるにつれ、受益層として私生活主義化＝脱政治化していった。のちに七〇～八〇年代には、いわゆる「無党派層」として選挙のたびごとに自民党に投票したり、棄権したり、新党ブームを引き起こしたりという緩衝役的存在となっていく〔蒲島　二〇〇四〕。

六〇年安保と並行して、韓国でも「四・一九革命」によって反共親米路線で国民を抑圧してきた李承晩政権が打倒され、「ソウルの春」が実現した。だが、朝鮮戦争で強大化した軍部を背景に、翌年軍事クーデタが起き、朴正熙《パクチョンヒ》が権力を掌握し、開発独裁体制下で韓国独特の経済成長＝「中核国」化が進行する。日本とは異なる国家構造によって異なる政治史が展開したのである。

六〇年安保の対抗ヘゲモニーにとっての意義

闘争直後、革新側では、岸内閣を打倒したが新安保条約を阻止できず、保守政権内部での路線転換を許したことを否定的に総括する傾向があった。大衆の「平和」エネルギーを社会党などが政治的に指導できなかったこと、大衆の「反岸」意識・「市民」的ムードを「政権交代」に、「中立」ムードを「民族独立」に、それぞれ高められなかったこと、また「反岸」と「反米」の優先度について革新内部で合意ができなかったこと、国民会議を統一戦線組織へと強化できなかったこと、好況のなか政治闘争と経済闘争を接合できなかったこと、労働運動のなかで民間大企業正社員層＝全労・民主社会党（一九六〇年一月結成）ブロックが安保闘争から脱落していったこと、農村が無関心であったことなどが指摘された。確かに、社会党が「憲法を守る民主主義と中立の政府」構想（社会党中心の選挙管理内閣による国会解散→革新政権下での安保条約の空文化）を、共産党が「安保反対の民主連合政府」構想を、それぞれうちだし、政権構想というかたちで具体的に対抗ヘゲモニー構想が練り上げられるのは、ようやく運動収束期の七月初旬になってからであった。

しかしのちの視点からみれば、安保闘争の経験は、「平和と民主主義」を守る護憲勢力の発展をもたらした。まず何よりも、改憲＝戦後憲法体制の再編を阻止した。そして各地域での共闘組織は、一九六五年からのベトナム反戦運動によって再生し、六七年以後の統一地方選挙では革新自治体の叢生を支えることになった。また、この共闘の経験のなかから、「声なき声の会」といった個人参加型の社会運動が形成されたが、それはのちの市民運動へと転回した。

開発主義国家諸装置の整備

経済成長を中心課題とする保守政治を支えたのは、開発主義的な国家諸装置であった［進藤　一九九七］。与野党（保革）対決が厳しかった国会では、法案を議会外の自民党政務調査会各部会と中央省庁官僚の間で「根回し」する事前審査制が確立した。司法では外交・安全保障問題を非争点化する消極主義が支配した。このなかで官僚主導の中央集権諸機構が整備された。第一に、開発主義的な法・政令・行政計画が制定され、中央政府の地方出先機関・外郭団体が拡張していった。第二に、地方自治体を中央政府の下級行政機関と位置づける機関委任事務制度が膨張していった。この制度は一九五〇年代前半までは福祉・公衆衛生や農地改革後の小農保護、義務教育の実施のために利用されていたが、五〇年代後半からは国主導の産業基盤整備の手段へと変質した。第三に、産業基盤整備投資が国庫補助金というかたちで地方に交付された。

また、地方では開発主義を支える「草の根保守」勢力（地元商工会議所、農業協同組合、商店街連合会、町内会・自治会連合会、県庁・市役所など）が形成されたが、これと産業界（経済団体連合会、日本経営者団体連盟、経済同友会、日本商工会議所）と官僚制の三者を利益誘導と選挙の交換過程を通して接合したのが、自民党の中央・地方議員集団であった。

それゆえ、国家意思決定メカニズムは政党内閣＝自民党幹事長の軸に集中しており、中軸的国家装置となったのは、開発主義的経済政策を推進した大蔵省と通産省そして自民党であった。

天皇制は、国家元首たりえず（六〇年安保の際に機能しなかった）、大衆統合装置化した（五九年皇太子成婚）が、岸信介（〜一九八七年）・昭和天皇（〜八九年）存命中は、自民党内の非主流派（日本帝国主義の復活を求める勢力）の結集軸として機能した［渡辺　一九九〇］。

5　「戦後型開発主義国民国家」の確立と限界

「戦後型開発主義国民国家」の確立――北米西欧・中韓との違い

①戦後改革期（一九四五〜四八年）に成立した戦後憲法体制という統治形態は、その後も基本的に同一であるが、政治レジームは、②占領後期（四八〜五二年）、③移行期（五二〜六〇年）をへて、④戦後型開発主義国民国家（六〇〜九六年）へと変動した。

アメリカ帝国主義の世界秩序と保守的な国民統合、環太平洋トヨタ主義経済、「企業社会」がそれぞれ時間的・空間的ずれをもって確立したのは一九五〇年代後半から六〇年代半ばにかけてだが、これらがそれぞれ非帝国主義的外交政策、強い国民統合政策、新リスト主義的経済政策、就労重視型社会政策によって接合され、民間大企業とその下請中小零細企業群、地方農民層、自民党、官僚制から構成されるヘゲモニー・ブロックを基礎として、「戦後型開発主義国民国家（Postwar Developmentalist National State）」とでも呼ぶべきヘゲモニー構想と、「官僚主義的中央集権」とでも呼ぶべき国家統合構想が確立されたのは、実に六〇年安保後のことであり、それは九六年まで持続した。

比較国家論的にいえば、一九四五年から七〇年代末までの北米西欧では、環大西洋フォード主義経済、資本と賃労働の妥協・和解による「一つの国民」、個人主義を基礎とした国民統合という経済・社会編成・文化のありようを、ケインズ主義的経済政策、福祉国家的社会政策、リベラル・ナショナリズム政策によって接合し、資本家・旧中間層と巨大労組から構成されるヘゲモニー・ブロックを基礎として、「ケインズ主義福祉国民国家（Keynesian Welfare National State）」というヘゲモニー構想と、政権交代がある議会政治プラス官僚主義的中央集権からなる国家統合構想が確立していた［Jessop 2002］。

また東アジアでは、韓国はなお開発独裁体制下の「半周辺」国であり（一九六一～八七年）、中国社会主義体制は「世界経済」から離脱し、大躍進政策（五八年）の失敗と中ソ対立→劉少奇政権→文化大革命とその終結（七七年）を経験していた。このため、八〇年代にＡＳＥＡＮ諸国の経済的台頭をみるまで、「東アジア」は経済的実体をもちえなかったのである。

「戦後型開発主義国民国家」の限界

ヘゲモニー構想は元来、政治においても、また外交・経済・社会編成・文化それぞれにおいても、さまざまな抵抗と限界に出会い、空間的・時間的に限定されたかたちでしか確立しえない。「戦後型開発主義国民国家」も、一九六〇~七〇年代に以下のような限界にぶつかることになった。

なおこの節では、佐藤内閣の政治過程や「一九六八年」「七〇年安保」「沖縄復帰」「田中金脈」などには一切ふれる余裕がない点をお許しいただきたい。

①高度経済成長の終焉とエコロジー的限界

アメリカの新経済政策(ニクソン・ショック、一九七一年八月)は年末になって円高を引き起こし、円高不況への懸念から、当時の田中内閣は一九七二・七三年度予算で景気浮揚策をとった。しかしこれが過剰流動性を引き起こし、地域における行きすぎた開発主義(列島改造ブーム)とあいまって、「狂乱物価」が生じた。七三年一〇月の第四次中東戦争が引き金となった原油価格の高騰(七四年一月)がそれを加速した。このため政府は一転して総需要抑制策を行ったため、需要不足による不況が発生し、七四年度の国内総生産はマイナスに転じた。そこで福田・大平内閣は、需要を刺激するとともに、衰退産業における過剰設備廃棄を進めるためのインフレ型予算編成を行った(高度成長は内需よりも設備投資主導であり、国民の生活水準に見合う以上の固定資本形成が行われたことが、内需「不足」の根本要因である)。このような不況とインフレの並存は、七八~八〇年の第二次石油危機まで続いた。

非資本主義的経済部門も限界に突きあたっていた。農業は、一九六七年をピークに農家の時間あたり賃金が低下しはじめ、コメの需要減少とあいまって、米価支持政策と減反・転作補助金への依存を深めた。中小零細企業＝都市旧中間層が本格的に分解していくのは八〇年代後半からだが、七〇年代後半の不況は分解への道を用意した。

高度経済成長はエコロジー的な限界にも突きあたっていた。一九六七年四日市ぜんそく・新潟水俣病、六八年富山イタイイタイ病、六九年水俣病・大阪空港騒音、七四年名古屋新幹線騒音などの公害裁判にみられるように、反公害運動が大きく広がった。

②開発主義的社会政策の階級的・ジェンダー的限界

狂乱物価によって勤労者世帯の生活困難は深刻化した。高度成長は階級的限界に直面したといえるだろう。総評を中心とする「国民春闘」は、勤労者世帯の大幅賃上げとともに公的社会政策への要求を強めた。そのうえ、高度成長期の人口構造の変動（女性の賃労働力化と高齢化）によって、家事・育児・介護を専業主婦に依存する家族体制にはジェンダー的な限界もみえはじめた。このため政府は児童手当法（一九七一年）、老人医療費無料化と国民年金の最低額引き上げ・物価スライド制導入（七三年）という譲歩を行わざるをえなかった（公的介護制度導入は二〇〇〇年）。

③国家の財政危機とケインズ主義的福祉国家化

田中内閣から鈴木内閣にかけて（一九七二〜八二年）、こうして①開発主義経済の社会的コストと②階級妥協の必要から、政府財政が急膨張した。たとえば、田中角栄が主導した新全国総合開発計画で指定されたむつ小川原の地域開発（七二年に第一次計画策定）は、開発主義経済という基底の上にその社会的コストである過疎地域対策を乗せた巨大公共事業であり、弱者救済のために経済的には無駄でも公共投資を行うというケインズ主義の典型である。そうした公共投資や社会保障の経費は七〇年代後半を通して各分野で増え続けたのであり、その削減が始まるのは「臨調行革」（八一〜八三年）になってからであった。この結果、財政は開発主義を基底としながらもケインズ主義的福祉国家を上乗せするようになったのである。これが国家の財政困難と大企業・富裕層への増税を引き起こした。

④保守的国民統合の限界——多民族国家への動き

戦後型の国民意識も限界に突きあたった。ここではアイヌについてのみ手短に述べておこう［北海道ウタリ協会編　一九九四］。アイヌ自身の反差別運動を受けて、一九七〇年、北海道の旭川革新市政の提案により「北海道旧土人保護法」廃止が全道市長会で決議された。ついで美濃部・革新都政は七五年、都内在住のアイヌの生活困難と被差別に関する実態調査を行った。八二年には北海道ウタリ協会が同法廃止・新法制定を提案し、これを受けて横路・革新道政は「ウタリ問題懇話会」を発足させ、アイヌ新法制定の必要性を答申した（八八年）。そして九四年にはアイヌ初の国会議員（社会党所属）が誕生し、九七年、旧法は廃止され、新たにアイヌ文化振興法が制定された。二〇〇八年、衆参両院で全会一致により「アイヌ民族を先住民とすることを求める決議」が可決されたが、これは日本を多民族国家とはじめて公式に認めたものであった。

⑤文化の次元での変容――「個人化」と後期近代

「企業社会」型の社会編成は、職場では勤労者相互の激しい競争を生み出したが、学校教育では子どもたち相互の激しい進学競争をもたらした。これは、階級や地域という共同体を壊し、個人の能力と選択によって生活向上を達成できるという行動様式と、人生上のリスクを自己責任として引き受けるという社会意識をつくりだした［Furlong and Cortmel 1997, 乾 二〇一〇］。また高度成長期の「生活革命」がつくりだした大衆消費社会では、個々人が商品消費を通して文化を享受する文化様式が広まった。これが企業・家族・地域社会を基盤とする保守的なヘゲモニー・ブロック（と、のちには革新勢力）を掘り崩していった。

北米西欧では、共同体の衰退、個人化と能力主義は、一九八〇年代の脱工業化によって広がる「後期近代」的な現象であり、それが新自由主義の文化的基盤となるのだが、日本の場合は企業と学校での競争を引き金とした「個人化」が、高度成長期に始まっていたといえる（競争的で体制に順応した「会社人間」的な個人化から、普遍原理につながり「世直し」に向かう市民運動的な個人化への転換の可能性を考察したのが、小田［一九七二］であった）。

⑥東アジア国際関係の変動と「非帝国主義」政策の限界

高度経済成長後期＝ベトナム戦争期に、日本の大企業は次々と東南アジア諸国に進出し、多国籍企業化を開始したが、「公害輸出」と「エコノミック・アニマル」といわれるほどの利益至上主義は、現地から「新植民地主義」と批判を浴びるようになっていた。日本国家の戦争責任の清算が済んでいないことと、反共・親米・親日路線をとる現地の開発独裁政権への批判もあいまって、一九七三年にはタイで日本製品ボイコット運動がおき、七四年一月に東南アジアを歴訪した田中首相は反日デモに直面することとなった。

ベトナム戦争での敗北後、アメリカは同盟諸国に軍事負担を求める政策に転換し、くわえて一九七〇年代末からレーガン政権期にかけて対ソビエト「新冷戦」政策を追求した。このため、自民党政権は七八年、日米の共同作戦指針（ガイドライン）を作成し、以後、自衛隊の増強を進め、中曾根政権は日米軍事同盟を深化させていった（一九八三年一月、「日米は運命共同体」「日本列島を不沈空母に」発言）。「非帝国主義」政策は限界に達しつつあり、日本帝国主義復活がふたたび懸念されるようになったのである。

二つの対抗へゲモニー構想の台頭――一九七〇年代革新

以上のような戦後型開発主義国民国家の限界に対して、自民党内からも日本帝国主義の復活をめざす自覚的勢力の結集（一九七三年青嵐会→のちの中川派・石原派）や新自由主義をめざす勢力の離党（七六年新自由クラブ）がみられたが、対抗へゲモニー構想が練り上げられたことが重要である［進藤 二〇〇四］。一九六五年二月、アメリカが北ベトナム爆撃を開始すると、社会党では左派が指導権を握り、六月、総評・社会党・共産党・知識人・市民運動による「ベトナム侵略反対国民運動」が展開された。これは二つの点で重要であった。第一に、非帝国主義外交を平和主義へと徹底させる革新運動の力が強まり［日本原水爆被害者団体協議会編 二〇〇九］、のちの「非核三原則」や日中国交回復というかたちで東アジア国際関係の形成に寄与したからである（くわえて、日中・日米・日露の平和友好条約と対北朝鮮国交回復から北東アジア非核地帯構想へという提案も登場してくる)。

第二に、六〇年安保とベトナム反戦運動を原型として、都市問題が深刻化していた東京都政で、一九六七年四月の都知事選挙に際して「明るい革新都政をつくる会」が結成され、社共両党も政策協定を結び、美濃部革新都政を誕生させたからである。「明るい会」方式は七五年までに全国各地に広がり、革新自治体による福祉・環境政策はナショナル・ミニマムの底上げ(開発主義から福祉国家への「政権交代なき政策転換」)を自民党政権に迫ったのである。(9)

とくに一九七二年一二月の衆議院選挙で自民党が後退して「保革伯仲」状況になると、七四年七月の参院選での与野党逆転への期待が高まり、七三年後半に野党はあいついで政権交代をめざす政権構想を発表した。社会党「国民連合政権構想」、共産党「民主連合政府綱領」、公明党「中道革新連合政権構想」、民社党「革新国民連合政権構想」がそれである。四つの政権構想は内政では福祉国家をめざす共通点があったともいえた。

また革新自治体の全国組織である全国革新市長会は、公的福祉充実を求める立場から一九七五年一二月、「福祉省設置に関する要望書」を提出した。さらに七八年の「地方自治確立のための地方行財政改革への提言」では、地方自治委員会の設置を求めた。国家の民主的改造構想＝オルタナティヴな国家統合構想が現れたのである。

しかし、四つの政権構想は安保条約・自衛隊の扱いと政党の組み合わせの問題で厳しく対立した。その背景は以下のとおりである。一九六四年、労使協調路線をとる民間大企業労組を中心として同盟＝民社党ブロックが結成された。総評＝社会党ブロックは六三年、六七年の総選挙で伸び悩んだため、同年に民労組主導で総評・同盟の統一を行い、これをもとにして社会党・民社党を統合して一つの大きな西欧型社会民主主義政党を結成することをめざす社会党右派（ここでは、戦前以来の農民運動・労働運動の流れをくむ旧来の右派ではなくて、「企業社会」にくみこまれた日本型企業別組合を基盤とする現代的な右派をさす）が形成された。社会党右派は、共産党を排除する一方、創価学会＝公明党ブロックと連携して、労働運動以外に大衆的基盤を拡大しようとした。この社公民路線が六九年総選挙後に活発化し、六〇年安保＝ベトナム反戦型の革新運動と対立したのである。

結局、一九七四年参院選では保革逆転が起こらなかった。その後の社会党は、党内でソビエト型社会主義をめざす最左派と、右派の対立が激化し、左派のリーダーシップが弱まって、七六年一二月衆院選で議席を後退させる。七九年前後の地方選挙での革新自治体のあいつぐ敗退、七九年一〇月衆院選後の自民党過半数維持、八〇年六月衆参同日選での自民党大勝、八三年都知事選での革新統一候補の敗退をへて、社会党内では右派が指導権を握り、八六年一月党大会での「新宣言」採択によって、西欧型社会民主主義路線への転換が確定することになる。

6 「戦後型開発主義国民国家」から「グローバル化しつつある新自由主義的脱国民的脱国家的政治体制」への移行？

「戦後型開発主義国民国家」の諸局面

戦後型開発主義国民国家は、確立期＝池田・佐藤内閣（一九六〇〜七二年）、ケインズ主義的福祉国家化の時期＝田中内閣から鈴木内閣まで（七二〜八二年）、新自由主義化の時期＝中曾根・竹下・宇野内閣（八二〜八九年）、再編期＝政治改革期＝海部内閣から村山内閣まで（八九〜九六年）と時期区分することができる。以下、駆け足で述べよう。

新自由主義化の時期

財政困難とケインズ主義的福祉国家化に危機感をもった経済界を中心とした保守勢力は、「増税なき財政再建」「小さな政府」「行政改革」を掲げて中曾根政権およびその亜流政権期（一九八二〜八九年）に強力な巻き返しをはかり、社会政策予算の削減（八二年老人医療費の再有料化・公害地域指定の解除など）、国鉄の民営化（これは国鉄労働組合の弱体化、のちに総評解散、「連合」結成につながった）、経済・社会政策での規制緩和、法人税減税・所得税減税・消費税導入（税制改革）にみられるような新自由主義的改革へと進んでいった。

再編期

この新自由主義的改革はしかし、一九八九年参院選での自民党大敗と政治危機を引き起こした。開発主義国家は最終的な限界に突きあたったのである。この国家を解体するべく、「政治改革」を唱える政治勢力が台頭し（その最有力者が小沢一郎である）、小選挙区制導入がはかられ（一九九四年一月公職選挙法改定）、「非自民」「自社連立」政権（九三〜九六年）が成立した。

「政治改革」は、連合＝社公民ブロックを分解し、さらに社会党（一九九六年一月から社会民主党）を分裂に追い込んだ（同九月）。日本では西欧型社会民主主義勢力までもが解体したことは、西欧で一九九〇年代後半から「第三の道」と呼ばれる新しい社会民主主義路線が登場したのと鋭い対照をなしている。

「グローバル化しつつある新自由主義的脱国民的脱国家的政治体制」へ？

経済では一九八〇年代後半から巨大な変動が始まった。第一に、日本の民間大企業は多国籍企業へと変貌を遂げた。たとえばトヨタは、八四年から海外生産を開始したが、二〇〇七年にはついに海外生産が国内生産を上回るようになった。第二に、産業構造が重化学工業偏重から情報通信技術産業・国際金融業との混合（ハイブリッド）へと移行した。トヨタは情報技術を駆使したガソリンエンジン・蓄電池併載のハイブリッドカーを開発し、九七年から発売しはじめている。また六大企業集団は、九七年の東アジア金融危機をへて、〇六年までに四大金融グループに再編され（三井・住友、三菱・三和、富士・第一勧銀、野村）、投資銀行化・多国籍化している。第三に、経団連が政府介入による国民経済の成長と保護という路線を放棄して「東アジア自由貿易圏」と民間主導の（製造業と情報・国際金融産業などとの）「ハイブリッド型産業構造」構想を提示した［経済団体連合会　一九九六］。社会編成では日経連が「企業社会」との決別宣言を行い［日本経営者連盟　一九九五］、新自由主義路線に沿って非正規雇用の拡大＝格差社会化を進めた。外国人労働者解禁論も経済界から唱えられ、脱国民統合化が始まっている［日本経済団体連合会　二〇〇三］。他方、八九～九一年の冷戦終結・ソビエト崩壊と九〇年湾岸戦争によってアメリカ一極支配の「新世界秩序」構想が浮上し、日本はこれに追従して、自衛隊を「専守防衛」から、「国際貢献」イデオロギーに支えられた海外派遣＝日米共同軍事行動部隊へと再編しはじめた（九六年「日米安全保障共同宣言」、これ以後を第三次安保体制と呼びたい）。これを受けて国家レベルでは、国民経済よりもグローバル化を優先する経済政策、就労重視よりも格差社会を肯定する社会政策、日米安保のグローバル化を推進する外交政策が実行されていくのである。

国家機構内部では、①中央省庁再編（二〇〇一年）による経済財政諮問会議および内閣官房の中軸的国家装置化と「政治主導」「脱官僚」諸構想の登場、②財政・金融・産業政策を中心とした国境を越えた政策調整の増加、③経済・社会両政策での「官から民へ」の諸改革、④地方分権改革（一九九五年から本格化）によって、幾重にも脱国家的政治体制化（de-statisation regime）しつつある。

要約すれば、ほぼ一九九六年を画期として、「グローバル化しつつある新自由主義的脱国民的脱国家的政治体制（Globalising Neoliberal post-National Regime）」とでも呼ぶべき新たな資本主義国家への移行が開始されているのである。

このような国家構造の移行を推進しているのは、多国籍企業経営層に大企業正社員層＝都市新中間層をくみこんだ「構造改革推進派」とでも呼ぶべき新たなヘゲモニー・ブロックであり、旧ヘゲモニー・ブロックからは中小零細企業や農民層、官僚制が「守旧派」として追いやられた。この変動は、政治過程では小選挙区制実施（一九九六年）以後の自民党一党優位政党制から保守二大政党制への移行、小泉「構造改革」（二〇〇一～〇六年）、民主党への政権交代（〇九年）に現れているといえよう。

このような国家構造の移行完了の指標は、統治形態の変更＝憲法改定であり、それはまだ完了していない（佐々木毅［二〇〇六］の「日本における二〇世紀型体制」から「自由主義」への移行論は、村上［一九九二］の開発主義から新自由主義への移行論の焼き直しであるが、この議論を批判することが、本章全体の意図である）。世界全体をみればオルタナティヴな諸潮流が新たな段階を迎えており、日本の資本主義国家の民主的変革の道も閉ざされてはいないといえよう［藤田　一九九九、二〇〇七］。

〔注〕

（1）本章では資本主義国家の理論問題にはふれない。詳しくは、藤田［一九七四］、Jessop［1982］、Jessop［2002］、Jessop［2008］、進藤［二〇一一］（刊行予定）、参照。

（2）宮地ほか編［二〇〇六：序］は、日本での古代・中世・近世・近代・現代の国家史を叙述する際に言及すべき論点として以下をあげている。それと、本章のような現代国家との異同について検討が必要である

（たとえば、1－（2）国家的諸身分の編成は、現代国家では「国民」資格（citizenship）にしたほうがよいか、など）。

1　国家の観念（支配の正統性の論理）とその社会への浸透諸手段

（1）対外的諸関係／（2）国家的諸身分の編成／（3）国家的な宗教・祭祀・儀礼／（4）公共性の社会への表出および公共性を担保する技術（者集団）の国家的な独占と養成／（5）国家イデオロギーを浸透させる媒介／（6）政治文化／（7）国家による顕彰・褒章

2　国家諸機構

（1）官庁機構と職制／（2）官僚制のありかた／（3）官僚制内の身分秩序／（4）政策決定過程／（5）国家意思の公布形式／（6）異域支配・植民地支配にかかわる特殊機構

3　国家諸機能とその制度的仕組み

（1）外交／（2）軍事／（3）警察・裁判／（4）徴税／（5）交通・通信掌握

4　社会からの合意調達の諸方策。

また、水林［一九八七、二〇〇六］による前近代の日中韓・西欧比較国家論を、Moore［1966］、Anderson［1974］、Skocpol［1979］とあわせて検討する必要がある。

（3）近代天皇制国家についてしばしば指摘される専制的性格について、安田は資本主義国家に通常みられるものか、それとも近代日本に特殊なものかという論点にはふれていない。しかし、Jessop［2008］が示すように、経済における商品流通過程に基礎をおく自由民主主義国家は、生産過程から発生する権威的秩序に対応して恒常的に権威主義化する傾向をもつのであって（それゆえ自由民主主義国家は資本主義の「最良の外被」ではない）、資本主義経済下での権威主義国家化（自由と民主主義の抑圧、軍国主義、独裁政治など）は例外ではなく通常といえるだろう。そのうえで、専制性の具体的ありようには各国差があり、天皇制国家特有の専制的性格が解明されなければならない。そして資本主義国家の権威主義化が通常であるということは、被支配諸階層が自由・民主主義の擁護・拡充の闘争を行うことは普遍的な意義を有することであって、（「社会主義社会建設」よりも低位の目標たる）「ブルジョア近代」的闘争なのではない、ということを意味するであろう。ここではもちろん、岸内閣の反民主性と六〇年安保を念頭においている。

（4）世界システム理論についてはWallerstein[2004]、それを用いた史的分析としてはArrighi[1994]、Hopkins and Wallerstein［1996］を参照。同理論によれば、人間生活の現実の単位は、歴史上、小規模な地域社会、世界帝国、世界経済（史的資本主義システム）の三種類しかない。そして「世界経済」は、「国家と国家間システム」「市場」「企業」「家計」「階級」「身分集団（アイデンティティ）」の六つの要素によって構成されているが、本章では国家と国家間システムのみをとりあげる。「世界経済」下の国家間システムは、「覇権国」、「中核国群」（不等価交換を通して諸外国からの剰余価値を独占できる国家）、「周辺」（不等価交換によって国内の剰余価値が流失する地域。植民地など）、中核国と周辺国の中間的位置にある「半周辺国」という四つの要素からなっている。またこうした国家間システムに対抗する「反システム運動」として、社会主義運動や民族独立（ナショナリズム）運動があげられる。民族独立運動は、「周辺」地域が自らを主権国家・国民国家として確立し、「世界経済」のなかの「半周辺」そして「中核国」へと上昇させようとするかぎりではシステム内運動であるが、英国・アメリカの帝国主義的支配とは異なる世界秩序をめざす場合には、社会主義運動とともに「反システム運動」の一つと位置づけられる。

（5）ここで、国家構造と政治諸主体、構造の構造化、主体の主体化について、一言述べておきたい。一九四〇年代末には、結果的に実現しなかったが可能性としては存立した対抗ヘゲモニー構想として、「人民民主主義革命」と「福祉国家」の両構想があった。これらは近代天皇制国家の崩壊期にあって、それへの抵抗のなかから共産党や社会党などの政治主体が構築した対抗的なヘゲモニー構想だったのであり、旧構造への抵抗が新しい政治主体を主体化したといえる。両構想を実現させなかったのは、アメリカを覇権国とし、戦後日本国家をそれに従属する中核国に据える東アジアの冷戦型国家間システムという構造であった。しかしこの構造は、当時まだ形成途上であって、日本国内の政治主体によるヘゲモニー構想、具体的にいえば吉田自由党政権の反共親米・貿易立国構想によって確立されたのであり、政治主体のヘゲモニー的実践によって構造が構造化したといえる。五〇年代には、対米従属的な戦後国家への抵抗が、鳩山・岸の帝国主義復活構想、そして革新ナショナリズムの路線（それは具体的な政権構想というかたちをとった対抗ヘゲモニー構想にまでは練り上げられなかった）を登場させ、三者の力関係がせめぎあい、六〇年安保を画期として「戦後型開発主義国民国家」という新しい構造が確立された。六〇年安保の主体的な諸実践は、アメリカを覇権国とする帝国主義秩序のなかにありながら、対米従属的な中核国である軍事大国（英国）でも、相対的に自立した軍事大国（ドゴール期フランス）でもなく、従属的だが非帝国主義的（小国主義的）な中核国という独特な国家構造を日本にもたらしたのである。六〇〜七〇年代には、「戦後型開発主義国民国家」の限界が露呈するなか、「先進国革命」という対抗ヘゲモニー構想と「西欧型福祉国家」という対抗ヘゲモニー構想とが競合することになる。ここでも、旧構造への抵抗から新しい政治諸主体が主体化してきたのである。もっともこの両構想とも、当時の国家構造によって実現を阻止されるのだが。

(6) ナショナリズムには、共通の憲法のもとでの構成員の法的・政治的平等を基軸とする西欧型の市民的(civic)ナショナリズムと、民衆の土着の文化・慣習・言語・伝統を基軸とする非西欧的な民俗的(ethnic)ナショナリズムとがあり、「対米協調ナショナリズム」も「対米自立ナショナリズム」も、市民的なそれであるとはいえる。だが、吉田路線の「安保＝繁栄」論も、鳩山・岸路線の「自主憲法制定」も、高度成長期にあっては戦後日本国民のシンボルになりえなかった（「安保＝繁栄」論が国民に広く定着するのは一九七〇年代であろう）。他方、革新ナショナリズムについては、旧植民地と違って「民族独立」がシンボルとはならず、「平和」と「中立」が新たなシンボルになるはずだが、国民の間には中立的ムードは多分にあるものの、経済構造に裏打ちされた明確な中立主義的ナショナリズムが根づいたともいえない（坂本［一九六〇］参照）。ここでSmith［1991］に従って、イデオロギーとしてのナショナリズムと、ある地理的空間を「わが祖国（patria）」と観念するような集合的な文化現象をさす「ナショナル・アイデンティティ（国民意識）」を区別するならば、戦後日本ではナショナリズムは弱かったが、ナショナル・アイデンティティは、反戦（厭戦・非戦）・平和を繁栄・経済成長に結びつけるかたちで強く定着したということができよう。

(7) ナショナリズムの弱さと強い国民統合という問題に接近するために、これまであまり紹介されてこなかった晩年のフーコーの「統治性（governmentality）」論が参考になるかもしれない（[Foucault 2004] 参照）。初期から中期にかけてのフーコーは、精神病院・監獄・都市計画・医療・食料調達といった、非国家的でかつ非資本主義的な場におけるミクロな権力技術の行使を研究し、唯一最高の「法的領土的権力」（主権）と、一望監視メカニズムによる個々人の内面と身体に作用する「規律権力」を区別した。しかし晩年には、第三の権力類型として、個々人には内面の自由を保障しながら、人口全体を「量」として把握し、統計学やリスク計算などの知を用いながら管理することにより人口全体の安全（security）を確保するような——ちょうど牧者が羊の群れを誘導するような——権力、それゆえ抵抗が最も困難であるような権力として、「統治性」権力を提起した（典型例は国民健康保険）。そして、現代では三つの権力が重層化しながら行使される場として国家が焦点になるとした。そうした管理国家（「社会国家」といってもよい）は自由市場取引と関連づけられている。この現代的な管理国家は、ナショナリズムというかたちで個々人の内面に介入することは少ないが、統治性権力を通して深く国民統合を行う国家である。フーコーの権力論の資本主義国家論への接近については、Jessop［2008］参照。なお、近年盛んになっている社会史・民衆史研究は、非国家的かつ非資本主義的なミクロな場に焦点をあてているが、上記のように規律権力から統治性へと視点を移行させれば、その国家論の欠如が批判されることになるであろう。

（8）この概念には、国家独占資本主義論とレギュラシオン理論双方を批判的に乗り越える含意がある（［Jessop and Nagi-Ling. 2006］参照）。

（9）清水編著［一九六八］は、総評と知識人をはさんで社会・共産両党が共闘し、市民運動が連携するというかたちの革新自治体は、ローカルなレベルでの統一戦線であり、戦後初期、六〇年安保に続く第三次の統一戦線運動であったと位置づけている。革新自治体は、戦後型開発主義国民国家への対抗へゲモニー構想の担い手であったといえるが、それは、ソビエト型社会主義や西欧型福祉国家をモデルとするものではなく、同時代の言葉でいえば「ユーロコミュニズム」「先進国革命」の日本版であったというのが、筆者の仮説である。これをこの時期の一方の対抗へゲモニー構想とすると、一九六七年の社会党右派の形成は、西欧型福祉国家をモデルとするもう一つの対抗へゲモニー構想の登場を示している。後者は、八九年の総評・同盟解散、「連合」の結成、同年の参院選での社公民＝連合ブロックの大勝で、確立期を迎える。だが九三年総選挙までには、小沢一郎ら「政治改革派」によって分解させられてしまう。

荒川章二『日本の歴史16　豊かさへの渇望』小学館、二〇〇九
新崎盛暉『沖縄現代史』（新版）岩波新書、二〇〇五
五百旗頭真編『戦後日本外交史』（新版）有斐閣、二〇〇六
池尾和人『日本の近代7　開発主義の暴走と保身――金融システムと平成経済』ＮＴＴ出版、二〇〇五
石田憲『敗戦から憲法へ――日独伊憲法制定の比較政治史』岩波書店、二〇〇九
井出武三郎『安保闘争』三一新書、一九六〇
伊藤正直「高度成長の構造」坂野潤治ほか編『日本近現代史　構造と変動4　戦後改革と現代社会の形成』岩波書店、一九九四
乾彰夫『〈学校から仕事へ〉の変容と若者たち――個人化・アイデンティティ・コミュニティ』青木書店、二〇一〇
猪木武徳『戦後世界経済史――自由と平等の視点から』中公新書、二〇〇九
岩上真珠『ライフコースとジェンダーで読む家族』（改訂版）有斐閣、二〇〇七
石見徹『世界経済史――覇権国と経済体制』東洋経済新報社、一九九九
ＮＨＫ取材班『戦後50年その時日本は1　国産乗用車・ゼロからの発進、60年安保と岸信介・秘められた改憲構想』日本放送出版協会、一九九五
大石嘉一郎編『日本帝国主義史』全三巻、東京大学出版会、一九八五～九四
大野耐一『トヨタ生産方式――脱規模の経営をめざして』ダイヤモンド社、一九七八
小田実「『生きつづける』ということ」『展望』一九七一年一月号（小田実『「難死」の思想』岩波書店、一九九一に所収）

落合恵美子『21世紀家族へ――家族の戦後体制の見かた・超えかた』（第三版）有斐閣、二〇〇四
外務省「いわゆる密約問題に関する調査結果」二〇一〇年三月（http://www.mofa.go.jp/mofaj/gaiko/mitsuyaku/kekka/）
蒲島郁夫『戦後政治の軌跡――自民党システムの形成と変容』岩波書店、二〇〇四
川島真・服部龍二編『東アジア国際政治史』名古屋大学出版会、二〇〇七
倉沢愛子ほか編『岩波講座アジア・太平洋戦争』全八巻、岩波書店、二〇〇五〜〇六
経済団体連合会『魅力ある日本――創造への責任　経団連ビジョン2020』一九九六年一月
国立歴史民俗博物館編『高度経済成長と生活革命――民俗学と経済史学との対話』吉川弘文館、二〇一〇
後藤道夫「開発主義国家体制」『ポリティーク』五号、旬報社、二〇〇二
後藤道夫「日本型社会保障の構造」渡辺治編『日本の時代史27　高度成長と企業社会』吉川弘文館、二〇〇四
後藤基夫・内田健三・石川真澄『戦後保守政治の軌跡――吉田内閣から鈴木内閣まで』岩波書店、一九八二
酒井哲哉『近代日本の国際秩序論』岩波書店、二〇〇七
坂本義和「革新ナショナリズム試論」『中央公論』一九六〇年一〇月号（『坂本義和集』第三巻、岩波書店、二〇〇四年、所収）。
佐々木毅『政治学は何を考えてきたか』筑摩書房、二〇〇六
佐々木隆爾「安保反対闘争」歴史学研究会編『日本同時代史3　五五年体制と安保闘争』、青木書店、一九九〇
『思想』（特集「韓国併合一〇〇年」を問う）一〇二九号、二〇一〇
信夫清三郎『安保闘争史――三五日間政局史論』世界書院、一九六一

清水慎三『戦後革新勢力――史的過程の分析』青木書店、一九六六
清水慎三編著『統一戦線論』青木書店、一九六八
進藤兵「近代日本の都市化と地方自治の研究・序説――市長の経歴分析を素材として」東京大学社会科学研究所『社会科学研究』四六巻五号、一九九五a
進藤兵「現代日本の都市化と地方自治の研究・序説」(1・未完)『社会科学研究』四七巻三号、一九九五b
進藤兵「地方分権改革と自治体運動」渡辺治・後藤道夫編『講座現代日本4　日本社会の対抗と構想』大月書店、一九九七
進藤兵「革新自治体」渡辺治編『日本の時代史27　高度成長と企業社会』吉川弘文館、二〇〇四
進藤兵「開発主義理論の諸論点――F・リスト、リスト主義そして開発主義」『ポリティーク』九号、旬報社、二〇〇五
進藤兵「国家論のいくつかのカテゴリーをめぐって」『都留文科大学研究紀要』七三巻、二〇一一(刊行予定)
杉原達「帝国という経験」倉沢愛子ほか編『岩波講座アジア・太平洋戦争1　なぜ、いまアジア太平洋戦争か』、岩波書店、二〇〇五
武田晴人『日本近現代史8　高度成長』岩波新書、二〇〇八
田中宏「日本の戦後責任とアジア――戦後補償と歴史認識」大江志乃夫ほか編『岩波講座近代日本と植民地8　アジアの冷戦と脱植民地化』岩波書店、一九九三
東京大学社会科学研究所編『20世紀システム4　開発主義』東京大学出版会、一九九八
同時代史学会編『日本国憲法の同時代史』日本経済評論社、二〇〇七

中村政則『戦後史』岩波新書、二〇〇五
日本経営者団体連盟『新時代の「日本的経営」』一九九五
日本経済団体連合会『活力と魅力溢れる日本をめざして――日本経団連新ビジョン』日本経団連出版、二〇〇三
日本原水爆被害者団体協議会編著『ふたたび被爆者をつくるな――日本被団協50年史』あけび書房、二〇〇九
『年報日本現代史』一二号（特集・現代歴史学とナショナリズム）二〇〇七
『年報日本現代史』一五号（特集・六〇年安保改定とは何だったのか）二〇一〇
原朗「戦争賠償問題とアジア」大江志乃夫ほか編『岩波講座近代日本と植民地8　アジアの冷戦と脱植民地化』岩波書店、一九九三
日高六郎『一九六〇年五月一九日』岩波新書、一九六〇
藤田勇『法と経済の一般理論』日本評論社、一九七四
藤田勇『自由・平等と社会主義――一八四〇年代ヨーロッパ～一九一七年ロシア革命』青木書店、一九九九
藤田勇『自由・民主主義と社会主義――一九一七－一九九一　社会主義史の第二段階とその第三段階への移行』桜井書店、二〇〇七
北海道ウタリ協会編『アイヌ史　北海道アイヌ協会北海道ウタリ協会活動史編』一九九四
牧原憲夫「日本はいつネーションになったか」大澤真幸・姜尚中編『ナショナリズム入門』有斐閣、二〇〇九
松井芳郎「世界史の新展開と安保闘争」歴史学研究会・日本史研究会編『講座日本歴史11　現代1』東京大学出版会、一九八五
水林彪『日本通史2　近世　封建制の再編と日本的社会の確立』山川出版社、一九八七

水林彪『天皇制史論――本質・起源・展開』岩波書店、二〇〇六
水口宏三『安保闘争史――ひとつの運動論的統括』新報新書（社会新報）、一九六九
三宅明正「多面化する民主主義運動」金原左門・竹前栄治編『昭和史』（増補改訂版）有斐閣、一九八九
宮崎義一『戦後日本の企業集団――企業集団表による分析：一九六〇～七〇年』日本経済新聞社、一九七六
宮地正人ほか共編『新体系日本史1　国家史』山川出版社、二〇〇六
宮本憲一『昭和の歴史10　経済大国』小学館、一九八三
村上泰亮『反古典の政治経済学』上・下、中央公論社、一九九二
最上敏樹『国連とアメリカ』岩波新書、二〇〇五
モーリス－スズキ、テッサ『北朝鮮へのエクソダス――「帰国事業」の影をたどる』朝日新聞社、二〇〇七
モーリス－スズキ、テッサ「『我が国固有の領土』」大澤真幸・姜尚中編『ナショナリズム入門』有斐閣、二〇〇九
安田浩「近代天皇制国家試論」藤田勇編『権威的秩序と国家』東京大学出版会、一九八七
渡辺治・安田浩・中西新太郎・後藤道夫「座談会・新自由主義改革と国家統合」『ポリティーク』四号、旬報社、二〇〇二
吉田裕『日本人の戦争観――戦後史のなかの変容』岩波現代文庫、二〇〇五
『歴史学研究』（特集・「韓国併合」一〇〇年と日本の歴史学）（Ⅰ）・（Ⅱ）、八六七号・八六八号、二〇一〇
歴史教育研究会・歴史教科書研究会編『日韓歴史共通教材・日韓交流の歴史――先史から現代まで』明石書店、二〇〇七
渡辺治『日本国憲法「改正」史』日本評論社、一九八七

渡辺治『戦後政治史の中の天皇制』青木書店、一九九〇
渡辺治『講座現代日本1　現代日本の帝国主義化――形成と構造』大月書店、一九九六

Abegglen, J.C., *The Japanese Factory: Aspects of Its Socialization*, Free Press, 1958（J・C・アベグレン『日本の経営』占部都美訳、日本経済新聞社、一九五八年）
Anderson, P., *Passages from Antiquity to Feudalism*, Verso, 1974（ペリ・アンダーソン『古代から封建へ』青山吉信ほか訳、刀水書房、一九八四年）
Arrighi, G., *The Long Twentieth Century: Money, Power, and the Origins of our Times*, Verso, 1994（ジョヴァンニ・アリギ『長い20世紀――資本、権力、そして現代の系譜』土佐弘之監訳、作品社、二〇〇九年）
Commissariat général du plan, ***Du Fordisme au Toyotisme?: Les voie d'une modernisation du système automobile en France et an Japan***, Documentation Française, 1990（フランス計画庁編『フォード主義対トヨタ主義――日仏自動車工業の比較』金田重喜監訳、創風社、一九九四年）
Cummings, B., "Japan's position in the World System," in A. Gordon ed., ***Postwar Japan as History***, University of California Press, 1993（ブルース・カミングズ「世界システムにおける日本の位置」アンドルー・ゴードン編『歴史としての戦後日本』上、中村政則監訳、みすず書房、二〇〇一年）
Dower, J., ***Empire and Aftermath: Yoshida Shigeru and the Japanese Experience***, Harvard University Press, 1979（ジョン・ダワー『吉田茂とその時代』上・下、大窪愿二訳、中公文庫、一九九一年）
Foucault, M., ***Sécurité, territoire, Population: Cours au Collége de France 1977–1978***, ed. Michel Senellart, Gaillimard & Seuil, 2004（ミシェル・フーコー『安全・領土・人口――コレージュ・ド・フランス講義

一九七七－一九七八年度』高桑和巳訳、筑摩書房、二〇〇七年）
Furlong, A. and F. Cartmel, *Young People and Social Change*, 2nd ed., Open University Press, 1997（アンディ・ファーロング／フレッド・カートメル『若者と社会変容――リスク社会を生きる』乾彰夫ほか訳、大月書店、二〇〇九年）
Gordon, A., *A Modern History of Japan : From Tokugawa Times to Present*, Oxford University Press, 2003（アンドルー・ゴードン『日本の２００年』下、森谷文昭訳、みすず書房、二〇〇六年）
Hopkins, T. and I. Wallerstein et al., *The Age of Transition*, Fernand Brauded Center, 1996
Jessop, B., *The Capitalist State : Marxist Theories and Methods*, M. Robertson, 1982（ボブ・ジェソップ『資本主義国家――マルクス主義的理論と方法』田口富久治ほか訳、御茶の水書房、一九八三年）
Jessop, B., *The Future of the Capitalist State*, Polity Press, 2002
Jessop, B., *State Power*, Polity Press, 2008（ボブ・ジェソップ『国家権力――戦略－関係アプローチ』中谷義和訳、御茶の水書房、二〇〇九年）
Jessop, B. and S. Ngai-Ling, *Beyond the Regulation Approach : Putting the Capitalist Economies in Their Place*, Edward Elgar, 2006
Moore, B., Jr. *Social Origins of Dictatorship and Democracy : Lord and Peasant in the Making of the Modern World*, Penguin Books, 1966（バリントン・ムーアJr.『独裁と民主政治の社会的起源』全二巻、宮崎隆次ほか訳、岩波書店、一九八六年）
Peck, J., *Workfare States*, Guilford Press, 2001
Raggie, J.G., *Winning the Peace : America and World Order in the New Era*, Columbia University Press,

1996（ジョン・ジェラルド・ラギー『平和を勝ち取る——アメリカはどのように戦後秩序を築いたか』小野塚佳光・前田幸男訳、岩波書店、二〇〇九年）

Skocpol, Th., ***States and Social Revolutions : A Comparative Analysis of France, Russia, and China,*** Cambridge University Press, 1979

Smith, A.D., *National Identity*, Penguin Books, 1991（アントニー・D・スミス『ナショナリズムの生命力』高柳先男訳、晶文社、一九九八年）

Stockwin, J.A.A., *Governing Japan : Divided Politics in a Resurgent Economy*, 4th ed., Blackwell, 2008

Wallerstein, I., *World-System Analysis : An Introduction*, Duke University Press, 2004（イマニュエル・ウォーラーステイン『入門世界システム分析』山下範久訳、藤原書店、二〇〇六年）

■本巻の執筆者（＊は編者）
＊大門正克（おおかど　まさかつ）　1953年生まれ
横浜国立大学教授／歴史学，近現代日本社会経済史
沼尻晃伸（ぬまじり　あきのぶ）　1964年生まれ
立教大学教授／歴史学，現代日本社会経済史
＊柳沢　遊（やなぎさわ　あそぶ）　1951年生まれ
慶応義塾大学教授／歴史学，近現代日本社会経済史
＊佐藤　隆（さとう　たかし）　1957年生まれ
都留文科大学教授／教育学，戦後教育史
宮下さおり（みやした　さおり）　1970年生まれ
九州産業大学准教授／労働社会学，ジェンダー論
木本喜美子（きもと　きみこ）　1950年生まれ
一橋大学大学院教授／家族と労働の社会学
大竹晴佳（おおたけ　はるか）　1974年生まれ
新見公立短期大学専任講師／社会政策学，社会保障論
＊進藤　兵（しんどう　ひょう）　1964年生まれ
都留文科大学教授／政治学，国家論，都市政治論

高度成長の時代 1
復興と離陸

2010年10月20日第1刷発行
2012年3月12日第3刷発行

定価はカバーに表示してあります

編　者©　大門正克 他

発行者　中川　進

〒113-0033 東京都文京区本郷2-11-9
発行所　株式会社　大月書店
印刷　三晃印刷
製本　ブロケード
電話（代表）3813-4651（FAX）3813-4656　振替 00130-7-16387
http://www.otsukishoten.co.jp/

Printed in Japan

ISBN978-4-272-52091-6　C0321